MICHEL ONFRAY

*Contra-história da filosofia*

IV

# OS ULTRAS
# DAS LUZES

**Tradução:**
Claudia Berliner

SÃO PAULO 2012

Esta obra foi publicada originalmente em francês com o título
LES ULTRAS DES LUMIERES (CONTRE-HISTOIRE DE LA PHILOSOPHIE 4)
por Éditions Grasset & Fasquelle
Copyright © Éditions Grasset & Fasquelle, 2007
Copyright © 2012, Editora WMF Martins Fontes Ltda.,
São Paulo, para a presente edição.

*"Ouvrage publié avec le concours du Ministère français chargé de la culture –
Centre National du Livre."*

*"Obra publicada com o apoio do Ministério Francês da Cultura –
Centro Nacional do Livro."*

**1ª edição** 2012

**Tradução**
CLAUDIA BERLINER

**Acompanhamento editorial**
*Luzia Aparecida dos Santos*
**Preparação do original**
*Andréa Stahel M. da Silva*
**Revisões gráficas**
*Iara Rivera Soldera*
*Alessandra Miranda de Sá*
**Edição de arte**
*Katia Harumi Terasaka*
**Produção gráfica**
*Geraldo Alves*
**Paginação**
*Moacir Katsumi Matsusaki*

**Dados Internacionais de Catalogação na Publicação (CIP)**
**(Câmara Brasileira do Livro, SP, Brasil)**

Onfray, Michel
     Os ultra das Luzes / Michel Onfray ; tradução Claudia Berliner. –
São Paulo : Editora WMF Martins Fontes, 2012. – (Série Contra-
-história da filosofia ; v. 4)

     Título original: Les ultras des lumieres.
     Bibliografia
     ISBN 978-85-7827-491-7

     1. Ensaios 2. Filosofia I. Título. II. Série.

11-13147                                                              CDD-102

**Índice para catálogo sistemático:**
1. Ensaios filosóficos   102

*Todos os direitos desta edição reservados à*
**Editora WMF Martins Fontes Ltda.**
*Rua Prof. Laerte Ramos de Carvalho, 133  01325.030  São Paulo  SP  Brasil
Tel. (11) 3293.8150  Fax (11) 3101.1042
e-mail: info@wmfmartinsfontes.com.br  http://www.wmfmartinsfontes.com.br*

# SUMÁRIO

## QUARTA PARTE:
## OS ULTRAS DAS LUZES

*Introdução: Os ultras das Luzes* ...................... 13

**1)** *A débil claridade dos círios.* **2)** *Os escroques filosóficos.* **3)** *A vociferação dos "antifilósofos".* **4)** *As Luzes pálidas.* **5)** *Da existência de Luzes radicais.* **6)** *Aumentar as Luzes.* **7)** *Pensar por baixo do pano.* **8)** *Genealogias da morte de Deus.* **9)** *Voltaire, o carola!* **10)** *Queimar a Enciclopédia?* **11)** *O que é um pensamento radical?*

### PRIMEIRO TEMPO: Os materialistas radicais

I. JEAN MESLIER E "O DOCE PENDOR DA NATUREZA" .... 41

**1)** *Sobre um certo Jean Meslier.* **2)** *Um padre ateu.* **3)** *Uma bomba filosófica.* **4)** *Os Ensaios de um ateu.* **5)** *Uma arquitetura rococó.* **6)** *Tripas de padres, vísceras de nobres.* **7)** *Fogo contra cristícolas e deícolas!* **8)** *A primeira desconstrução do cristianismo.* **9)** *As ameixas do Paraíso.* **10)** *Um doente chamado Jesus.* **11)** *Ídolos de massa e farinha.* **12)** *Por uma moral pós-cristã.* **13)** *Uma ética da piedade.* **14)** *Um chute no traseiro de Malebranche.* **15)** *O massacre dos gatos.* **16)** *Meslier, cem por cento filósofo.* **17)** *Uma ontologia materialista.* **18)** *Uma história natural do mal.* **19)** *Filosofia dos Estados-Gerais.* **20)** *Uma república eudemonista.*

**21)** *A Igreja sustenta os tiranos.* **22)** *Um gramsciano sob Luís XIV.*
**23)** *A revolução, como?* **24)** *Voltaire saqueia os cadáveres.* **25)** *Pilhagens e destinos póstumos.*

## II. La Mettrie e "a felicidade temporal" .......... 95

**1)** *Um falso novo Jesus.* **2)** *Sócrates em Hipócrates.* **3)** *Elogio do filósofo médico.* **4)** *Ser vituperado.* **5)** *A peruca, o jabô e o patê de faisão.* **6)** *Autorretrato como opiômano.* **7)** *Autoficção à base de veneno de rato.* **8)** *Proliferação lírica da obra.* **9)** *Estratégias da dissimulação.* **10)** *Três pedacinhos do fio de Ariadne.* **11)** *A negação de Deus nas entrelinhas.* **12)** *Um materialismo radical.* **13)** *Uma máquina perpendicularmente rastejante.* **14)** *A inocência do devir.* **15)** *Abolir o remorso.* **16)** *"Metafísica da ternura".* **17)** *O repouso no crime.* **18)** *Uma clareza neuronal.* **19)** *Reatar com a volúpia natural.*

---

## SEGUNDO TEMPO: Os utilitaristas franceses

### I. Maupertuis e "o desejo de ser feliz" ............ 135

**1)** *O material do utilitarismo francês.* **2)** *Filho de corsário.* **3)** *A atração contra os turbilhões.* **4)** *Filosofar no polo Norte.* **5)** *Hamster branco, criado negro.* **6)** *Estar com a "vara seca".* **7)** *Novas cóleras.* **8)** *Cóleras, consequências e mais...* **9)** *A morte do lapão.* **10)** *Vênus, negros brancos etc.* **11)** *Maupertuis, o oximórico.* **12)** *More geometrico.* **13)** *Um dinamômetro para o prazer?* **14)** *Construir o gozo.* **15)** *O desejo está em todo lugar.* **16)** *O soberano bem.* **17)** *O hedonismo cristão.*

### II. Helvétius e "o desejo do prazer" .............. 163

**1)** *Um arrecadador esquerdista.* **2)** *A preocupação com a felicidade.* **3)** *A renda, as meias e o minério.* **4)** *A alta-roda filosófica.* **5)** *O exercício comunitário do pensamento.* **6)** *A ética para além da metafísica.* **7)** *O deísmo do ateu.* **8)** *O agnosticismo materialista.* **9)** *O projeto de um dicionário filosófico.* **10)** *O caso Do espírito.* **11)** *Os últimos dez anos.* **12)** *Um pensador utilitarista.* **13)** *A fundação hedonista.* **14)** *Uma psicologia cínica.* **15)** *Fatalidade do tropismo egoísta.* **16)** *Exercícios de decomposição.* **17)** *Königsberg contra Paris.* **18)** *Genealogia do consequencialismo.* **19)** *A religião de um incréu.* **20)** *O culto do interesse público.* **21)** *O "grito da miséria".* **22)** *Um radicalismo reformista.* **23)** *"Iguais em felicidade".* **24)** *A filosofia das Nove Irmãs.* **25)** *A construção de um ser.* **26)** *Pequenos acidentes e causas imperceptíveis.* **27)** *Robespierre, Napoleão e Cia...*

### III. D'Holbach e "a arte de usufruir" .............. 215

**1)** *Um barão atrabiliário.* **2)** *Sinagoga e Padaria.* **3)** *A obra do monstro.* **4)** *O opus magnum.* **5)** *O arauto da ateologia.* **6)** *As provas documentais.* **7)** *Genealogia de Deus.* **8)** *Uma máquina de guerra anticristã.* **9)** *O comércio da culpa.* **10)** *Maria mulher da vida.* **11)** *Contra a pulsão de morte cristã.*

12) *Verdade do materialismo.* 13) *Desejo de usufruir, necessidade de se conservar.* 14) *Uma teoria dos motivos.* 15) *Consequencialismo e utilitarismo.* 16) *Contra a pena de morte, exceto...* 17) *Um clinâmen providencial.* 18) *Modo de usar um temperamento.* 19) *Princípios de etocracia.* 20) *A comida do padre?* 21) *O ateu virtuoso.*

---

### TERCEIRO TEMPO: A libertinagem feudal

I. SADE E "OS PRAZERES DA CRUELDADE" .............. 265

1) *Grande senhor, homem mau.* 2) *Duplicidade, cinismo e oportunismo.* 3) *Delinquente sexual e relacional.* 4) *Os crimes do filósofo.* 5) *A impunidade do aristocrata.* 6) *A algolagnia de um doente.* 7) *Os companheiros de estrada do feudalismo.* 8) *Carpa filósofa, coelho aristocrata.* 9) *As coletas do filósofo.* 10) *Sade, La Mettrie satânico.* 11) *As lógicas do fatalismo.* 12) *O isolismo não é um humanismo.* 13) *120 dias fascistas.* 14) *O campo da morte.* 15) *O hedonismo feudal.* 16) *O que pode o sexo.* 17) *Salvar o quê?*

---

*Conclusão: As duas revoluções francesas* ................ 295

1) *"O ovo e a galinha" filosófico.* 2) *Morte aos filósofos!* 3) *O dionisismo da Revolução.* 4) *As duas Revoluções.* 5) *A radicalidade revolucionária.* 6) *Filosofia (burguesa) dos professores.* 7) *Clarezas inglesas contra brumas alemãs.*

*Bibliografia* ...................................... 307
*Cronologia* ...................................... 319
*Índice remissivo* ................................. 325

"Toda filosofia moderna é política ou policial."

NIETZSCHE, *Considerações extemporâneas*, II

## QUARTA PARTE

# Os ultras das Luzes

# INTRODUÇÃO
## *Os ultras das Luzes*

### 1

**A débil claridade dos círios.** Os ornitólogos especializados no bestiário filosófico sabem que a coruja de Minerva alça voo assim que a noite cai. Em matéria de historiografia, cumpriria evocar e encontrar um bicho mais lento, especialista em longo tempo, um animal fóssil, uma espécie de tartaruga... Pois o historiógrafo desperta muito tempo depois da manifestação da realidade. Ele chega na hora das cinzas frias e revolve as coisas tendo em mente a lembrança do que transcorreu entre o acontecimento e seu relato. Decerto é difícil imaginar uma história do presente e mais ainda uma história do futuro. Contudo, de que passado se pode fazer história? E, sobretudo, em que momento? Depois de quanto tempo razoável de esfriamento do mundo? O que acontece aqui e agora contém potencialidades magníficas para o que será. Mas ninguém as conhece antes do transcurso que permite a passagem do virtual para o real. Parece já não haver dúvida nenhuma de que a primeira metade do século XVIII traz em si a Revolução Francesa. Mas somente depois dos fatos. E é comum repensar o passado *a posteriori*, à luz do que a ele se seguiu. A escrita da História é sempre uma história de escrita. Assim sendo, esse século é chamado século das Luzes. Por quem? Quando? E querendo dizer precisamente o quê? Tal como ocorre com a denominação atribuída ao século XVII – o Grande Século –, não há resposta nítida e clara que permita exibir um nome próprio, um livro, um artigo, uma data de publicação que lhe tenha dado origem. Conjecturas, hipóteses, sim, mas nenhum inventor declarado. A historiografia parece escapar ao historiador. É certo que Descartes fala da "luz natural" da razão, Voltaire das "luzes de um século esclarecido", os alemães têm sua *Aufklärung*, os ingleses seu *Enlightenment*, sabe-se também que "receber a luz" significa, em maçonaria, ser iniciado, mas "século das Luzes" é, ao que tudo indica, uma expressão sem genitor comum.

Desde Platão, e com o cristianismo em seguida, a luz está associada ao céu das Ideias inteligíveis ou a Deus. Segundo a *República*, o sensível procede do inteligível assim como toda claridade terrestre provém de um fogo celeste incorruptível, eterno, imortal e incriado. A luz propõe uma imagem, uma alegoria, uma metáfora do indizível. Do fogo da alegoria da caverna ao raio divino, a luz caracteriza a potência do além-mundo, a força da transcendência, a verdade de um mais além do real. A clareza ideal, a do Deus Pai, inunda o mundo em cada pequeno detalhe. Ora, esse paradigma se desfaz com o Grande

INTRODUÇÃO

Século: em filosofia, por certo, com Descartes, mas também em física, com o mesmo, que também trabalha a óptica e a refração da luz. Boyle, Huygens e Newton também atuam nesse mesmo terreno. Evidentemente, o século XVIII, nesse aspecto filho do Grande Século inventor da razão moderna que dá impulso à emancipação da filosofia, pode muito bem ser chamado de século das Luzes: contra as trevas religiosas, o obscurantismo teológico, a noite católica apostólica romana que desceu sobre a Europa desde o golpe de estado de Constantino (321), contrariando o pensamento mágico e místico em oposição a ficções, fábulas e outros socorros mitológicos, um punhado de pensadores – mas não aqueles que imaginamos... – traz tochas e archotes, lamparinas e lanternas, e depois suplanta a pequena e débil claridade do círio.

2

*Os escroques filosóficos.* E essa luz parece bem necessária quando olhamos a história desse século em seu conjunto. Não só aquilo que foi registrado e que parece preparar e, portanto, confirmar a Revolução Francesa, mas o que borbulha e se extravasa pelos mais extravagantes terrenos: pois o famoso século das Luzes é também o de Johann Kaspar Lavater, filósofo e teólogo protestante suíço, poeta nas horas vagas e místico permanente, que se opõe aos Enciclopedistas e se excita com as emoções do rosto, criando depois uma falsa ciência, verdadeira impostura: a *fisiognomonia*. O século XVIII é também o do médico alemão Franz Joseph Gall, que mede os crânios – mania de triste augúrio e consequências

OS ULTRAS DAS LUZES

funestas... – para extrapolar a partir de suas depressões e bossas – donde a famosa bossa dos matemáticos – uma outra teoria insólita, falsamente científica, mas realmente sintomática: a *frenologia.* Hegel acerta suas contas com ele em algumas poucas e vigorosas palavras na *Fenomenologia do espírito.*

Na mesma época, as multidões se comprimem na porta de Franz Anton Mesmer, médico alemão que extrapola, a partir do ímã, um magnetismo que curaria todas as doenças. A partir de 1778, numa clínica em Paris, ele mergulha as mulheres mundanas e duas ou três que as acompanham na sua famosa tina cheia de água, limalha de ferro e vidro moído, em que, praticando passes e toques, o espertalhão trata as doenças. A histericização das pacientes, constatável sob forma de delírios imediatos, aumenta o crédito dessa fraude logo revelada. O *mesmerismo,* mais um produto do chamado séculos das Luzes!

E o que dizer das extravagâncias de Emanuel Swedenborg, sueco místico e delirante que, em face de suas visões extáticas, expõe nas suas ditas obras filosóficas – o *Livro da sabedoria eterna,* por exemplo – como anjos e demônios invisíveis pilotam permanentemente e nos mínimos detalhes o curso do mundo real? A seita inspirada nele – assim como as "Sociedades da Harmonia" se movem em torno de Mesmer –, a "Igreja da Nova Jerusalém", teve um grande número de adeptos e seus efeitos se fizeram sentir por muito tempo na Europa... das Luzes!

A isso devemos acrescentar os *gnósticos da Revolução*: Louis Claude de Saint-Martin e Fabre d'Eglantine, mais conhecido por sua canção "Il pleut, il pleut, bergère" do que por *La Voix de la perfectibilité* [A voz da perfectibilidade] e seu *Vues sur le genre*

INTRODUÇÃO

*humain* [Considerações sobre o gênero humano], que são proposições místico-delirantes ocultistas, agrupadas sob o termo *teosofia*. Junto com o famoso Cagliostro, que instituiu uma *maçonaria egípcia* e concebeu uma Água da Juventude, esses escroques filosóficos de grande envergadura vendem fumaça intelectual, seduzem com o irracional, ganham as eleições com a ajuda de uma força retórica sectária convincente. A razão nem sempre triunfa no século também chamado de Voltaire!

3

*A vociferação dos "antifilósofos".* Azar dos vencidos! Quando a história é escrita com a pena do vencedor, cumpre esperar uma continuação da guerra no terreno do papel e das ideias: o extermínio ideológico, o aniquilamento na visibilidade histórica, o afastamento do que existiu é que comandam o espetáculo quando os escribas redigem os anais e crônicas do passado dos arautos que os remuneram. Foi o caso dos "antifilósofos", que já quase ninguém conhece, mas que, no entanto, organizaram uma grande balbúrdia com o propósito de combater e se opor à linha enciclopédica das Luzes clássicas. Luzes teológicas vindas do céu, entregues por Deus e, sobretudo, por uma religião bem terrena, contra Luzes filosóficas produzidas pela Razão com letra maiúscula.

Tomemos o cuidado de não esquecer que a maioria dos antifilósofos compartilhou, com os fisiognomonistas, os frenólogos, os mesmeristas, os gnósticos, os teósofos e os ocultistas, o mesmo gosto pelo tropismo sectário e uma idêntica aversão aos poderes metodológicos e demonstrativos da razão filosófica moderna recentemente inventada por Descartes. Portanto, não deve nos espantar que os inimigos dos filósofos comungassem todos com o catolicismo apostólico e romano mais integrista. Quem foram eles? Também aí, um arquipélago: jesuítas, devotos, jansenistas, apólogos, acadêmicos, trágicos, polígrafos, eclesiásticos que defendiam todos com unhas e dentes a religião cristã, mas também o fundamento de sua eterna aliada, a monarquia... Eles recorreram tanto ao romance, ao teatro, ao dicionário, ao livro infantil, ao diálogo, quanto ao sermão e à obra apologética clássica; escolheram o tom do panfleto, da guerra, e se engajaram num combate para impedir que os filósofos monopolizassem o discurso audível na época nos salões e nas publicações. Criaram neologismos como *tolerantismo* ou *filosofismo* e, pelos seus sufixos depreciativos, pode-se avaliar o apreço que tinham pela tolerância e pela filosofia.

A história evidentemente esqueceu o nome do metafísico Lelarge de Lignac e as filípicas antideístas do abade Bergier, ou então o patronímico de Jacob Nicolas Moreau, autor de um *best-seller* na sua época (*sic transit gloria mundi!*) – *Premier Mémoire sur les Cacouacs...* –, idem para o abade Odet Giry de Saint-Cyr, subpreceptor dos Filhos da França e confessor do Delfim, e outros carregadores de água da monarquia católica francesa, que considera detestáveis os seus filósofos, que eram no entanto os mais moderados!

4

**As Luzes pálidas.** Temos aí, portanto, um pouco do século XVIII, distante do cartão-postal ideológico

INTRODUÇÃO

habitual. Tinas para as histéricas, compassos cranio-
métricos, angelólogos satanistas, antessalas esotéri-
cas, pensadores que detestam o exercício da razão
pura, místicos ocultistas, charlatães de toda estirpe,
tudo isso convivendo com os rojões de Voltaire contra o clero, mas não contra Deus, seu ódio aos ateus,
mas não às religiões úteis para conduzir o povo pelas ventas. Esse século obscuro coexiste com Diderot, muito sagaz sobre os povos do fim do mundo no
*Suplemento à viagem de Bougainville*, mas um pouco
menos diserto quando recebe o lucro de seu capital
aplicado no tráfico negreiro... A mesma observação aplica-se a Condorcet condenando a escravidão
em *A escravidão do negro (reflexões)*, mas pedindo uma
moratória de oitenta anos (!) para não lesar os proprietários... Luzes, Luzes!

*Quid* também de um Kant, paragão das Luzes –
calvário dos estudantes com sua agora célebre *Resposta à pergunta: o que é o Esclarecimento?* –, que decerto convida à audácia filosófica, à coragem intelectual
de pensar por conta própria, que descreve o irresis-
tível progresso da Razão na história, incita a uma
emancipação sempre crescente da humanidade, ale-
gra-se com as promessas da Revolução Francesa a
ponto de perder seu habitual passeio junto às mura-
lhas de Königsberg, deseja um uso da razão pura,
ao mesmo tempo que classifica as mulheres entre os
menores de fato, e isso substancialmente, essencialmente. Que dizer de um Kant que se detém, na sua
*Definição do conceito de raça humana* ou em *Das diferentes raças humanas (Von den verschiedenen Racen der Mens-
chen)*, no mau cheiro dos negros? – que "fedem a
alho-poró", como explicita Buffon em *De l'homme* [Do
homem], outro autor famoso das Luzes... O mesmo

OS ULTRAS DAS LUZES

Kant esclarecido considera boa a ideia do sufrágio universal, mas somente para os cidadãos ativos – não tendo os cidadãos passivos, os empregados, operários, assalariados, assim como os negros e as mulheres, o direito de estar no mundo do mesmo modo que um branco proprietário bem ensaboado... Nada como um pouco de Luzes!

Da mesma forma, o que pensar de um Jean-Jacques Rousseau que defende, no *Discurso sobre as ciências e as artes*, tantas posições tão pouco esclarecidas? Suspeição lançada contra a invenção da imprensa, acusada de ter tornado possível a publicação de tantos livros perigosos; ódio do teatro que amolece as consciências e os corpos; genealogia viciosa da ciência e de todas as artes; elogio da ignorância; preocupação em manter o povo na obediência; advertência contra qualquer desejo revolucionário; elogio de Esparta; defesa da pena de morte; celebração da rusticidade, do trabalho manual, da ignorância, da fé e da religião, da disciplina militar; tudo isso somado a uma crítica dos trabalhos intelectuais, da filosofia e da metafísica. Um autêntico breviário de obscurantismo...

Temos aí, portanto, alguns paragões das Luzes, e não os menores, ao lado dos defensores da escravidão e do tráfico negreiro, divulgando ideias sexistas e racistas, reacionárias ou conservadoras – um número significativo desses filósofos defende a pena de morte: Kant, Rousseau, Montesquieu, Diderot, Voltaire...; a maioria, enfim, combate ativamente o ateísmo e defende o deísmo, o que lhes permite compor com o poder oficial, feliz que lhe concedam o uso desse eterno suporte metafísico a suas exações...

INTRODUÇÃO

## 5

***Da existência de Luzes radicais.*** Entre a obscuridade
dos antifilósofos e as Luzes pálidas celebradas pela
historiografia dominante, existem Luzes radicais que
atacam o fundamento da sociedade: o cristianismo,
e isso, do chão da Igreja campestre ao teto do céu,
morada de um deus único, ciumento, castigador e
vingativo. Essas Luzes radicais não reconhecem nem
Deus, nem senhor, nem papa, nem rei. Para elas, a
Igreja católica e a monarquia não constituem o tabu
de um domínio reservado. Embora recorram à razão moderna de um Descartes, absolutamente não
limitam seu poder.

Contra esses ultras das Luzes, os antifilósofos e as
Luzes oficiais podem até se juntar para um combate
comum. É certo que os antifilósofos acusam os filósofos das Luzes convencionais de atacarem a religião católica, de não crer no mesmo Deus que eles,
de não tirar as mesmas conclusões teóricas, morais e
políticas disso. Mas esses pálidos inimigos compartilham a mesma crença na existência de uma transcendência organizadora da imanência e na excelência de sua cópia na terra: a monarquia.

*La Profession de foi du vicaire savoyard* [A profissão
de fé do vigário saboiano] propõe, nas palavras de
Rousseau, o "teísmo ou a religião natural". De fato,
a recusa do antropomorfismo, o discurso emprestado da teologia negativa para afirmar o caráter indizível dessa potência organizadora do mundo, a crítica
de vários aspectos do monoteísmo cristão – confusão entre temporal e espiritual, inanidade dos milagres, inépcia do catecismo oficial, contradições entre o espírito dos Evangelhos e o discurso oficial da

OS ULTRAS DAS LUZES

Igreja etc. –, tudo isso define bem um deísmo, o que se confirma na expressão "Ser Supremo" presente na obra. Parece haver menos Rousseau em Bergier do que o cidadão de Genebra em La Mettrie, D'Holbach ou Sade... Pois, apesar de suas evidentes diferenças, no fundo compartilham Deus. Por isso todos esses deístas, Voltaire e Rousseau, Diderot – que a esse respeito navega em águas turbulentas... – e D'Alembert não poupam críticas ao pensamento materialista: La Mettrie suporta os bombardeios de toda essa gente, que tampouco se furta a atacar Meslier e Helvétius, D'Holbach e Sade. Por quê? O ateísmo, o materialismo, a crítica à Igreja e a recusa das religiões são condenações radicais que repugnam às Luzes pálidas.

Pois a maioria deles fustiga um pouco o clero, resmunga contra os excessos da Igreja católica, vocifera e convida a "esmagar a infame", zomba da superstição católica, é verdade, mas com reservas, num sussurro, uma vez que encontra na religião um papel bem útil para conduzir o povo – fazer laço social, como se diz hoje... – e mantê-lo na servidão imposta pelo regime monárquico. Liberdade de pensamento, de expressão, liberdade com relação aos dogmas da religião? Sim, claro, mas apenas para a pequena casta dos filósofos, dos salões burgueses e mundanos. Certamente não para os pedintes, o populacho e os domésticos. Jean Meslier cheira demais a campo para esses pensadores de peitilhos e rendas.

6

**Aumentar as Luzes.** Por que nem toda Luz foi radical nesse século XVIII? A resposta está incidental-

22

INTRODUÇÃO

mente em Immanuel Kant no opúsculo já citado: *Resposta à pergunta: o que é o Esclarecimento?* (1784). Nele, o filósofo explica o sentido desse termo, em seguida as condições de possibilidade e por fim os limites – obsessões kantianas... – de seu exercício. No princípio dessa delimitação da razão dissimula--se a resposta a essa pergunta. Explicitemos. É conhecida a definição dada por Kant: as Luzes são a saída do homem de sua minoridade, uma minoridade pela qual ele é responsável. Explicitemos mais ainda: quando se fala de homem, somente o gênero masculino é considerado, pois a mulher é definida (um pouco breve para o pensador da razão pura, mas Kant amiúde se satisfaz com o postulado, uma postura filosófica medíocre...) intrinsecamente como uma menor *a priori*: sob sua pena encontramos a lamentável expressão "sexo frágil". É "menor" quem não pensa e dispõe de uma visão de mundo por procuração. A incapacidade de se servir livremente do próprio entendimento sem recorrer a um terceiro, eis o problema. E por que o homem é responsável por isso? Porque basta querer ativar sua razão para acabar com a submissão. "*Sapere aude*", é esta a fórmula das Luzes: "Ousa servir-te do teu próprio entendimento." A fórmula provém de Horácio, Gassendi fez dela seu lema, mas temos aí o imperativo categórico das Luzes.

Kant refina sua ideia: dirige-se, é claro, aos que podem pensar. Não às mulheres, como já vimos, certamente não ao negro ou ao samoiedo, falemos sério, provavelmente tampouco ao camponês ou ao doméstico, ao empregado ou a todos os cidadãos passivos. Não misturemos trapos populares e guardanapos filosóficos. As Luzes são uma prebenda para quem as merece. Não a ralé, claro, mas a elite esclarecida, capaz de propagar a boa-nova luminosa. Portanto, nem todo o mundo, e, também, não de qualquer maneira. Cumpre distinguir entre o uso *público* da razão e seu uso *privado*. É certo que todos os campos podem ser abordados, mas não de qualquer modo. Em todos os sentidos do termo, deve-se proceder com ordem. O que é um uso público? Um uso destinado a leitores ou aos que conseguem tomar conhecimento da ideia. Enquanto escreva para seus pares ou ensine a seus semelhantes, o filósofo não deve limitar sua razão e pode fazer dela um uso livre. O que é um uso privado? Não um uso reservado ao lar, ao espaço doméstico. Paradoxalmente, assim como o uso público não significa um uso aberto para qualquer público, o uso privado não concerne ao foro íntimo. Quem ocupa um cargo público não pode fazer livre uso do seu entendimento, haja vista o *interesse da comunidade...* Exemplos: o oficial de polícia deve obedecer e não raciocinar; o cidadão, pagar seus impostos e não recusar-se a fazê-lo; o padre, defender os dogmas de sua Igreja e não seu pensamento próprio. Mesmo que o graduado considere a ordem injusta, o contribuinte, iníqua a sua cobrança de impostos, o sacerdote, estúpidas as fábulas de seu patrão vaticanesco, todos têm de se submeter. Logo, conserva-se a liberdade de pensar o que se quiser (poderia ser de outra forma?), mas é preciso se submeter ao Estado, à Nação, à Comunidade, às Leis, à Regra sem reclamar. Em teoria, é possível se rebelar o quanto se queira, mas, de fato, é preciso consentir com a ordem do mundo. Eis aí Luzes bem tremeluzentes...

INTRODUÇÃO

Acreditando no progresso da humanidade e no aumento da inscrição da razão na história, Kant confia no futuro. Reclamar uma separação entre o pensamento e as tutelas políticas e religiosas do momento é um passo adiante. O resto do caminho será percorrido naturalmente... Com Kant e os kantianos, a *ideia* de Revolução Francesa se torna possível, mas com eles e só com eles a *realidade* de 1789 não teria ocorrido! Pois, no caso kantiano, as Luzes continuam sendo um assunto de salões mundanos ou de cursos universitários. Que nos importa que o salão de Mme. du Deffand ou os alunos do professor de Königsberg exerçam livremente sua razão em cenáculo, quando a rua está à margem das novas ideias?

No que diz respeito aos ultras das Luzes, eles não reconhecem essa separação entre uso público e uso privado do entendimento. Não poupam nem a religião de sua babá nem seu rei e soltam sem reservas os cães filosóficos contra Deus e os seus, os nobres, o clero, a religião, a monarquia, os poderosos. Esses radicais não visam a emancipação da simples casta filosófica como uma vanguarda esclarecida da humanidade, confiando no movimento da história: vão mais rápido e mais longe, e desejam acabar com a religião cristã e a cidade dos homens que nela se inspiram.

7

***Pensar por baixo do pano.*** O pensamento de uma época se embrenha às vezes por circuitos inéditos e esquecidos pela historiografia dominante. Dispomos de um século XVIII filosófico de cartão-postal, com protagonistas mundanos metidos em perucas e

OS ULTRAS DAS LUZES

salões, discutindo num interior Luís XV sobre como vai o mundo, sobre os progressos da humanidade, o soberano bem, a política ideal, os bons selvagens ou os avanços da técnica. Rousseau está em grandes discussões com Voltaire, Condorcet tagarela com Turgot, Mme. du Deffand paquera Horace Walpole, Grimm brinca com Diderot, Montesquieu fala de vinificação com D'Alembert. As ideias rodopiam. Todos se metem medo, refazem o planeta, mas com prudência, sem raiva nem precipitação, como filhas e filhos precavidos da monarquia católica francesa. Salões, cenáculos e cafés murmuram ideias novas. E a rua também. O que é a rua em filosofia? As ideias do momento, mais grosseiras, mais violentas, mais radicais, menos preocupadas com a elegância e a reserva. A seu modo, os manuscritos clandestinos informam sobre essas correntes pesadas que trabalham o século. A superfície mundana deísta, espiritualista, conservadora e finalmente monarquista, coexiste com o subsolo ateu, materialista, hedonista e potencialmente revolucionário.

Há uma boa centena de manuscritos clandestinos. Sua extensão evidentemente varia, a densidade também, o conteúdo igualmente. Mas encontram-se neles temas recorrentes: o pensamento de Espinosa, o problema da imaterialidade da alma, a natureza da diferença entre o homem e o animal, a eternidade do mundo e, é claro, e em maior número, as questões relativas ao cristianismo: milagres, oráculos, eucaristia, validade dos escritos testamentais, sentido da mensagem de Jesus, nomes, definição e existência de Deus, ressurreição da carne etc. Os poucos textos que abordam a religião em geral, ou sua versão mao-

INTRODUÇÃO

metana, constituem outras maneiras de chegar indiretamente a essa problemática do cristianismo.

Impressos às escondidas, em gráficas clandestinas, difundidos sem nome de autor, ou com identidades falsas capazes de embaralhar as pistas, sem editor declarado, ou com menções fantasiosas, esses textos circulam por baixo do pano, vendidos por ambulantes que desaparecem tão logo termina sua prospecção. A maioria acaba sendo alvo de condenações e termina lacerada e queimada nas mãos do carrasco. Portanto, não se escreve livremente sobre a religião cristã, mesmo que ela seja examinada, discutida, comentada. Os próprios deístas são vítimas dessa repressão e veem seus escritos não suficientemente servis com relação ao catolicismo apostólico romano serem condenados. Assim, o Santo Ofício coloca no Índex Condillac Voltaire, Diderot, D'Alembert, Rousseau, a *Enciclopédia* e uma quantidade incalculável de livros sobre a Bíblia... Não é preciso ser ateu para atrair sobre si a cólera cristícola! Por isso não espanta que Condorcet e D'Holbach, francos negadores de Deus, também estejam incluídos.

O manuscrito que circula por baixo do pano, a carta trocada numa correspondência discretamente lida em pequenos grupos, a publicação clandestina, a conversa entre pessoas seguras de seus acompanhantes nos salões, paliam a falta de liberdade de expressão por meio de circulações intelectuais e ideológicas rizomáticas. O pensamento livre circula nos bastidores.

Entre os manuscritos clandestinos, não se encontram textos que exibam claramente o ateísmo. Mesma coisa no terreno político: ninguém questiona realmente a monarquia; procura-se modificá-la, dar-

OS ULTRAS DAS LUZES

-lhe outra forma, mas o princípio do poder terreno concentrado nas mãos de um só, à imagem do Deus da cidade celeste, ainda obstrui as mentes. É verdade que o *Contrato social* esclarece que a república é o melhor regime, mas porque ela define primeiro o reino da lei: nesse sentido "a monarquia é igualmente uma república" (livro II, cap. 6). Com esse tipo de cidadão, a família real pode dormir em paz.

Os filósofos do século XVIII persistem no ideal formulado pelos libertinos barrocos do século anterior: um pensamento privado livre, eventualmente rebelde, indócil, iconoclasta e, no verso da moeda, um pensamento público prudente, discreto, envolvido na circunspecção. Ainda na reciclagem da libertinagem, a maioria dos filósofos considerados também pensa que a religião cumpre um papel fundamental para manter na coleira o populacho – apartado quando se pensa o mundo ideal.

Conservadora, a elite filosófica reserva para si a liberdade de pensar, de se expressar, inclusive sobre as questões religiosas, mas não pretende dar ao povo miserável e infeliz os meios para sua emancipação. 1789 também conhecerá essa luta de classes que fratura o âmago do mundo filosófico. Assim, a Revolução Francesa tem seus constituintes burgueses e seus *sans-culottes* radicais, seus defensores da propriedade privada e seus *Enragés* [Enraivecidos] comunistas, seus empoados prudentes e seus ultras coléricos.

8

***Genealogias da morte de Deus.*** Ao ler as publicações clandestinas, sente-se a morte de Deus chegar suavemente. Nessa literatura, sempre são abordadas as

INTRODUÇÃO

mesmas questões: as provas da existência de Deus realmente provam? A alma sobrevive após a morte e, caso sobreviva, segundo que modalidades? O livre-arbítrio, postulado cristão, se confirma à luz da experiência? O determinismo mecanicista e materialista não propõe hipóteses mais plausíveis? Como compor com os ensinamentos da lei natural? Será que Bayle diz a verdade quando afirma a possibilidade de um ateu virtuoso? O governo do povo exige o recurso à religião? A ciência possibilita chegar a certezas irrefragáveis? Terá Descartes razão ao afirmar a existência de duas substâncias irredutíveis? Será que os animais são tão diferentes dos humanos? Caso o sejam, segundo que critérios? A educação dos homens liberta dos determinismos teológicos? O século XVIII filosófico está mergulhado nessas interrogações. Todos os filósofos fornecem suas respostas.

No primeiro quarto do século, personagens negligenciados pela tradição filosófica contribuem para esse debate. Dumarsais com *Le Philosophe* [O Filósofo], Henri de Boulainvilliers e seu *Origine des êtres et des espèces* [Origem dos seres e das espécies], Nicolas Fréret, autor de uma *Lettre de Thrasybule à Leucippe* [Carta de Trasíbulo a Leucipo], André Robert Peruelle, signatário de *Sur les preuves de l'existence de Dieu* [Sobre as provas da existência de Deus], ou o anônimo que deu origem a *Jordanus Brunus redivivus*. Esses textos circulam, informam e propagam as novas ideias: a ineficácia das provas para demonstrar Deus; a mortalidade da alma material; a inexistência do livre-arbítrio; a verdade da necessidade; a utilidade de inflectir Descartes no sentido de um monismo mecanicista; a natureza fornecendo modelos para a razão; a possibilidade, é claro, de um

OS ULTRAS DAS LUZES

ateu virtuoso; a diferença de grau, e não de natureza, entre os homens e os animais; a confiança na
educabilidade dos humanos. Com esse arsenal conceitual em parte herdado dos libertinos barrocos, a
morte de Deus se delineia no horizonte filosófico.
Excetuando-se Jean Meslier – radical em tudo, inovador, portador da totalidade das potencialidades
ultras do século –, a primeira manifestação escrita e
publicada de um ateísmo digno desse nome data de
1743. Encontra-se nas *Réflexions sur l'existence de l'âme
et sur l'existence de Dieu* [Reflexões sobre a existência
da alma e sobre a existência de Deus], uma dezena
de páginas provavelmente escritas antes de 1734,
mas publicadas anonimamente nas *Nouvelles Libertés
de penser* uns dez anos depois. Nelas se lê, num desenvolvimento a respeito dos preconceitos, que "a
existência de um Deus é o maior e mais enraizado
desses preconceitos". Uma afirmação homeopática
se comparada a *Testament* [*Testamento*] (1719-1729)
de Meslier...

9

*Voltaire, o carola!* Pode-se constatar o avanço do
ateísmo, mas ele ainda não está na moda. Os manuscritos clandestinos são prova disso: embora os riscos
de perseguição e de condenação estejam reduzidos
ao máximo graças ao anonimato, ainda assim ninguém se lança na franca negação de Deus. Vai-se
chegando lentamente na costa do ateísmo, aproxi-
mando-se, visitando, mas a hora da condenação à
morte ainda não soou.

O século XVIII não é ateu, ele é deísta. A Revolução Francesa, por não ter atacado francamente o

INTRODUÇÃO

cristianismo pela raiz, fica no limiar de suas possibilidades. A descristianização foi um episódio rapidamente relegado pelos devotos da Razão e seu culto do Ser Supremo, caro a Rousseau e tantos outros – Robespierre em primeiro lugar. No fundo, continua-se acreditando no rei e na religião da babá, só muda a forma. Descartes não está morto...

É inútil procurar ateus assumidos no cartão-postal filosófico do século XVIII: o Rousseau de *La Profession de foi du vicaire savoyard*, o Voltaire do *Dicionário filosófico*, o Montesquieu de sempre, sobretudo o de *Pensées* [Pensamentos], o Kant dos postulados da razão pura prática – ver *Crítica da razão pura, Crítica da razão prática*, o primeiro Diderot das *Obras filosóficas*, a própria *Enciclopédia*, com o abade Yvon e seu verbete sobre o "Ateísmo", todos eles afirmam a existência de Deus...

Voltaire declara guerra. No verbete "Ateísmo" de seu *Dicionário*, reabilita alguns filósofos falsamente acusados de terem propagado essa "abominável e revoltante doutrina". Teístas cristãos e filósofos deístas caminham de braços dados, com o abade Arouet encabeçando o cortejo! Nem os gregos, nem os romanos, nem Michel de L'Hospital, nem Vanini, nem Giordano Bruno foram ateus – Voltaire no entanto se engana quando massacra Espinosa, um sinal...

A obra completa do patriarca de Ferney ressobra de profissões de fé deístas. O *Dicionário filosófico* confirma: Arouet defende um "Ser Supremo, governante, vingativo e recompensador". Está tudo dito. A propósito, fica difícil entender por que esse homem é tido há séculos como o inimigo emblemático da Igreja católica, que defende muito precisamente as mesmas posições.

OS ULTRAS DAS LUZES

Ao contrário de Bayle, que, como se sabe, afirma a possibilidade de um homem que negue Deus ser perfeitamente moral, Voltaire ensina que o ateísmo impede qualquer moralidade. Sem Deus, os seres humanos não reconhecem nenhum freio em seus relacionamentos com o outro. As leis civis não bastam para impedir os crimes ou a passagem ao ato delituoso. Somente o temor de uma punição *post mortem* consegue conter os potenciais delinquentes. Os príncipes e os povos precisam de Deus: os primeiros para governar, os outros para se submeter a esse governo sem reclamar...

10

**Queimar a Enciclopédia?** É um fato comumente ignorado, mas a *Enciclopédia* defende as mesmas posições... Esse monumento editorial passa por paragão da modernidade e vanguarda da inteligência do século. Mais um cartão-postal, para rasgar também, pois as páginas dedicadas pelo abade Yvon ao ateísmo comportam linhas espantosas. Prova de que não houve apenas lampejos de inteligência e de razão magnífica nessa empreitada.

O abade enciclopedista legitima todo magistrado que punir o contraventor ateu: negar a Providência, pregar contra seu culto, profanar, perjurar, blasfemar ou até mesmo pronunciar levianamente juízos sobre os dogmas e os mistérios da fé, tudo isso merece, segundo os princípios do "direito de natureza" – que, entre os cristãos, tem as costas largas –, uma verdadeira correção. O inquisidor completa: pode-se, deve-se até, punir os ateus e, leia-se com muita atenção, pode-se até "fazê-los perecer". Nítido e claro:

INTRODUÇÃO

pena de morte para os ateus que põem em perigo a sociedade! É preciso se proteger dessa corja e dela se livrar. Para tanto, a política tem o direito de tratar como inimigo todo aquele que quer destruir a obra da religião. O mesmo padre exterminador redige o verbete "Alma". Defende, evidentemente, sua existência imaterial e imortal, segundo os mais ortodoxos princípios da religião que lhe paga o ordenado. Por que, então, o comitê de redação da *Enciclopédia*, chamemo-lo assim, em outras palavras, Diderot e D'Alembert essencialmente, confia também o verbete "Deus" a esse sotaina? Ao passo que para D'Holbach, o barão ateu, também ele colaborador dos dezessete volumes, são atribuídos mais de quatrocentos textos, é verdade, mas todos relacionados a química, ciências naturais, geologia, mineralogia! Por que não deixaram "montanhas", "camadas", "geleiras", "fósseis" para o abade Yvon para dar "alma", "Deus" e "ateísmo" ao autor do *Christianisme dévoilé* [Cristianismo desvelado]?!

11

*O que é um pensamento radical?* Então, esse século XVIII é apenas deísta, inimigo dos ateus, conservador, burguês e monarquista? Ou será que ele também comporta um punhado de filósofos um pouco menos bons-moços? De fato, no verso do cartão-postal da historiografia dominante encontram-se felizmente pensadores candidatos à forca que, a trouxe-mouxe, celebram a volúpia desculpabilizada, anunciam a morte de Deus, professam a coletivização das terras, conclamam a estrangular os aristocratas com as tripas dos padres, celebram as surubas filosóficas e as orgias carnais, incitam a filosofar para os pobres e para o povo, creem na possibilidade de mudar o mundo, ensinam uma moral eudemonista, se não hedonista, contam com a justiça dos homens. Chamo-os de ultras das Luzes, pois eles encarnam um pensamento radical. Ora, o que é um pensamento radical? Retomemos simplesmente a definição dada por Marx na sua *Crítica da filosofia do direito de Hegel*: ser radical é tomar as coisas pela raiz. Onde estão as raízes? No chamado século de Voltaire, elas são muitas, mas o cristianismo e a monarquia parecem ser as principais.

De fato, os ultras constituem uma paisagem intelectual e filosófica nova. É verdade que cada um representa um fragmento desse novo mundo, ou dois, ou três, ou até mais com Jean Meslier que os contém todos. Quatro continentes radicalmente novos emergem nessa época fortemente telúrica, caracterizada por uma formidável tectônica das placas: o *ateísmo*, o *materialismo*, o *hedonismo* e a *revolução*. Existem por certo precedentes na história das ideias, essas forças ideais não nascem do nada, mas sua modernidade encontra aqui a sua fórmula pela primeira vez.

Um: o ateísmo. Os ultras não se propõem refinar os nomes de Deus; nem peguilhar sobre o Deus dos filósofos e suas diferenças para o de Abraão, de Isaac e de Jacó; não ficam cafungando para comparar os méritos do deísmo e do teísmo; não remodelam em Ser Supremo o velho barbudo do Decálogo; não dão, como Kant em *A religião nos limites da simples razão*, um visual novo para o velho catecismo cristão, vagamente transcendentalizado, na verdade reciclado

INTRODUÇÃO

com o vocabulário da corporação filosófica; tampouco invocam uma religião natural. Os ultras se expressam claramente: a religião? Uma superstição. Deus? Uma ficção. O cristianismo? Uma fábula. O uso correto da razão permite desconstruir o cristianismo e seus correlatos ideológicos: a falta, a culpa, o ódio das mulheres, do corpo, dos desejos e dos prazeres, da carne, o desprezo pelo terreno, a celebração do além e da pulsão de morte. Advento da *imanência radical*. O mundo não depende de uma Providência divina e sim de um arranjo de causas redutíveis a processos materiais. Donde:

Dois: o materialismo. No real, tudo se reduz à mecânica das partículas. A época inventa um materialismo francês original e autônomo com relação à física democrítica ou epicurista. A preocupação com Lucrécio e seu *Da natureza das coisas* é menor do que a experimentação científica da observação do mundo. A *Enciclopédia* numera e detalha saberes – química, geologia, botânica, medicina, cosmografia, mineralogia, zoologia, hidrografia, óptica etc. – relativos às ciências da natureza, a oficina desse novo método que dá radicalmente as costas para a metafísica numa espécie de positivismo prematuro.

Consequentemente, o livre-arbítrio torna-se para os ultras o que ele realmente é: uma ficção. Não espanta que Kant, esse paragão de cristão vestido de filósofo, faça da liberdade – junto com Deus e a imortalidade da alma! – um de seus três postulados da razão pura prática. O cristianismo precisa propor o homem livre para justificar sua mitologia do pecado original de que decorrem sua escatologia, sua doutrina da falta e da punição, da culpa e da redenção.

OS ULTRAS DAS LUZES

A responsabilidade? Também uma ficção. Como ser responsável pelo que não se pode não ser, já que a necessidade material governa tudo, o universo e o indivíduo? Advento de um *mundo para além da moral* – contra uma moral para além do mundo. A natureza deve fornecer o modelo a ser seguido. Donde: Três: o hedonismo. Como Deus não faz a lei e tudo obedece à natureza, tentemos extrair dela lições, olhemos para ela, examinemo-la e vejamos o que ela nos diz para nosso governo. Os animais o mostram e as crianças também: prazer e dor são os movimentos naturais condutores de nossa ação. Assim sendo, deixemo-nos conduzir por essa bússola e procuremos querer o que nos quer: amemos o prazer para o qual tendemos, detestemos o sofrimento de que nos desviamos naturalmente.

O ideal ascético cristão é uma loucura. Como é possível querer o que nos destrói e recusar o que nos alegra? Os ultras celebram o corpo real, uno, carnal, contra o corpo esquizofrênico de Platão. Reabilitam os desejos, as paixões, os prazeres, as pulsões, a volúpia, a alegria, a felicidade. O corpo agora tornado máquina – e já não abismo – nutre-se da energia jubilatória: que ela lhe seja fornecida sem complexos. Do gozo moderado de um Meslier ao deboche generalizado de um Sade, passando por um elegante uso da volúpia em Helvétius, o leque é amplo. Advento de uma *moral da felicidade aqui e agora.* Donde:

Quatro: a revolução. A revolução já está contida no que precede: a negação de Deus e do *mundo imanente*; a negação das ideias puras em favor de um *mundo material*; a negação do ideal ascético em prol de um *mundo hedonista,* já temos material aí para ver-

INTRODUÇÃO

dadeiras e consequentes revoluções metafísicas, ontológicas, intelectuais, ideológicas e filosóficas. Resta ainda, contudo, outro mundo para revolucionar: o da política – por um *mundo justo*. A época é feudal, monarquista, católica. É verdade que muitos filósofos pedem tolerância, liberalismo, liberdade, mas quantos se alinham sob a auriflama dos reis, dos poderosos, dos aristocratas – muitas vezes, seus protetores –, quando não deste ou daquele déspota pretensamente esclarecido? Esse mundinho que vive atrás de prebendas e pensões reais defende a propriedade privada, o livre comércio, o poder das pessoas de sangue real. Poucos se preocupam com a miséria, generalizada na época.

Exceto alguns. Meslier, ele de novo, inventa a propriedade coletiva dos bens e das terras – espera o comunalismo e anseia por sua internacionalização. Outros propõem o comunismo, outra distribuição das riquezas. Morelly, em seu *Code de la Nature* [*Código da natureza*] (1755), por exemplo. Também Sade, mais conhecido por sua literatura da foda do que por suas propostas políticas utópicas do Reino de Butua e da Ilha de Tamoé em *Aline et Valcour* [Aline e Valcour], fornece igualmente uma comunidade alternativa.

A imanência, a terra, este mundo aqui de baixo – o *ateísmo*; a matéria, a ciência, o mundo sensível, o universo visível – o *materialismo*; a felicidade, a volúpia, o prazer, o corpo, a carne – o *hedonismo*; o bem público, o comunalismo, o comunismo, o socialismo – a *revolução*; são esses os materiais com que os ultras das Luzes constroem seu edifício.

Os nomes desses protagonistas? Jean Meslier, padre ateu e anarquista; La Mettrie, médico filósofo,

## OS ULTRAS DAS LUZES

partidário trágico da arte de gozar; Helvétius, coletor de impostos reais apaixonado por justiça social; D'Holbach, barão materialista defensor de uma *etocracia*; Sade, marquês desenfreado. Um quinteto infernal para ideias com forte cheiro de enxofre...

PRIMEIRO TEMPO

# Os materialistas radicais

# I

# JEAN MESLIER

## *e "o doce pendor da natureza"*

### 1

**Sobre um certo Jean Meslier.** Por que se surpreender com o fato de que a historiografia dominante não dá nenhum espaço para um padre ateu sob Luís XIV, ainda por cima revolucionário comunista e internacionalista, materialista integral, hedonista convicto, colérico renomado, vingativo, praguejador anticristão, mas também, e sobretudo, filósofo no sentido pleno e nobre do termo, ou seja, que propõe uma visão de mundo global, coerente, articulada e defendida firmemente perante o tribunal incomplacente da razão ocidental? Jean Meslier condensa debaixo de uma batina toda a dinamite que mina o século XVIII. Esse padre sem rosto e sem sepultura fornece o arsenal conceitual do pensamento das Luzes na sua vertente radical, a dos ultras que, todos eles, se abeberam em sua fonte e, inocentemente, fingem ignorar até seu

OS MATERIALISTAS RADICAIS

nome. Contudo, muitas de suas teses dão àqueles que as tomam emprestadas uma reputação usurpada de inovadores. As referências caladas impedem as devidas reverências. Sua obra? Um único livro, mas que livro! Um monstro de mais de mil páginas manuscritas escritas com pena de ganso à luz do fogo de chaminé e das velas de um presbitério ardenês, entre o pretenso Grande Século e o seguinte dito das Luzes, cujo destino de marcar o século XVIII ele avaliza pelo uso frequente que faz da expressão. Um livro autógrafo, jamais publicado durante a vida de seu autor e que provavelmente ninguém além dele leu. Um livro deformado, pilhado, travestido, mutilado após sua morte. Livro maldito de um autor maldito; livro genial de um pensador genial...

Jean Meslier nasce no dia 15 de janeiro de 1664 em Mazerny, nas Ardennes. Seu pai dispõe de certa abastança: possui terras, onde cria animais, e uma indústria têxtil em casa. Naquele mesmo ano, Luís XIV dá festas em Versalhes, no castelo e em seus jardins. Festas miríficas e grandiosas, gastos suntuários, arrogância real, demonstração europeia de poder e de autossuficiência. Ali Molière representa os três primeiros atos de *Tartufo*.

Em 1678, um padre da vizinhança lhe ensina latim e, com o consentimento dos pais, prevê conduzir a criança até o seminário para que ela um dia tome o hábito. Realiza os estudos adequados, sem grande paixão, sem se vincular a seus congêneres, encontrando uma realidade cordial na leitura de Descartes. Sem grandes surpresas, galga os degraus da hierarquia eclesiástica: subdiácono em 29 de março de 1687, diácono em 10 de abril de 1688, vigário rural e depois padre em 7 de janeiro de 1689, em Etrépigny, nas Ardennes: passará os quarenta anos de seu vicariato nesse vilarejo de 165 habitantes. Seus superiores bem que notam. Sem muito zelo, cumpre as obrigações de seu cargo, mas não sem se distinguir por este ou aquele comportamento inesperado: muitas vezes não exige nenhum emolumento para celebrar um casamento ou um enterro; findo o ano, depois de feitas as suas contas, distribui o restante de seus benefícios aos pobres da comuna. Vive, parece, corretamente com os rendimentos de duas paróquias e, talvez, a locação de algum pedacinho de terra.

Imerso na vida local, não se entrega à efusão: gosta de seus paroquianos, da gente do povo, dos camponeses modestos, dos trabalhadores extenuados pelo trabalho, mas sem demonstrações excessivas. Afora as obrigações do vicariato, medita, pensa, escreve, trabalha na sua grande obra e passa boa parte de seu tempo frequentando os grandes antigos de sua biblioteca: Montaigne, que cita com frequência, longamente, Vanini, La Bruyère, La Boétie, influências importantes, mas também outros pensadores mais recentes contra os quais esgrime prioritariamente: Fénelon, Pascal, Malebranche. Também dispõe, por certo, do fundo antigo clássico: Sêneca, Tácito, Tito Lívio, Flávio Josefo. E depois a literatura própria de sua função: a Bíblia, a patrologia latina de Migne, relatórios de concílios...


2

*Um padre ateu.* Em sua biografia não brilham lantejoulas: nem padre da corte, nem arrivista mundano, nem prelado de salões, nem libertino de marquesas, menos ainda padre empoado dançando a gavota com as herdeiras de nome nobre. Dele conhecem-se apenas uma ou duas viagens a Paris, viagens durante as quais ele poderia, é claro, ter encontrado Voltaire ou algum outro personagem importante de sua época, mas quem perderia seu tempo com um padre roto vindo de seu campo ardenês sem o desejo de um Rastignac? Sua vida exteriormente discreta contrasta com a incandescência de sua interioridade. Um vulcão debaixo de uma espessa camada de gelo. Em duas ou três ocasiões em sua vida, porém, a fornalha se fez entrever. O anedótico aponta para o essencial. Numa vida filosófica, tudo faz sentido. Tal coisa parece inconsequente aqui ou acolá? Na verdade, ela traz o mais íntimo à luz. Assim, a generosidade para com seus paroquianos revela um homem destituído de espírito de lucro, dedicado por inteiro à sua missão espiritual, teoricamente voltada para o ser e não para o ter.

Mas há também esta outra história: o padre Meslier mora com uma jovem criada. Ele tem trinta e dois anos, ela, vinte e três. Os concílios proíbem o trabalho de empregada de padre às mulheres de menos de quarenta anos, pois os feromônios comandam o espetáculo! Sua hierarquia o intima a se separar dela. Ele retorque que ela é sua sobrinha... e se nega. Ignora-se como o assunto terminou, mas ele reincide, exatamente no mesmo esquema: esta vez ele está com cinquenta e cinco anos e ela, com dezoito. Mesma cólera episcopal, mesma recusa a obedecer. Vem a punição: um mês de retiro num monastério de Reims. Discretamente, secretamente, o padre deve ter praticado a felicidade da união livre contratual preconizada em sua obra.

E depois esta outra aventura, sinal de que o padre desinteressado, próximo do povo e que não recusa a felicidade de uma juventude à disposição, também sabe manifestar sua aversão pelas pessoas da nobreza. É certo que suas prédicas evitam a apologética frenética ou a edificação católica na forma devida… Esse padre, que tem uma relação problemática com Deus, apresenta as fábulas de sua corporação como um etnólogo apresenta os costumes de uma tribo à qual não pertence: "os cristãos dizem que", "os católicos pensam que", "os discípulos de Cristo afirmam que", ele jamais mistura sua voz ao concerto dos carolas.

Acontece que um sermão cria um alvoroço – até hoje… –, pois Jean Meslier ataca o senhor do vilarejo. Antoine de Toully – seu nome só é conhecido devido a esse título de glória… – maltrata seus camponeses. O padre, diante das ovelhas reunidas, se recusa a recomendar esse senhor às intenções de oração. Nega-lhe igualmente o incenso e a água benta. Ou seja, declara guerra ao senhor feudal.

O nobre, evidentemente, recorre ao bispado, que, pode-se prever, toma partido, como de costume, pelo sangue azul. Meslier é repreendido, chamado à ordem. Pouco importa; no domingo seguinte, tem um desempenho singular e pede, sim, aos paroquianos a intenção de oração exigida, mas para que Deus converta o Antoine e lhe conceda a graça de não maltratar o pobre ou espoliar o órfão! Para os nobres presentes no banco de oração, essa nova afronta não desce pela garganta. Os sobrenomes voltam ao escritório do bispo. Meslier passará a acumular notas ruins…

OS MATERIALISTAS RADICAIS

O relacionamento não melhora enquanto Toully
vive, e, com a morte deste último, Meslier recomen-
da o defunto às orações dos fiéis, mas acrescenta,
não sem malícia, a urgência de orar por ele a fim de
que Deus o perdoe e lhe permita expiar no outro
mundo suas inúmeras exações terrenas com os pobres e os órfãos da comuna de Etrépigny. Tenaz,
esse padre...

A intenção parece louvável: recorrer ao juízo de
Deus bem que se justificaria, sobretudo por parte de
um padre, mas este é um que não acredita nem em
Deus nem no Diabo, que caga para a religião cristã,
ri desvairadamente diante das fábulas dos "cristícolas" ou dos "deícolas", como ele diz, da vida depois
da morte, do inferno e do paraíso, do juízo dos pecados, da pesagem das almas: pois o padre Meslier é
ateu, o primeiro a afirmar tão clara, nítida e radicalmente que Deus não existe, que a religião é uma impostura e que é preciso haver uma filosofia pós-cristã.

3

**Uma bomba filosófica.** Quando o desafortunado
Jean Meslier vai encontrar na morte o nobre de
Etrépigny, deixa para trás uma obra filosófica que,
sem risco de exagero, pode ser comparada a uma
bomba. De fato, o *Testament* é uma bomba de efeito
retardado. Sua regulagem precisa visa a produzir o
máximo de estragos em alvos nitidamente defini-
dos: Deus, a religião católica, os padres, os monges,
Jesus Cristo, os profetas, a Igreja, os poderosos, reis
e príncipes, imperadores e papas, os tiranos, os nobres, os diversos parasitas, gente da justiça e outros
poderosos deste mundo.

O que esse padre não muito católico salva? Os pobres, os miseráveis, os desfavorecidos, as vítimas, os camponeses, os trabalhadores, os explorados, os humilhados, os ofendidos, mas também as mulheres, as crianças, sem esquecer, o que faz sentido, os animais, que são os primeiros a sofrer a maldade dos homens. Seu lado? Junto de toda criatura viva a quem se negue o direito de existir ou de viver serena e tranquilamente. Essa bomba visa a explosão e a tábua rasa. Ainda assim, Jean Meslier não tem um propósito niilista. Destruir, sim, mas para construir ou reconstruir. Essa vontade de acabar com o Velho Mundo, sessenta anos antes dos primeiros sobressaltos da Revolução Francesa, age como momento propedêutico a um novo mundo. Seu pensamento, dialético – ainda que a dialética se perca amiúde nos meandros de uma exposição rococó –, inaugura pela primeira vez no Ocidente uma aspiração pós-cristã. Pensar *contra* o cristianismo, sim, mas sobretudo *depois* dele.

O ateísmo não constitui um fim em si, mas um primeiro tempo, uma base necessária, uma ética de fundação. Meslier parte da negação de Deus para chegar a uma moral preocupada com corpos felizes, existências alegres, relações pacíficas entre os seres e entre os sexos. Sua preocupação ética se desdobra, se amplia e se explicita numa política comunalista, de modo que esse padre atípico também inventa o comunismo, ou até o anarquismo.

O padre Meslier é o homem de um livro só, o famoso *Testament* – nome pelo qual o conhecemos: na verdade, *Mémoires des pensées et sentiments de Jean Meslier* [Memória dos pensamentos e sentimentos de Jean Meslier], ou, para ser mais preciso: *Memória dos*

OS MATERIALISTAS RADICAIS

*pensamentos e dos sentimentos de J... M... Pad... cura...
de Estrep... e de Bal... Sobre uma parte dos Erros e dos
Abusos da Conduta e do Governo dos Homens em que se
veem demonstrações claras e evidentes da vanidade e da
falsidade de todas as Divindades e de todas as Religiões do
Mundo para ser endereçada a seus Paroquianos depois de
sua morte e para lhes servir de Testemunho de Verdade,
deles e de todos os seus semelhantes. In testimoniis illis, et
gentibus.* Doravante abreviado: *Testament...*
Deixa também anotações de próprio punho sobre
a *Démonstration de l'existence de Dieu* [Demonstração
da existência de Deus] de Fénelon (que conhecemos com o título de *Anti-Fénelon*) e sobre as *Réflexions sur l'athéisme* [Reflexões sobre o ateísmo] do
jesuíta Tournemire, mas nada além do que está contido na publicação incendiária. Para acompanhar
seu grosso manuscrito, redigiu, em contrapartida,
uma carta aos padres da vizinhança. Numas vinte páginas, propõe uma excelente síntese do manuscrito,
bastante agradável, tanto mais que as mil páginas do
*Testament* são às vezes difíceis de engolir para qualquer cristão.

4

*Os Ensaios de um ateu.* Meslier escreve esse manuscrito à mão, com uma pena de ganso, sob a tênue
luz da vela, de noite, depois das obrigações sacerdo-
tais. Previdente, faz quatro cópias para evitar que o
produto de quarenta anos de leituras, meditações,
análises e reflexões termine na lareira onde um pa-
roquiano mal-intencionado ou mesmo um sequaz
da hierarquia eclesiástica poderia lançá-lo nem bem
seu cadáver esfriasse.

48

JEAN MESLIER

Esse livro precisou de dez anos de trabalho clandestino, entre 1719 e 1729. Meslier tem entre cinquenta e cinco e sessenta e cinco anos, idade em que a morte põe um ponto-final na sua empreitada. Tem, é certo, tempo de terminar, mas indica ao longo de seu relato que o tempo o pressionou, confessa tê-lo escrito com pressa e precipitação. Provavelmente atormentado pela violenta vontade de resolver a contradição que o habita faz tanto tempo: ensinar faribolices em que não acredita, mentir e enganar as pessoas, vender outros mundos que sabe, no entanto, não existirem... O padre confessa que esse papel forçado lhe é altamente repugnante. A tensão mortífera se resolve na obra que a sublima.

Por que não teria abjurado em vida? É incrível, mas esse Prometeu que, no papel, mata Deus, devasta as religiões, põe fogo em todas as planícies filosóficas, derruba as fortalezas políticas, não poupa nada nem ninguém que lembre em alguma medida uma figura de autoridade, confessa singelamente seus motivos: não causar sofrimento a seus pais, parentes, conhecidos, à sua família...

Depois, prudente, acrescenta: para evitar também os embaraços associados a uma retratação pública. A Igreja católica é tenaz na sua perseguição, com a fogueira sempre à mão. O padre queria, escreve ele, "viver sossegado". Ainda que fosse ao preço de um jogo duplo – duplo *eu* –, que ilustra magnificamente a lógica libertina do exterior submetido às leis e costumes de seu país, e do foro íntimo absolutamente livre, radicalmente livre, totalmente livre.

Mas essa tensão num solitário perdido nas Ardennes, sem o socorro da comunidade filosófica praticada pelos libertinos barrocos nos salões parisienses,

OS MATERIALISTAS RADICAIS

provavelmente produziu insustentáveis problemas de consciência, dores psíquicas inomináveis e sofrimentos mentais que somente a escrita do *Testament*, como um maluco rindo da violência que o habita para melhor mantê-la à distância, pôde atenuar um pouco.

O fato de que o manuscrito proceda de um desejo de superar contradições psíquicas pessoais absolutamente não invalida as teses em jogo. A forma da obra, por sua vez, revela as forças que agitam tanto o escrito quanto o escritor. Ao modo de Montaigne – muitas vezes citado e tão amado –, Meslier está inteiro no seu livro: ele o faz e depois é feito por ele, ele é a própria matéria de sua obra, entrega-se a ela, ele a constrói falando-a silenciosamente. O *Testament*? Os *Ensaios* de um ateu.

O padre sem Deus morre em 28 ou 29 de junho de 1729. Evidentemente, o cadáver passa a incomodar a hierarquia católica quando ela descobre as cartas e toma conhecimento do conteúdo daqueles volumosos pacotes de páginas escurecidas. A Igreja o faz desaparecer, sabe fazer isso, e enterra o padre no jardim do presbitério. Sem túmulo, sem placa, sem nenhum sinal distintivo. Não há nenhuma necessidade de que o nome do apóstata figure num registro de catolicidade – o amor ao próximo e o perdão dos pecados têm limites...

Na sua *opus magna*, Meslier imagina seu destino *post mortem*. Coerente, sabe que nesse estado a consciência é abolida junto com a matéria do cérebro. Assim, todo sofrimento torna-se impossível. Nada mais espera o morto senão a decomposição. Ao modo de Diógenes, esclarece que poderão fazer o que quiserem com seu cadáver: comê-lo, cozinhá-lo,

50

refogá-lo, fervê-lo, assá-lo, pouco importa. É verdade que ele não pode imaginar que o jardim do presbitério será um dia integrado à propriedade do castelão! Meslier jaz hoje, sem que alguém saiba onde, na terra dos descendentes do Antoine! Mas nem isso, nem todo o resto, tê-lo-iam deixado realmente zangado!

## 5

**Uma arquitetura rococó.** O *Testament* propõe oito provas desenvolvidas em noventa e sete capítulos de extensões diversas e organização aleatória. A composição não é muito visível; a construção escapa; a arquitetura interna não aparece à primeira vista – à segunda tampouco; as partes se encavalam, os temas se interpenetram. Não que falte clareza, o texto nunca é complexo, nem nos momentos mais árduos dedicados à ontologia materialista, mas o essencial desaparece sob o acessório. O pensamento se esconde em sua exposição.

O *Testament* concerne à acústica filosófica, nos moldes dos *Ensaios* de Montaigne: o livro poderia ter sido ditado por um escriba paciente e cúmplice. Ler Meslier é *ouvir* sua imprecação descendo de um púlpito de onde teria convocado *post mortem* todos os seus paroquianos. A cadência lembra a de uma prédica inflamada, de uma filípica incandescente, um monólogo sem fim, um discurso interminável que nada detém, tanta é a cólera que motiva essa lógica jaculatória.

E, como em qualquer solilóquio, reina a repetição, redunda o estilo. Meslier fala enquanto escreve e se embriaga, reutiliza palavras, é verdade, mas

OS MATERIALISTAS RADICAIS

também duplica expressões inteiras. Copia certas frases ou certas demonstrações. O baixo contínuo é a imprecação e por vezes as variações se superpõem. O conjunto triunfa como monumento rococó em que o indispensável e o inútil se mesclam em extravagantes imbricações. A função catártica da obra decerto explica sua natureza embaralhada. Há desordem apenas na exposição das ideias, na construção, na estrutura – na forma. Jamais no conteúdo. Nenhuma obscuridade, nenhum neologismo, nenhum gosto pelo nebuloso tão caro à corporação filosófica. A pena vai direto ao objetivo. Não há resíduo da escolástica, vocabulário da casta filosofante ou de sua cúmplice, a seita religiosa. Meslier se precipita, acorre, acelera, age como homem apressado, como filósofo que sabe que a morte pode impedi-lo de pôr termo à sua grande obra.

Mas a lógica purificatória da escrita não explica por si só o feitio do edifício. Contemos também com o espírito do tempo. O *Testament* pertence ao rococó, é certo, mas nos dois sentidos do termo: no sentido comum carregado, entulhado, denso, profuso –, mas também no sentido estético relativo aos primeiros anos do século XVIII francês. A filosofia não escapa da cor do tempo; um livro, ainda que didático, obedece às mesmas leis que qualquer outra obra de arte.

Que diz a história da arte? O rococó se caracteriza pela exuberância ornamental, pelas linhas quebradas e ondulantes, pelo jogo dialético entre as curvas e contracurvas, pela profusão, pela assimetria e dissimetria, pela matéria esticada, amolecida, pela presença das famosas *rocailles* que deram seu nome ao

52

JEAN MESLIER

epíteto, mas também pela chicória, pelas trepadeiras e pelas guirlandas... Tudo isso corresponde à forma da obra. Como os *Ensaios* (barrocos) de Montaigne, que procedem aos "saltos e pinotes", o *Testament* (rococó) de Meslier resulta de uma dança dionisíaca semelhante. Apolo não aparece – ao menos no estilo. Avancemos mais e tentemos definir a arquitetura rococó para além do sóbrio inventário. Em arquitetura, os motivos de estilo embrechado situam-se nos locais de passagem: aberturas de janelas, confluência dos arcos, transições entre paredes e abóbadas. Assim, os contornos e as curvas que se retomam e se entrelaçam apagam as articulações da construção. O mesmo ocorre no grosso livro do padre: as citações, as referências, as repetições, os temas recorrentes escondem as etapas da argumentação numa efervescência que entrava a progressão do pensamento. É verdade que cada uma das oito provas pode ser resumida numa frase clara, mas, muitas vezes, a escolha de uma só linha de síntese deixa de lado os enxertos no talo principal. Ainda assim, tentemos. Primeira "prova da vanidade e da falsidade das religiões": elas se contradizem; segunda: a fé – a "crença cega" – entra em contradição com as "luzes naturais da razão"; terceira: as visões de profetas são coisa de loucos; quarta: as profecias não se realizam nunca; quinta: a moral cristã contradiz tudo o que a natureza ensina; sexta: a religião cristã age como cúmplice das tiranias políticas; sétima: o ateísmo é uma ideia tão antiga quanto o mundo; oitava: a alma é mortal, ideia esta tão antiga quanto a anterior.

É claro, porém, que cada prova às vezes contém um resumo desta ou daquela outra ou até trechos retomados *in extenso* de uma demonstração anterior.

A ponto de às vezes relermos páginas inteiras. De uma maneira quase fractal, tudo contém tudo e o desenvolvimento de um momento retoma o da totalidade que o contém. O *Testament* é uma obra fechada que funciona sobre si mesma, pois tematiza e teoriza uma visão de mundo coerente e sistemática – apesar do aparente caos formal.

## 6

**Tripas de padres, vísceras de nobres.** Essa forma rococó contém pepitas. O conteúdo faz supor esses diamantes que é preciso ter a paciência de procurar ao preço de uma leitura atenta, rigorosa e determinada. Nesse castelo de múltiplos cômodos em que nos perdemos amiúde numa primeira leitura, existe um projeto legível: uma ética da felicidade e de seus meios: uma política da comunidade. Meslier inventa e propõe um hedonismo social, dá ao projeto de júbilo, por tanto tempo individual – pensemos em Epicuro ou Montaigne –, uma dimensão coletiva. E isso, pela primeira vez na história.

Ignora-se em geral que uma frase que conheceu seu momento de glória nos muros do *Quartier Latin* em Maio de 68 provém, apesar de seu desvio no espírito do tempo, do famoso *Testament*. Num muro da Sorbonne, uma pichação anunciava: *Quando o último sociólogo tiver sido enforcado com as tripas do último burocrata, ainda teremos problemas?* Esse jovem parietal conhecia Meslier relatando as palavras de um homem do povo que desejava que "todos os grandes da terra e todos os nobres fossem enforcados e esganados com vísceras de padres"... O praguejador está citando, é certo, mas também dá seu assentimento.

O padre vermelho fica nesse registro da cólera sagrada e da indignação permanente. Lamenta, por exemplo, não dispor dos braços musculosos de Hércules – modelo dos cínicos gregos... –, de sua clava, de sua força e de sua coragem para esmagar os reis, os tiranos, os padres – os "ministros de erro e de iniquidade" – e todos os exploradores dos povos da terra que produzem a injustiça social. "Purgar os vícios" do mundo é o seu projeto. 1789 dará corpo a seu intento, com sua sabida fortuna...

A ética da felicidade supõe um trabalho prévio de destruição do cristianismo. Bem antes da revolução cultural do Ano II e da saudável fúria dos hebertistas, Meslier empreende a descristianização no terreno das ideias. Donde uma guerra total contra a teologia cristã, a moral católica, mas também a filosofia cartesiana cuja camaradagem com os cristícolas ele vê tão bem...

Depois de ter queimado as naus cristãs, ele reconstrói uma nova frota: donde uma ontologia materialista, uma moral eudemonista e uma filosofia pós-cristã. Às quais dá uma dimensão pragmática elaborando uma política, também ela inaugural: depois do ateísmo, o padre Meslier inventa, entre mil e uma coisas, a luta de classes, o comunismo, o anarquismo, a revolução internacional, a desobediência coletiva e o bem público. Aos doutrinários da Revolução Francesa bastará se abaixar para catar as flores vermelhas e negras do *Testament*.

7

***Fogo contra cristícolas e deícolas!*** O padre Meslier propõe o primeiro pensamento ateu da história ocidental. É comum considerarem ateísmo aquilo que não o é. Protágoras conclui que nada se pode dizer dos deuses, nem se existem, nem se não existem? É um agnóstico, não um ateu. Epicuro, Lucrécio e os epicuristas afirmam os deuses múltiplos, constituídos de maneira sutil, situados nos intermundos? É um politeísmo, não um ateísmo; Espinosa assegura a coincidência de Deus com a Natureza, Vanini e Bruno pensam o mesmo? É um panteísmo, não um ateísmo; Charron, La Mothe Le Vayer, Saint-Évremond e outros libertinos barrocos consideram necessário se submeter à religião católica, porque é a de seu país, evitam se deter na natureza de Deus, mas acreditam nisso? É um cristianismo muitas vezes epicurista, heterodoxo aos olhos do Vaticano, é verdade, mas não um ateísmo; Voltaire clama o caráter útil e indispensável de um Grande Relojoeiro ante o magnífico mecanismo da natureza, Rousseau consente com isso? É deísmo, não ateísmo. Um ateu nega claramente a existência de Deus, não refina suas definições.

O ateísmo provavelmente existiu anteriormente em pessoas comuns incapazes de teorizar sua visão de mundo. Mas, salvo erro de minha parte, o *Testament* manifesta pela primeira vez na história essa ideia de um universo livre de Deus que induz uma visão coerente do mundo – imanente e materialista. A data exata é desconhecida, mas situa-se entre 1719 e 1729; Jean Meslier escreve: "Não há Deus" (II, 150). *Ite, missa est.*

Não. A missa não está dita, pois ainda falta dizê-la. O livro age nos moldes de um grande sermão ateu, de uma mensagem a seus paroquianos iludidos por culpa sua. Na urgência de alcançar seus fins e de se livrar de uma culpa acumulada faz tantos anos, Meslier acumula as demonstrações, junta prova sobre prova, com o risco de dizer uma, duas, dez vezes a mesma coisa. O livro improvisa como num discurso oral; o texto discorre; Meslier não se exprime como num livro, mas o livro fala como o padre Meslier.

A cada qual as devidas honras. Fogo em Deus. Meslier parte do que é dito habitualmente e demonstra que essas múltiplas definições constituem um tecido de contradições. Todos os cristãos afirmam: Deus é onipresente, onipotente e onisciente, ele cria o mundo, os homens, ele é a Providência. Ora, o confronto dessas qualidades com a realidade prova que não é assim. O mundo como está prova antes a inexistência de Deus. Exemplos:

Sua bondade? Que fazer, então, com todas as passagens da Sagrada Escritura que o mostram ciumento, colérico, vingativo, agressivo, mau, implacável, injusto, caprichoso e outras qualidades humanas, demasiado humanas? É bom este Deus que julga os homens e depois destina alguns à danação eterna, ao fogo do inferno para todo o sempre, e isso por causa de algum pecado sem importância? É bom este Deus que deixa o mal agir quando poderia impedi-lo e produzir apenas o bem? Convenhamos...

Onipotente? Mas, então, de onde vêm, neste planeta, a miséria dos miseráveis, a pobreza dos pobres? Por que existem tantos homens maus? Como explicar a invenção do mal quando lhe bastaria não querê-lo para que a terra fosse um paraíso? E a exploração dos homens, as injustiças sociais, tudo isso com a cumplicidade dos poderosos da Igreja, como se justifica?

Misericordioso? Valem os mesmos comentários feitos sobre a bondade: esse Deus cria um inferno, manda as crianças mortas não batizadas para o limbo e as priva do paraíso, inflige o purgatório nos casos incertos, exprime tanto a sua cólera punindo cegamente, recompensando tantas vezes o vício e punindo a virtude, esse Deus parece estar muito longe da misericórdia...

Invulnerável, inacessível? Então, por que fica ofendido se mentimos, desejamos a mulher do próximo, não honramos pai ou mãe, todas essas bagatelas que, no entanto, são levadas em consideração para justificar sua cólera? De que serve, então, invocá-lo, orar, pedir-lhe favores, desejar sua intercessão para si, essa pessoazinha e seus probleminhas, se não é possível nenhuma comunicação com ele? Esse Deus existe, quer que o amemos, mas nunca se manifesta. No entanto, estaria em seu poder fazer uma aparição franca, clara e incontestável. Como amar uma força que tememos, que se faz recear e que acabamos tendo mais vontade de detestar tamanha a crueldade que ele manifesta em relação aos homens mais inocentes que padecem os golpes da sorte? Ele quer obediência, mas nunca expressa claramente suas vontades.

Meslier não produz uma análise da fabricação de Deus. Não mostra – como Feuerbach – que essa ficção é fabricada pelos homens que temem a morte, receiam o nada e inventam qualquer coisa para viver apesar de sua existência restrita, limitada e, finalmente, brevíssima. Não explica por que Deus é a ficção hipostasiada das impotências humanas viradas do avesso como os dedos de uma luva e veneradas sob uma única potência como se fossem forças desejáveis: os homens não podem tudo, não sabem tudo, ignoram a ubiquidade física, nascem, vivem, envelhecem, morrem e desaparecem no nada, que seja. Para viver com essa soma de impotências, esses mesmos homens veneram a onipotência, a onisciência, a onipresença, o eterno, o incriado, o incorruptível, o imortal como qualidades de sua divindade una assim como o homem é um.

Mas Meslier está desbravando um continente jamais abordado, explorado, não se pode pedir a ele que termine total e imediatamente o monumento ateu... Sua negação, sua desmontagem, sua proposta de ler Deus como uma ficção, isso é o essencial. Dúzias de filósofos giravam em torno dessa ideia, evitavam propô-la abertamente, davam um jeito com o céu e a razão, a inteligência e o bom-senso para ainda e apesar de tudo compor com essa invenção. Coube a Meslier anunciar pela primeira vez, filosoficamente, a morte de Deus.

8

*A primeira desconstrução do cristianismo.* Embora Meslier seja o primeiro (filósofo) ateu, dispõe ainda de um outro título de glória: também brilha no céu das ideias pela sua realização da primeira desconstrução do cristianismo. Pois Deus é uma coisa, a religião, outra, sua formulação cristã, uma terceira. Ateu, destaca-se também como ateólogo, ou seja: desmontador das engrenagens da máquina cristã a fim de mostrar seu caráter fictício.

Existe, é certo, um precedente com Richard Simon (1638-1712) – inexistente em sua biblioteca –, padre normando que inventa a exegese bíblica e redige um grande número de obras, algumas em vários volumes, entre as quais três livros principais de história crítica do Novo Testamento, de suas versões e de seus principais comentadores. Bossuet e os jesuítas fazem de tudo para tornar impossível a vida desse padre íntegro que acredita poder casar a razão com os textos cristãos. Pior para ele... Richard Simon morreu de tristeza, dizem, seus manuscritos foram queimados... Na época, Meslier trabalha na sua *opus magnum*.

Como Richard Simon, Jean Meslier lê escrupulosamente os chamados textos sagrados, mas com o mesmo cuidado que dispensa aos textos pagãos. Ler os Evangelhos como os *Anais* de Tácito? Pecado mortal naquela época. O padre ardenês dispõe da patrologia latina e da Bíblia em sua biblioteca, faz, portanto, leituras minuciosas e constata que, para textos inspirados, ditados por Deus, reina a contradição, abundam os contrassensos, ressobram as inépcias e pululam as fabulações!

Para começar, Meslier afirma uma coisa raríssima na época: a poluição da fonte de toda a fábula cristã. As Escrituras não são confiáveis. Falsificadas, remendadas em função de interesses políticos, estabelecidas num *corpus* pretensamente coerente a fim de fornecer armas ideológicas ao poder temporal apoiado pelo poder espiritual, não se pode conceder nenhum crédito a essa mitologia.

O próprio são Jerônimo diz... Por que apócrifos aqui, sinópticos ali? Quem decide? Segundo que critérios? Por que motivos? Que interesses? Meslier responde e aponta para o papel determinante dos concílios – os de Cartago e de Trento, de cujas atas dispõe em suas prateleiras: são os príncipes afeiçoados aos bispos, os imperadores sustentados pelo clero, que tomam arbitrariamente essas decisões que fazem a lei.

Esses livros nada contêm de sagrado. Ao contrário, a quantidade impressionante de aproximações, contradições, imperfeições, defeitos e erros apontam para uma feitura humana, muito humana! Meslier vê agir nessas criações literárias o mesmo princípio que anima o folclore e a ficção: "os contos de fadas e nossos velhos romances", escreve ele, procedem do mesmo mundo... Aconselha ler Esopo antes de ler Lucas, Marcos ou Mateus!

Aos que argumentam com o poder da alegoria e recusam a crítica exegética ateia em nome de seu pretenso simplismo, o padre responde que apelar para o sentido oculto, segundo, extraliteral, aos teólogos nebulosos que reivindicam o terceiro, quarto ou enésimo grau, é puro subterfúgio: essa má-fé convoca a do leitor ao solicitar sua imaginação interpretativa interessada. Essa fraude "anagógica e tropológica" é da responsabilidade de são Paulo, esse "grande embusteiro", preocupado em esconder com essa malícia intelectual seus erros e suas aproximações.

9

***As ameixas do Paraíso.*** A Escritura pretensamente sagrada é uma coleção de inépcias. É o caso dos milagres e das profecias. Meslier dedica um longo tempo para destrinçar esses delírios que contradizem as leis da natureza, únicas regras reconhecidas por um são entendimento conduzido pelas luzes da razão. O que acontece manifesta-se inelutavelmente segundo a ordem natural. Não se pode crer na possibilidade de andar sobre a água, abrir o mar em dois, ressuscitar os mortos, curar incuráveis, multiplicar os peixes, transformar água em vinho etc., sem cair no ridículo.

Se, hoje, alguém pretendesse realizar esse tipo de milagre ou apenas assistir a um deles, seria com certeza internado com os loucos, pois seria um deles. Essas extravagâncias não devem ser lidas de modo alegórico, pois são apresentadas como prova dos poderes sobrenaturais da divindade.

Meslier compara os textos pagãos com os textos sagrados e depois mostra que os milagres abundam tanto num caso como no outro. *A vida de Apolônio de Tiana* de Filóstrato se equipara aos relatos evangélicos ou aos livros apologéticos que contam as vidas de santos que, decapitados, seguem seu caminho, imersos num caldeirão de óleo fervente, continuam a rezar e a pregar serenamente, desmembrados ou cozidos na grelha, eviscerados até a última víscera, e nem por isso cessam de arvorar o sorriso beato dos iluminados seguros de seus atos.

Ao que ele acrescenta considerações teológicas: admitamos a existência dos milagres, a que conclusão deveríamos chegar? À conclusão de um Deus que distribuísse de forma aleatória seus favores, salvando um, mas recusando-os ao outro, concedendo sua benevolência ao primeiro, mas não ao segundo, esse Deus seria de uma crueldade a toda prova! O que, ver acima, contradiz a própria definição de Deus, de quem sempre se enfatiza a Justiça. Para se tornar crível, o milagre deveria funcionar para todos, sempre, o tempo todo, o que definiria o paraíso na terra. Ora, estamos longe disso. CQD, escreveria Espinosa.

Assim como os milagres, as extravagâncias registradas na Bíblia tampouco são dignas de crédito. Assim, para nos atermos apenas ao Gênese, o paraíso das origens, a serpente que fala, a história da maçã – ou da ameixa, escreve Meslier –, a árvore da vida, a do conhecimento, um primeiro homem e uma primeira mulher, um pecado original, sua transmissão à totalidade dos descendentes de Adão e Eva. Fábula, fábula, fábula...

10

**Um doente chamado Jesus.** Jean Meslier não coloca em dúvida a existência histórica de Jesus. Para que isso ocorra, será preciso esperar Bruno Bauer (1809--1882), um hegeliano de esquerda, e sua *Crítica dos Evangelhos sinópticos* (1841). Mas Jesus se vê reduzido a uma condição humana, e das mais lastimáveis: este "arquifanático", escreve ele, é também "louco, insensato, miserável fanático, infeliz sacripanta, homem sem mérito, vil e desprezível", um personagem de aventuras ainda mais extravagantes que as de Dom Quixote!

Esse homem tem pensamentos perturbados. Ele afirma ter vindo para a terra para redimir por meio de sua morte os pecados do mundo, mas, por um lado, mostra-se incapaz de salvar a si próprio do suplício da cruz, por outro, desde sua morte ninguém viu diminuir no planeta o mal ou a negatividade, como anunciado! Aliás, todas as suas profecias são em vão e nunca foram honradas: provam antes a perturbação mental do que o filho de Deus!

Esses anúncios colocam Jesus do lado dos maliciosos e dos malvados. Pois enganar assim os homens, induzi-los ao erro a respeito de coisas tão essenciais como a condução de suas vidas e seu destino depois da morte, são mentiras que valem a forca. É um método pertencente à escroqueria metafísica.

Seu modo de vida também testemunha contra ele: por que esse personagem furioso tinha de ficar correndo de um lado para outro, ir e vir em todos os lugares da Judeia para evangelizar e querer converter a suas fábulas o máximo de pessoas? E depois dizer que o Diabo o levou ao topo de uma montanha para tentá-lo? É para levar a sério? Seriam essas as palavras de um homem que estava gozando de todas as suas faculdades mentais?

Mesmo comentário para os milagres. Quando ele supostamente realiza essas batatadas, é preciso ver, escreve Meslier, a cara de guru que ele assume! O psiquismo frágil daquele homem evidentemente vai ao encontro do de seus discípulos, também eles de constituição mental fraca. Sua gesta reúne um incrível tecido de mentiras.

É um personagem sem consistência real. Tem a textura de um sonho. Para se dar conta disso, basta ler os Evangelhos com cuidado. As contradições abundam. A verdade histórica não existe. Os testemunhos não coincidem. Exemplos: a genealogia de Jesus difere de um evangelista para outro; os fatos e gestos, as anedotas do menino Jesus não coincidem; o tempo de duração de sua vida pública varia; mesmas diferenças em relação a seus atos depois do batismo; ou sobre os detalhes de seu primeiro retiro; incoerências também sobre o tempo e o modo como seus apóstolos o seguem; sobre o que realmente ocorre durante a Ceia; sobre as mulheres que o seguiram desde a Galileia; sobre a quantidade, local e circunstâncias de suas aparições depois de sua morte; idem para a ascensão ao céu; e isso entre muitos outros exemplos...

### 11

*Ídolos de massa e farinha.* No começo, a Igreja era uma seita vil e perniciosa. Os historiadores da época o confirmam. Seus dogmas batem recordes de extravagância: a Santíssima Trindade, por exemplo. Como três pessoas podem fazer uma se o Pai engendra o Filho e, portanto, tem de lhe ser anterior, para não falar do Espírito Santo... Essa crença, escreve Meslier, denota um real paganismo!

Mesmo comentário a respeito do suposto mistério da Eucaristia. A Idade Média transborda de textos de filósofos e de teólogos que dissertam longa e laboriosamente sobre o estatuto da hóstia. Com ajuda da casuística, cabe indagar o que aconteceria com ela se, desgraçadamente, por exemplo, um rato viesse a ingurgitá-la, ou indagar se, uma vez consagrada e perdida num fosso – por um padre titubeante que teve de sair para dar uma extrema-unção... –, ela continua sendo o corpo de Cristo.

A teologia dissertou sem rir sobre esse tema, resumido numa frase pelo padre que definiu a hóstia como "um ídolo de massa e farinha" equivalente aos ídolos pagãos de ferro, madeira, pedra, ouro ou prata adorados pelos povos mais remotos dos tempos antigos. Loucura! Jesus nunca pediu para ser adorado de forma padeiral. De nenhum trecho dos Evangelhos pode-se deduzir ou concluir essa estúpida superstição.

A Eucaristia, mistério cristão, necessita do pensamento de Aristóteles para fundamentar sua legitimidade filosófica. A escolástica, com suas categorias de substância, acidentes, espécies e forma substancial, autoriza esse truque ontológico que permite afirmar que o pão é realmente, e não simbolicamente – "em verdade" e não "em figura", para falar como Tomás de Aquino –, o corpo de um homem morto faz dois mil anos; idem para o vinho proveniente das vinícolas francesas, sangue real do mesmo homem.

Entende-se por que a Igreja condena tão firmemente desde sempre o pensamento materialista para o qual a história da substância e de seus acidentes tem valor zero já que, a seu ver, tudo no mundo, incluindo as hóstias ou o vinho do cálice, se reduz a uma pura e simples composição atômica. Um discípulo de Epicuro não pode, decentemente, acreditar nos despautérios da transubstanciação.

Não surprenderá que Meslier defenda, por outro lado e com perfeita lógica, uma teoria extremamente coerente do materialismo que, diga-se de passagem, formula, independentemente de Epicuro e sem recorrer aos átomos, às partículas, ao vácuo, ao clinâmen e a todo o arsenal epicurista, uma inaugural teoria materialista moderna em que vão se abeberar sem vergonha La Mettrie, Helvétius, D'Holbach e Sade, para ficarmos apenas no século XVIII.

12

***Por uma moral pós-cristã.*** Portanto, Meslier solapa o cristianismo nos seus fundamentos, razões, argumentos, na sua lógica, retórica, crenças, mitos e fábulas: Deus não existe; os textos sagrados, produzidos por falsários, veiculam fábulas; o cristianismo é uma fábrica de ficções tolas, entre as quais o paraíso, o inferno, o pecado original etc.; Jesus não é o Filho de Deus e sim um pobre louco, humano, muito humano; os dogmas e mistérios do tipo Santíssima Trindade ou o sacramento como a Eucaristia procedem da crença idolátrica dos pagãos; mas Meslier também ataca, além da teoria, a moral cristã que considera pérfida, má, contranatural e infundada.

Depois da destruição das lógicas fantasistas do Céu, ele ataca as práticas nefastas da Terra católica. À desconstrução da teologia soma-se uma desconstrução da ética. A ética dos cristãos é mortífera, pois está indexada à pulsão de morte, ama e preza a dor, presta culto ao sofrimento reivindicando a lógica da imitação da Paixão de Cristo. Como defender semelhante posição?

Em nome de que condenar os desejos? Eles são afeições naturais da carne – "o doce pendor da natureza". Fiquemos na lógica cristã: se eles existem é porque Deus os pôs no corpo dos homens. Como é que ele poderia dotar os humanos de desejo e lhes pedir para detestá-lo? Saiamos dessa lógica: Deus não existe, foi somente a natureza que pôs essas afeições da carne no homem. Ela tem suas razões: a reprodução da espécie, a continuação da humanidade.

A moral sexual defendida pela Igreja impede a sexualidade fora do casamento e a normaliza muito severamente no casal casado. Meslier não tem nenhuma ressalva a fazer a um uso livre do corpo, inclusive com parceiros não ligados pelo sacramento. O contrato hedonista é suficiente para legitimar o ato sexual: um desejo compartilhado por um tempo combinado entre ambas as partes. São muitas as mulheres malcasadas que sofrem, as crianças que padecem a dura lei de pais casados que se detestam, mas ficam juntos porque a Igreja os obriga a isso ameaçando-os com o Inferno em caso de divórcio. Meslier defende a união livre – inclusive para os padres, monges e freiras – e o divórcio, e isso por motivos de plenitude sensual e sexual.

Não se trata, contudo, de uma licenciosidade dos corpos ou de celebrar a devassidão. Meslier entende o prazer como uma coisa simples, natural, não complicada. O excesso não lhe convém. Sem ser pudico, mas sem se apresentar como defensor da libertinagem feudal dos poderosos do momento, o padre propõe uma carne desculpabilizada, gozando naturalmente das potencialidades de alegria permitidas aqui e agora.

A natureza é quem manda: não se pode querer o que a contrarie ou a contradiga. O dolorismo a põe em perigo. Se porventura a continência e a castidade fossem praticadas e toda sexualidade fosse proibida, então o mundo caminharia para sua perdição e seu fim. Os mandamentos cristãos são infundados e ridículos. O modelo da sexualidade nem por isso é animal, como dizem os cínicos. Para Meslier – reminiscência dos libertinos barrocos –, é preciso se submeter, em matéria de sexualidade, às leis e costumes de seu país: por isso não se irá tolerar o incesto e outras sexualidades endogâmicas. Sobre a homossexualidade, Meslier silencia.

O padre ateu prossegue com sua crítica da moral cristã: ela se equivoca no terreno do dolorismo, ela se engana em matéria de moral sexual, é igualmente indefensável no seu elogio do amor ao próximo. Esse perigoso convite supõe que os homens e as mulheres devam suportar sem reclamar a maldade da maioria. Não responder aos golpes, oferecer a outra face, amar seus inimigos, assim se justifica a ordem perversa do mundo. Com semelhante lógica, dá-se livre curso à brutalidade feudal, à exploração dos fracos, e fica garantida a impunidade dessas bestas-feras que são os homens brutos e os senhores, os parasitas do sistema e outros tiranos da monarquia.

Bendizer quem nos maldiga, perdoar os que nos ofendem cotidianamente, a pretexto de que, depois da morte, justiça será feita num muito hipotético dia do Juízo Final, é algo que, aqui e agora, legitima a lei da selva. O livro das Beatitudes desempenha um papel conservador, contrarrevolucionário, avaliza o estado de coisas e dá sua bênção à injustiça generalizada.

## 13

*Uma ética da piedade.* Meslier defende os humildes, os humilhados, os desfavorecidos, as pessoas modestas, as vítimas. Não espanta encontrar sob sua pena uma defesa, até então inédita na história das ideias, das mulheres, das crianças e dos animais, essas três modulações da humanidade explorada que concentram prioritariamente a violência, a maldade e a brutalidade do marido contra a esposa, dos pais contra os filhos, do dono contra o animal.

Poderia causar sobressalto a justaposição dessas três vítimas da servidão. Não esqueçamos, em primeiro lugar, que essas páginas datam dos primeiros anos do século XVIII, tempo em que a humanidade triunfa sob uma única fórmula: branca, europeia, masculina, cristã e adulta. Embora Meslier nada escreva sobre os povos de cor – algumas linhas, por alto, no espírito relativista e perspectivista de um La

OS MATERIALISTAS RADICAIS

Mothe Le Vayer – ou sobre as populações extraeuropeias, ele dedica frases significativas às crianças maltratadas e abandonadas e às mulheres malcasadas, desprezadas e infelizes, e depois longas páginas convincentes contra a tese cartesiana dos animais-máquina e a favor da humanidade dos animais. Na época, esse era um combate inexistente.

Em virtude da indissolubilidade cristã, o casamento causa danos devastadores nas famílias: a impossibilidade de abandonar o cônjuge agressivo, violento, mau, transforma a vida em pesadelo. Quando os pais se separam, as crianças recuperadas por avós, curadores ou tutores não dispõem de uma educação melhor. As experiências por que passaram e os maus exemplos que receberam transformam esses indivíduos em adultos associais. Meslier aspira a educações comunitárias pagas com os fundos coletivos a fim de contribuir para a educação de crianças preocupadas com o bem público.

O padre combate a servidão sob todas as suas formas. Materialista consequente, pensa o problema dos animais como filósofo para quem existe apenas um único mundo com múltiplas variações. A unidade material do ser impede pensar em termos de hierarquia e, portanto, de submissão e de servidão. Essa leitura imanente não opõe termo a termo, como faz o pensamento cristão, dualista e transcendente, dois universos – homens e mulheres, humanos e animais, adultos e crianças, machos e fêmeas –, conotando um positivamente e o outro, não.

Meslier não suporta as figuras do mal. Essa posição metafísica parece proceder menos de uma demonstração racional e sensata do que de uma visceralidade radical, de uma resposta instintiva ao espetáculo

70

da injustiça e da iniquidade. Nos moldes de Montaigne, que fala em primeira pessoa e pensa o universal a partir de anedotas autobiográficas, Meslier confessa não suportar açougueiros e abatedouros. A vista do sangue o incomoda. E, quando é preciso matar ou mandar matar frangos, codornas ou porcos para comer, ele experimenta uma verdadeira aversão, uma real repugnância.

Se ele fosse aderir ao vegetarismo, não seria a partir de deduções intelectuais, mas em consideração a essa incapacidade de aguentar o espetáculo da dor e do sofrimento dos animais – e, portanto, de outro ser vivo. A recusa sistemática em consumir carne lhe parece uma opção supersticiosa pertencente à carolice religiosa. O anverso de uma moeda em que, no reverso, encontra-se o gosto das religiões pelos holocaustos de animais para obter o favor dos deuses.

Meslier guerreia igualmente contra o costume bárbaro da imolação de vítimas inocentes. Como Deus, se existisse, poderia consentir com tantas destruições gratuitas desses espécimes da perfeição de sua criação? Que ideia desmiolada é acreditar que Deus gostaria de semelhantes gestos de loucura? Que se sensibilizaria com eles? E que tanto sangue derramado o persuadiria a satisfazer a prece dos homens?

Esse homem que se alegra ao relatar as palavras de um camponês ansioso por esgoelar o burguês com as vísceras dos padres, esse revolucionário comunista que dedica linhas muito bonitas para justificar o tiranicídio na forma do puro e simples abate do rei se ele mantiver seus súditos na escravidão, esse padre ateu que praguja contra os rios de sangue derramados durante o número excessivo de cerimônias religiosas de imolação de animais, esse ateólogo radical que deplora também o sangue salpicando a cruz de Gólgota, esse filósofo vulcânico não suporta a visão de um frango sendo esganado! Sua moral da piedade gera uma ética impiedosa: nenhuma piedade para as pessoas sem piedade. Como criticá-lo?

## 14

*Um chute no traseiro de Malebranche.* Meslier defende a Natureza, toda a Natureza. Recusa o pensamento hierárquico e seria hoje em dia sensível aos argumentos dos antiespecistas, que combatem a organização piramidal da natureza com o homem no topo e os animais na base, o primeiro autorizando-se a praticar sobre os segundos todo tipo de atos desumanos: explorar, torturar, martirizar, matar, submeter, acorrentar, bater, comer.

Essa posição, dominante em nossa sociedade faz dois mil anos, procede do convite judaico-cristão contido no Gênese: desprovidos de alma, indenes do pecado original, sem possibilidade de se perpetuar, os animais, essas criaturas situadas abaixo do reino humano, depois dele, antes do vegetal e do mineral, existem para o bem dos homens. Estes últimos podem utilizá-los como bem lhes parecer para obter força de trabalho, companhia agradável, carne para consumir, peles para as vestimentas, moeda de sacrifício para os holocaustos. Também aí, Meslier vitupera contra o cristianismo.

Entre seus inimigos, os filósofos cartesianos – cuja natureza "deícola" ele percebe claramente. Alvo preferido, Malebranche, que dedica longas páginas em *A busca da verdade* a retomar, dar prosseguimento e desenvolver as teses emitidas pelo Descartes do *Traité de l'homme* [Tratado do homem]. Os animais se reduzem a uma reunião de engrenagens, polias e molas. Essas coisas não pensam, não experimentam nenhum sentimento, não se comunicam, não sentem nada, ignoram a linguagem. Donde uma diferença de natureza radical entre os homens e os animais.

A anedota talvez seja falsa, mas ao menos faz sentido: dizem que o famoso padre Malebranche, orador, autor, portanto, das célebres teses sobre os animais-máquina, teria chutado o rabiosque de um cão que cavoucava em presença de um visitante seu. Ainda que apócrifa, a história significa: ela mostra que a tal tese filosófica justifica o mau tratamento infligido aos animais. Legitima sobretudo a ausência de remorsos em caso de torturas ou morte provocada.

Meslier, por sua vez, põe-se a chutar o traseiro filosófico de Malebranche. Porque os cartesianos imaginam que pensar é antes de mais nada e sobretudo pensar que se pensa, saber que se pensa, esses zoofóbicos concluem que os animais não pensam. Mas pensar se define de outra forma, esclarece Meslier: pensar é conhecer na organização da própria carne modificações da matéria. No tocante a isso, homens e animais estão no mesmo barco.

Os inimigos do materialismo que são os discípulos de Descartes não conseguem resolver o problema sem o subterfúgio dos sofismas dualistas da substância pensante distinta da substância extensa. Por isso, os cartesianos são deícolas e cristícolas: seus dois modos antinômicos – um dos quais é uma ficção... – fazem deles, ademais, defensores da religião católica.

Para Meslier, os animais são máquinas, é claro, mas tanto quanto os homens! Nada os distingue, senão as modalidades de organização de sua matéria. Não há substância pensante no homem, apenas um cérebro; idem no rouxinol ou no porco. Ainda que as massas cinzentas difiram, o essencial permanece: um ser se reduz à materialidade de sua fisiologia, seja ele porca ou orador. A lição? Entre os homens e os animais não existe nenhuma diferença de natureza, apenas uma diferença de grau. Essa conclusão define uma ontologia materialista inaugural na filosofia francesa.

### 15

*O massacre dos gatos.* Jean Meslier deplora que a metafísica cristã e a filosofia cartesiana – tão parecidas, aliás… – sirvam de proteção para a maldade dos homens. O padre afirma que os animais pensam, não como os homens, claro, mas que ainda assim pensam; que gozam, sofrem, sentem emoção, se comunicam, trocam, dispõem de uma linguagem. Esta última certamente não está construída como a nossa, mas entre os animais pelo menos não encontramos todas as falsidades, mentiras, perfídias e prestidigitações possibilitadas pela linguagem dos homens.

Longas dissertações não são necessárias, o olho experiente do camponês basta. O filósofo contrapõe sorrindo as cultas demonstrações a serviço da falsa ideia de Malebranche ao bom-senso rural. Que diriam o homem do campo, das granjas, o trabalhador da terra com seus cavalos ou bois, o agricultor com suas vacas e carneiros, o vaqueiro, o guardador de porcos, o pastor, se o filósofo proferisse ante eles o discurso cartesiano sobre os animais? Emitiriam uma grande, ampla e bela risada filosófica!

O *Testament* prossegue: porque existem ideias falsas a esse respeito, os homens dão livre curso a suas paixões más. Daí os massacres de gatos, que transformam o vício, a maldade e a perversão em espetáculo popular muito prezado na época. Essas festas aldeãs histéricas, em que são atirados em braseiros os gatos capturados para esse fim, desonram os humanos que a elas se prestam. "Detestáveis prazeres", "louca e detestável alegria", escreve ele. Se tivesse conhecido Espinosa em primeira mão, Meslier teria podido diagnosticar um efeito das "paixões tristes".

16

**Meslier, cem por cento filósofo.** A corporação filosofante fornece as licenças e certificados de conformidade; honra prioritariamente os idealistas, os cristãos, os conservadores, os autores de estilo nebuloso, amantes de vocabulário absconso e de neologismos enfiados feito pérolas. Meslier começou mal, ele que expõe claramente seu ateísmo, seu materialismo, seu comunismo, tudo isso numa língua de preferência oral em que seria vão buscar vestígios do vocabulário da tribo. Melhor assim...

O ateísmo, já vimos. Agora, o materialismo. Assim como ele inova ao afirmar a inexistência de Deus, Meslier também inventa ao criar o materialismo francês quase peça por peça. É verdade que Gassendi existiu antes dele. Mas são conhecidos os limites cristãos do atomismo do cônego de Digne: tudo é matéria, absolutamente tudo, exceto a alma... Epicuro está totalmente certo, exceto quando o cristianismo mostra que está errado... O que, convenhamos, acaba maculando o crédito do materialista em questão!

Lembremos que o padre Meslier vive quarenta anos no presbitério de uma aldeiazinha das Ardennes que nunca abandonou; esclareçamos que trabalha com o punhado de livros – menos de cinquenta... – de sua biblioteca pessoal; acrescentemos que ele cumpre conscienciosamente, salvando as aparências pelo menos, as tarefas absorventes de seu curato no dia a dia.

Digamo-lo de outra forma: Meslier não frequenta nenhum salão mundano parisiense como aquele de um D'Holbach que, anos depois, reúne às vezes em volta de uma mesma mesa espíritos elevados como Hume, Rousseau, Condorcet, Helvétius, Voltaire, D'Alembert, Diderot... Meslier nem tem de atravessar uma rua para sair de um palacete e ir para uma magnífica biblioteca pública ou privada... Meslier não vive com o equivalente dos honorários de um coletor de impostos reais ou de uma renda de nobreza... Sozinho, sem documentação e sem lazer, a extensão de seu trabalho de descobridor já constitui em si um feito. Imaginemos as produções daquela mente com condições mais favoráveis...

É, portanto, apenas com sua inteligência, sua pena e suas velas de sebo que Meslier, sem textos para comentar, sem o suporte do pensamento alheio, formula as bases de um materialismo preciso e detalhado combatendo a metafísica de Descartes. Como arauto desacompanhado, o padre ateu cospe o fogo de sua cólera filosófica e tira a conclusão ontológica de sua posição metafísica imanente: Deus não existe, só há matéria. Existe apenas uma substância, que coincide muito exatamente com a matéria. Sem tê-lo lido, Meslier opera a báscula de Espinosa para o lado subversivo em que irá produzir efeitos notáveis: a genealogia materialista francesa do século XVIII. Uma única substância, a matéria.

O ateísmo compele intelectualmente a essa posição. Única opção possível para todo filósofo que negue transcendência, dualismo, espiritualismo, idealismo e todo o bricabraque dos outros mundos que definem qualquer religião, seja ela qual for, o materialismo inaugura um caminho inédito para a filosofia: o mundo aqui e agora, este mundo, o real, o concreto, a vida cotidiana. Primeiro para compreendê-lo, depois para transformá-lo.

## 17

*Uma ontologia materialista.* A ontologia materialista de Meslier constitui o correlato da teologia espiritualista cristã. Deus não é, pois somente o Ser é, e o Ser é a Natureza. Dispomos dessa certeza do ser pelo simples fato de ser. Meslier propõe um tipo de *cogito* tautológico: se sou, não posso duvidar de ser – a não ser por puro jogo mental de um pirronismo lúdico. O mero pensamento do ser prova o ser. Não há necessidade de metafísica, basta o bom-senso.

O padre não entra nos detalhes constitutivos da matéria que define o ser. Não encontramos nele uma física dos átomos, uma descrição das partículas, uma mecânica das organizações moleculares, uma teologia do clinâmen; o nome de Epicuro não aparece no *Testament*; *Da natureza das coisas* não se encontra em sua biblioteca, as *Cartas* de Epicuro também não, tampouco Diógenes Laércio, cujo Livro X da *Vida dos filósofos* amenizaria essas lacunas: Meslier pensa o mundo sozinho, e seu materialismo deve a essa situação suas forças e suas fraquezas – ou seja, sua originalidade e seus limites teóricos.

Essa matéria se define negativamente: ela não é a substância extensa de Descartes. Nos *Princípios da filosofia*, o poitevino explica que ela supõe o comprimento, a largura e a profundidade; é divisível em partes ao infinito, mas não pelo princípio atomista; as partes diferem entre si pelas grandezas, figuras, lugares e movimentos. Meslier recusa essa definição. A matéria fornece em primeiro lugar o princípio explicativo da totalidade da natureza.

É claro que se poderia pedir para Meslier ser mais preciso. Ele afirma o princípio claro, mas indefinível, pois, assim como o olho não se vê, a matéria que pensa não pode apreender e portanto definir o que pensa. Assim como existe uma relação de causalidade entre o olho e a visão, os membros e o movimento, o cérebro e o pensamento, existe uma relação entre a matéria e a natureza, mas, no estado atual de nossos conhecimentos, esclarece ele, não podemos dizer qual nem como.

Ainda estamos nesse ponto e mais vale a honesta confissão dos limites da razão do que um franco delírio irracional. Melhor uma constatação de impotência, honrosa para a razão e para o filósofo que reconhece suas limitações, que uma falsa razão que recorre aos sofismas, a uma retórica especiosa, tal como o *cogito* de Descartes. Antes de Meslier, Gassendi já opunha o bom-senso ao *cogito*, esse animal pesado da literatura filosófica mundial.

O real, a natureza, o ser, a matéria, eis a equação do mundo. Seu detalhamento pressupõe em seguida combinações, movimentos, configurações, modificações, arranjos, organização das partes da matéria. Assim sendo, parece legítimo afirmar: a matéria sente, pensa, reflete, deseja, ama. Paremos de dizer: "penso, logo existo", e retifiquemos: "a matéria pensa, logo a matéria existe".

Tudo o que existe se reduz a uma configuração particular da matéria: vida e morte, virtude e vício, beleza e feiura, saúde e doença, prazer e dor, alegria e tristeza, força e fraqueza, são todas variações sobre o tema materialista. Ignoramos as razões disto ou daquilo, mas isto e aquilo provêm de um trabalho na matéria. Meslier fala de "fermentação contínua do ser" (III, 89), sem mais detalhes.

Sem conhecimento científico – como qualquer padre formado no seminário –, sem documentação biológica ou física à mão, sem material de observação do infinitamente pequeno, sem conversas com amigos cientistas cúmplices, Meslier não tem como ir mais longe e supor a dinâmica da matéria, que, de todo modo, ainda hoje, está longe de ter revelado a totalidade de seus segredos. Retenhamos dessa metáfora da fermentação uma aproximação (incorreta) que, no entanto, contém a verdade de um materialismo vitalista, dinâmico, dialético – no sentido não político do termo.

Para ordenar um pouco essa matéria, Meslier explica que na natureza existe apenas tempo, lugar, espaço e extensão. O tempo não foi criado – nem por Deus, que não existe, nem por nenhuma outra coisa: pois o próprio ato de criar supõe um tempo para se desdobrar e advir. Um antes do tempo torna impossível o tempo que nada pode preceder – senão já no tempo… O tempo existe desde sempre, "como um ponto indivisível sem nenhuma extensão" (II, 215).

O lugar, o espaço e a extensão, Meslier confia a relativa identidade entre eles. O lugar? "Um espaço ou uma extensão limitada que contém um corpo." O espaço? "Uma extensão mais espaçosa que contém ou que pode conter vários corpos." A extensão? "Um espaço sem limites e sem fim que contém todos os seres, todos os lugares e todos os espaços imagináveis." Além dessas modalidades do espaço, também modalidades do tempo, portanto da matéria, não há nada.

Assim sendo, concluamos como os epicuristas: se tudo é matéria, a alma também é. Portanto, a alma morre ao mesmo tempo que o corpo. O cérebro, que constitui o mundo e torna possível a consciência, se decompõe, e, com ele, o mundo e a consciência. Portanto, nada a temer da morte e do que vem depois. Depois? Nada. A matéria se metamorfoseia. A morte não deve ser temida, só importa o que acontece antes dela, durante a vida. A ontologia (materialista) legitima uma ética (eudemonista) que se desdobra e se expressa numa política (comunista).


18

*Uma história natural do mal.* Meslier evidentemente não acredita no pecado original como explicação do mal sobre a terra. A negatividade não desce do céu, ela sobe da terra. Em termos contemporâneos, poderíamos dizer que ele fornece uma genealogia etológica para o mal. Essa versão evita a metafísica, ignora a teologia, contorna a ontologia tradicional, ela oferece uma teoria coerente para a opção materialista e ateia do padre.

De onde vem o mal? Do fato de homens demais ocuparem ao mesmo tempo um terreno pequeno demais. A escassez consubstancial à estreiteza do território obriga os habitantes a brigarem para obter aquilo de que viver e sobreviver. Quaisquer meios servem para garantir a existência: astúcia, perfídia, maldade, violência e outras estratégias do virar-se.

Como é de supor, Meslier não envereda pelos caminhos da teodiceia para justificar o mal. Também aí ele tece sua metáfora: o mal é necessário, pois possibilita um tipo de homeostase social. Caso não houvesse homicídio, assassinato entre as espécies, uma proliferação perigosa de humanos ou de outros animais congestionaria o espaço. Nesse equilíbrio, nada domina, ninguém tem o monopólio da predação, tudo acaba coexistindo numa harmonia por meio da qual o que existe pode ser e durar.

Essa concepção natural do mal – ou essa concepção do mal natural… – não tem o caráter fatal de um pecado original. Não é marca indelével. O mecanismo que o produz reduz-se a algo identificável sobre o qual se pode agir. Assim, a penúria naturalmente gerada pela estreiteza de um espaço pode desaparecer se a distribuição das riquezas e dos bens for organizada de outra forma. Se existe um estado de natureza em que reina a violência *a priori*, por motivos mecânicos, um estado de cultura pode remediar isso propondo novos esquemas de organização etológica e, portanto, social, comunitária. Logo, um canteiro de obras político…

## 19

***Filosofia dos Estados-Gerais.*** Meslier também inventa no terreno político, pois formula pela primeira vez um hedonismo social e político. Antes dele, existia o eudemonismo, é verdade, o hedonismo também, mas eram sobretudo um assunto individual. Cabe a cada um a tarefa de criar sua felicidade e produzir seu júbilo por conta própria. Existem políticas epicuristas, cínicas, cirenaicas, mas em geral à margem, alusivamente ou por extrapolação, e não de modo central. Montaigne não espera da política a realização de sua felicidade própria, não espera nem mesmo que contribua para isso. Gassendi também não. Meslier, sim.

Ateu, materialista, hedonista, Meslier fecha seu sistema com a promoção de um "comunalismo internacional" muito oximórico, pois se apoia na célula aldeã sem deixar de visar a revolução planetária. Falou-se de "comunismo", não está errado, de um "pré-socialismo", correto também, ou de um "comunismo libertário", o que me parece mais exato. Mas cada um desses epítetos é hoje utilizado com o prisma deformante do que aconteceu com essas ideias na história dos dois últimos séculos: nem Marx nem Bakunin, nem Engels nem Proudhon, nem Lênin nem Stálin permitem entender bem ou melhor Meslier, que tem de ser lido por ele mesmo e no contexto da sua época. Sem jamais esquecer que setenta anos separam as primeiras páginas do *Testament* e o primeiro gesto da Revolução Francesa... A julgar menos pelo traço escrito do que pelo pensamento do personagem, prévio ao texto, Meslier está um século adiantado! Não menos...

JEAN MESLIER

Se procurarmos, na maranha da obra, as pepitas políticas a fim de organizar o todo numa joia revolucionária, deveremos começar pelo que se parece com uma filosofia dos Estados-Gerais. Qual seja? O padre faz um retrato detalhado dos costumes e sofrimentos camponeses sob o regime feudal de um Luís XIV, que ele não tem palavras suficientemente duras para aviltar: grande ladrão, grande criminoso, grande assassino, grande explorador, culpado por destruições, carnificinas, guerras, usurpações, "ladroeiras", desolações, injustiças sem nome, por períodos de fome. Nos setenta e dois anos de seu longo reinado (1643-1715), as províncias exangues conhecem apenas a miséria e a pobreza. Até Fénelon pensa isso e o escreve numa carta sublime...

Jean Meslier inventa a visibilidade da luta de classes. De um lado, os camponeses, os trabalhadores, os pobres, os miseráveis, o povo sofrendo no trabalho, sufocado por múltiplas taxas e impostos, submetido mentalmente, espiritualmente, fisicamente e cotidianamente; do outro, os padres e os reis, os bispos e os príncipes, os policiais e a gente de justiça – ele escreve "gente de injustiça" e a nomeia: tabeliães, procuradores, advogados, escrivães, controladores, intendentes de polícia, sargentos, juízes, cúmplices dos delinquentes, desde que sejam poderosos –, os cobradores, os coletores de impostos reais e outros "exatores ratos de porão", os nobres, "os ricos preguiçosos" que desfrutam dos bens deste mundo, comem, bebem, dançam, gracejam, se divertem e riem nos salões. Esses poderosos dispõem das mais belas terras, das mais belas casas, das mais belas heranças, vivem de suas rendas e das taxas violentamente extraídas dos trabalhadores, o que não os impede de querer mais e sempre mais.

Os primeiros nada têm, os segundos, tudo. Uns, desprovidos de tudo, nada têm e mereceriam tudo; os outros dispõem de tudo e mereceriam nada ter, portanto também mereceriam ser despojados de seus bens. Embora fartos e satisfeitos, nobres, ricos e proprietários também gostariam de ver os pobres aviltados. Essa situação cria o ódio entre as pessoas. A luta de classes produz o ódio de classes. Que filósofo pensa assim, logo depois de 1700? Que revolucionário em potencial, aqui advogado, ali coletor de impostos reais, alhures grande proprietário aquiesce nessas horas a essas ideias? Meslier é visionário...

20

**Uma república eudemonista.** Essa desigualdade instituída contradiz e contraria a igualdade natural. Meslier acredita no direito natural. Não o dos cristãos (o direito cultural da religião deles transformado em leis da natureza), mas o dos jusnaturalistas – que ele provavelmente não leu: Grócio, Pufendorf... –, para quem os homens dispõem naturalmente do direito de viver para ter todos os dias com que se alimentar, se vestir, morar, garantir dignamente a educação dos filhos, mas também para gozar de sua liberdade natural e depois trabalhar para a utilidade pública e o bem comum.

Para acabar com esse estado de coisas deplorável produzido pela monarquia francesa ajudada pelo clero católico, o padre esquerdista apela ao direito e à lei: boas leis podem tornar os homens bons. Se, no estado de natureza – ele não emprega essa expressão –, os homens estão submetidos à lei violenta de luta pela existência, o estado de civilização deve possibilitar, pela lei, realizar a justiça. Meslier fixa objetivos: o "bem público" e um projeto para "viver feliz" (II, 75). Ou seja, uma república eudemonista.

## 21

*A Igreja sustenta os tiranos.* Na lógica da constatação de Meslier, a Igreja católica torna possível a tirania dos reis e príncipes do momento. Paulo de Tarso disse e repetiu: todo poder vem de Deus, resistir a ele ou se rebelar é resistir e se rebelar contra Deus. O poder espiritual dos padres apoia o poder temporal dos reis para submeter os povos. As cabeças tonsuradas e coroadas recorrem à ameaça de uma danação eterna *post mortem* e jogam com as crenças existenciais para alimentar a servidão.

Primeiro os reis se dizem os enviados de Deus; em seguida realizam um deslizamento considerável e afirmam que agora são os deuses. Como os clérigos não desmentem, pior, como eles confirmam, o povinho, aterrorizado com o juízo de Deus, sua cólera e seu talento habitual para a punição, aceita ajoelhar-se tanto diante da gente de Deus quanto da gente da corte, que constituem uma única e mesma família.

Os curas, padres, abades, bispos, o papa, mas também o rei e toda a sua corte, e depois seus auxiliares nos cantos mais remotos da província, agem de concerto para criar e fortalecer as mistificações religiosas. A religião não vive apenas de imposturas, ela própria gera imposturas políticas. O sabre e o aspersório se dão bem. O catolicismo e a monarquia "se entendem como dois punguistas"…

OS MATERIALISTAS RADICAIS

Meslier ataca os monges e "monjas", vestidos de maneira ridícula e vivendo em abadias em que dinheiro, alimento e bebida não faltam. Lá se tem calor, come-se bem, é-se bem tratado, nada falta. As terras cultivadas e os jardins são magníficos. Suas fazendas geram grandes lucros. Ora, é uma injustiça caracterizada ver esses parasitas desfrutando de todos esses bens, pois eles espoliam o que "os bons trabalhadores deveriam ter".

Mas, singularmente(!), na mesma medida em que Jean Meslier acusa os renunciantes da vida monástica e os padres regulares e seculares – abades, priores, cônegos –, ele desculpa bispos e padres rurais... É verdade que as pessoas de sua corporação ensinam fábulas nefastas, divulgam ideias absurdas, mas devemos a eles uma coisa importante: eles transmitem valores e virtudes.

Os colegas de Meslier ensinam a moral, coisa necessária, capital até em "toda república bem regrada" (II, 32). Ao exortarem ao bem, os padres trabalham "pelo bem público" (*idem*), podendo por isso ser mantidos com dinheiro público, pois merecem um salário e não são parasitas como outros... A Revolução Francesa, ao convidar a gente da Igreja a prestar o juramento constitucional em 1790, inscreveu-se nesse espírito!

22

***Um gramsciano sob Luís XIV.*** O padre esquerdista prossegue nessa lógica de uma república virtuosa e da necessidade que ela tem de agir relacionando-se com o que, por falta de palavra melhor, ainda não se convencionou chamar os *intelectuais* – um neologismo criado por Clemenceau no momento do caso Dreyfus... Meslier fala de gente de espírito, de oradores, dos mais sábios e dos mais esclarecidos – metáfora regular sob sua pena.

O que se pode, o que se deve esperar deles? Ao modo gramsciano, trata-se de começar a revolução por uma militância das ideias no cotidiano: escrever, falar, dizer, contar, difundir as ideias necessárias: estabelecer um estado de coisas, isolar as causas da miséria e da exploração, esclarecer o povo sobre o funcionamento da máquina feudal, dizer-lhe que as coisas e a ordem do mundo podem ser mudadas por uma revolução.

Os companheiros de aventura da revolução devem "excitar em todo lugar os povos a sacudirem o jugo insuportável dos tiranos". Meslier acredita "somente nas luzes da razão humana" e nos efeitos dinâmicos da "razão natural". Quem poderia formular melhor, sozinho, sem amigos, sem apoio, no próprio coração das Ardennes profundas, no presbitério de um padre campestre, nos finais do século XVIII, o ideal das Luzes tal como ele iria aparecer meio século depois?

Apesar de seu isolamento, o padre de esquerda constata e deplora – já... – a ausência de intelectuais no terreno da cólera revolucionária e do companheirismo com os danados da terra. Algumas décadas depois, os ultras das Luzes realizarão seu sonho teórico antes que os *Enragés*, os *Sans-culottes*, os hebertistas ou seu compadre, o padre Jacques Roux, um dos famosos esquerdistas de 1789, lhe dessem razão, esta vez na prática, nas ruas das cidades, tanto em Paris quanto na província.

OS MATERIALISTAS RADICAIS

23

*A revolução, como?* O *Testament* propõe, portanto, a revolução: qual? Como? Para fazer advir que nova ordem? Primeiro, o método: a insurreição, a rebelião, a insubmissão. O padre Meslier tem em sua biblioteca o excelente *Discurso sobre a servidão voluntária*, de La Boétie, de cujas teses e ideias ele se apropria. Por exemplo? Uma constatação: o poder só existe com o consentimento daqueles sobre os quais ele se exerce; uma solução: parai de lhe dar vossa unção e ele cairá imediatamente.

O imperativo categórico político do amigo de Montaigne é claro, e sua eficácia temível: "tomai a resolução de não mais servir e estareis livres". Meslier retoma a ideia: não deem mais nada ao rico, excluam-no de sua sociedade, tirem-no de seu mundo recusando o que ele pretende que vocês lhe devem. Concretamente, embora o padre não explicite, ele inventa a desobediência civil cara ao coração de Henry David Thoreau: deixar de pagar impostos, recusar a talha, dizer não à gabela, resistir às corveias.

O projeto revolucionário não se restringe a essa dinâmica de resistência à La Boétie. Meslier acrescenta a esse primeiro tempo a força ativa e dinâmica, o querer deliberado de se unir para derrubar e quebrar os tronos. Nessa ordem de ideias, ele faz claramente o elogio do tiranicídio. "Matem a pauladas ou apunhalem todos esses detestáveis monstros e inimigos do gênero humano" (III, 133), escreve ele... Vingança? De jeito nenhum: instauração do reino da justiça e da verdade.

Ao que ele também associa a abolição da propriedade privada. Cinquenta anos antes da crítica rousseauniana do *Discurso sobre a origem da desigualdade entre os homens,* Meslier torna a posse e o gozo separado dos bens responsáveis por todos os males. Pois, com ela, os mais astutos, os mais matreiros, os maus e os fortes coligados triunfam sobre os pobres e dispõem dos meios de explorá-los.

Uma vez abolida a propriedade privada, realizar a posse comum – "gozar em comum". Tudo o que for obtido pelo trabalho, os frutos da prosperidade e do talento, é posto em comum na comuna. A célula de base? A família. Mas é uma célula, um elo numa cadeia. Ela não constitui o fim desse comunismo rural e sim seu núcleo organizador. O vilarejo deve se inspirar na organização familiar. E os vilarejos, assinando contratos para realizar a paz, constroem as oportunidades de prosperidade social e de felicidade da vida em comum. Prefiguração da paz perpétua visada pelo abade de Saint-Pierre – ela mesma modelo de Kant...

O hedonismo social propõe a felicidade de todos e de cada um. Não uma felicidade ideal, mas muito real, concreta, pragmática: um trabalho que permita comer saudável e suficientemente todos os dias, morar e dormir numa casa limpa e aquecida, comida, roupas, meios para uma educação para os filhos, a possibilidade de ser tratado em caso de doença.

Num século em que o povo sobrevive miseravelmente no dia a dia, envolto em andrajos, dormindo em estábulos ou na sujeira de enxergas roídas por vermes, padecendo penúrias ou fome, vítima das epidemias, de pandemias, a felicidade tem de ser concreta, passível de uma realização aqui e agora. Saint-Just dirá um pouco depois que "a felicidade é uma ideia nova na Europa": Meslier assina o ato de nascimento desse pensamento forte.

O comunalismo local estendido ao universal supõe a internacionalização. Meslier pensa para o vilarejo, é certo, mas não concebe a resolução dos problemas apenas no terreno da associação aldeã. "Gostaria de falar para todos os povos da terra" (III, 154), escreve ele, inventando também o princípio da exportação dos valores revolucionários para a totalidade da terra. Leon Trótski terá apenas de reler...

Ateu, descristianizador, anarquista, comunista, comunalista, materialista, internacionalista, revolucionário, esquerdista e, contudo (!), filósofo, Jean Meslier encarna sozinho o gênio da Revolução Francesa. Esse padre sublime reúne e concentra na sua pessoa o franco ateísmo de Anacharsis Cloots, a paixão descristianizadora de Pierre Dolivier, a cólera homérica de Hébert, a virtude republicana de Saint-Just, o comunismo dos Iguais de Babeuf, a incorruptibilidade revolucionária de Robespierre, a paixão pela justiça do abade Grégoire, a ira ultra de Varlet, Momoro ou Jacques Roux, a "religião do punhal" (Michelet) de Charlotte Corday, a paixão pelo povo de Marat e o desejo de "igualdade dos gozos" dos *sans-culottes*... A existência de um homem assim justifica, de repente, a humanidade!

### 24

**Voltaire saqueia os cadáveres.** Jean Meslier morre no final de junho de 1729. Descobrem no seu domicílio a carta deixada para os padres e o *Testament* manuscrito. Até aquela data, ninguém o tinha lido. Existem quatro exemplares daquela bomba de efeito retardado. À maneira dos apóstolos, com o tempo, eles crescem e se multiplicam... Logo, o espesso manuscrito é vendido caro, muito caro, por baixo do pano: mais de cento e cinquenta cópias circulam em Paris, menos de cinco anos depois da morte do filósofo.

Entre marquesas, banqueiros e empoados de sangue azul, Voltaire ouve falar desse tesouro por Nicolas Claude Thiriot, um amigo de infância. Fala-lhe da existência desse objeto filosófico perigoso numa carta datada do inverno de 1735. Arouet encarrega seu correspondente de lhe conseguir um exemplar. Que ele lê na íntegra. Com entusiasmo, é verdade, mas também com reservas.

Pois Voltaire nem é o filósofo que dizem nem o homem que acreditam que ele seja, repugna-lhe o ateísmo de Meslier e mais ainda seu projeto político emancipador. Esse pilantra oportunista, amigo dos poderosos, bajulador, interesseiro, com relações muitas vezes problemáticas com a moral, egotista, é um deísta que mantém com a religião católica, em privado, uma relação bem mais íntima do que faz crer a habitual biografia do homem público que se tornou monumento nacional. Ele evidentemente não gosta desse padre que nega a existência de Deus e de qualquer divindade; enfurece-se ainda mais contra a condenação radical, integral e sistemática de toda religião repetida ao longo das páginas no *Testament*; evidentemente, ele detesta o projeto revolucionário e comunista.

O autor das *Cartas filosóficas* crê em Deus, coabita com os católicos – até e sobretudo quando assina suas cartas com "Esmaguem a infame"… –, escreve páginas de rara violência contra os ateus, quer obter relíquias para a igreja que manda construir na sua propriedade de Ferney e, para tanto, envia uma súplica ao papa em pessoa, mantém, com seus próprios fundos, um capelão para sua capela de Cirey e chega, numa época, a imaginar sua inumação num edifício católico construído para esse fim... Esse carola enrustido não gosta nada de Meslier, como é de supor.

Ademais, o defensor de Calas, Sirven e outras causas midiáticas úteis para a escultura de sua estátua, ama a liberdade, é certo, mas como uma ocasião de exercício de estilo mundano. Pois, quando se trata da liberdade do povo, dos pequenos, dos despossuídos, dos camponeses, dos rurais, dos provincianos sangrados por seus amigos poderosos, ele toma claramente partido dos reis e dos príncipes, dos nobres e dos bispos.

Esse filósofo de indignações seletivas não encontra palavras duras o suficiente para os "mendigos ignorantes", a "canalha", o "populacho", todos eles "bois que precisam de um jugo, um aguilhão e feno"... A religião é necessária para os escravos, não para os pensadores. Como poderia a obra integral do padre encontrar graça a seus olhos?

Sem nenhuma vergonha, Voltaire fabrica uma falsificação, talha, corta, esquece, negligencia e acrescenta passagens de pena própria para fazer crer que o padre Meslier era... digamos, voltairiano! Corajoso, mas não temerário, empresta ao grande morto as palavras que, na boca de um outro, permitem-lhe escapar da vindita católica e monarquista. Com o título *Extraits des sentiments de Jean Meslier* [Extratos dos sentimentos de Jean Meslier], Voltaire faz publicar em 1761 uma falsificação desfigurando o trabalho de Meslier. É certo que silencia o ateísmo, o materialismo, o comunismo, a revolução, o que já é bastante; conserva a crítica da religião, dos milagres, das profecias, de alguns dogmas cristãos; mas, sobretudo, falsifica as palavras do padre para transformá-lo em deísta adepto, como ele, da religião natural... *In cauda venenum,* Voltaire conclui esse texto esclarecendo que a obra é... "o testemunho de um padre moribundo que pede perdão a Deus". Meslier pedindo perdão a Deus! Deve ser um sonho... Mais repugnante, não existe...

### 25

***Pilhagens e destinos póstumos.*** Portanto, durante muito tempo só se conhece de Meslier esse lixo voltairiano. Tendo Voltaire enviado trezentos exemplares desse texto a seus amigos e depois pagado do próprio bolso uma segunda e uma terceira edições, foi considerável o mal cometido – ficando o carola anticlerical com todo o benefício intelectual.

Enquanto isso, as cópias do manuscrito original continuam existindo. La Mettrie toma conhecimento de uma delas na corte de Frederico II da Prússia. Helvétius e D'Holbach conhecem o *Testament,* utilizam-no, mas nunca o citam. O barão autor do *Système de la nature* [Sistema da natureza] publica uma versão resumida de sua obra em 1772. Intitula: *Le Bon Sens du curé Meslier* [O bom-senso do padre Meslier], sem uma palavra sobre o tal padre... O mesmo ocorre com Sylvain Maréchal, que tenta dar a conhecer a obra famosa em *Le Tonneau de Diogène* [O tonel de Diógenes], e depois publica um *Catéchisme du curé Meslier* [Catecismo do padre Meslier] em que nada se diz do padre... Sade pilha D'Holbach, que tanto toma emprestado de Meslier: páginas de seu primeiro livro – *Dialogue entre un prêtre et un moribond* [*Diálogo entre um padre e um moribundo*] (1782) –, mas

## OS MATERIALISTAS RADICAIS

também de *A filosofia na alcova* devem tudo ao solitário das Ardennes.

Os ultras do século das Luzes bebem nessa fonte, mas omitem sua dívida. Alguns revolucionários, menos fominhas, citam o grande homem: Linguet, Desmoulins, por exemplo. Em 17 de novembro de 1793, Anacharsis Cloots pede à Convenção Nacional que seja erguida uma estátua no Templo da Razão (uma homenagem deísta grotesca que nosso padre provavelmente não teria apreciado...).

Depois da Revolução Francesa, acabam os mal-entendidos. Meslier pode finalmente tornar-se o que é: padre ateu, padre revolucionário, filósofo materialista. O texto integral, sem retoques nem falsificações, é por fim publicado em 1864 graças a Rudolf Charles d'Ablaing van Giessenburg, sob o nome de Rudolf Charles, numa edição em três volumes em Amsterdam. O título? *Testamento de Jean Meslier.*

Em 1919, os bolcheviques gravam seu nome num obelisco em Moscou. Meslier se torna precursor do socialismo científico, alistado na aventura soviética! O império leninista considera-o um imenso filósofo e ele ocupa em sua historiografia o lugar de Descartes na nossa. Eis uma nova homenagem tão inconveniente quanto uma estátua num Templo da Razão! Depois do massacre dos marinheiros libertários de Cronstadt pelo poder bolchevique, Meslier se torna um modelo mais para a insurreição e a insubmissão do que para a camaradagem com o poder. Pois ele é e continua sendo uma referência para qualquer pensamento insurrecional. Logo, para qualquer ação política digna desse nome. A única homenagem com a qual ele provavelmente teria consentido? Ser lido e praticado...

## II

# LA METTRIE

*e "a felicidade temporal"*

### 1

**Um falso novo Jesus.** Filósofo impenetrável, proteiforme, farsista, bufão, divertido, gozado, travesso, Julien Offray – Offroy, Onfray, Onfroy, a ortografia da época ainda erra... – de La Mettrie embaralha as pistas, complica as coisas, mistura os fios de sua vida, de sua obra, de seu pensamento. Deixa atrás de si um inextricável campo de informações contraditórias, uma baderna de dados antitéticos com os quais parece impossível fazer um retrato intelectual sem imprecisões, sem desfocamentos, sem aproximações.

É o caso de sua data de nascimento: 25 de dezembro de 1709, afirmam quase todas as publicações que dedicam uma nota ética a nosso autor – em primeiro lugar eu, alhures... Frederico II dá essa data em seu breve *Elogio de La Mettrie*. O príncipe abrigou por muito tempo o filósofo na sua corte de Potsdam, parece digno de crédito; o imenso Friedrich Albert

## OS MATERIALISTAS RADICAIS

Lange segue seus passos no capítulo de sua monumental *História do materialismo* (1866) dedicado ao autor de *L'Homme-Machine* [*O Homem-Máquina*]. A *Histoire de la philosophie* [História da filosofia] da Pléiade não comete o erro – e por um bom motivo: nenhum capítulo lhe é atribuído...

Outros reproduzem a informação equivocada em monografias: por exemplo, no primeiro estudo exaustivo, o de Nérée Quépat (pseudônimo de René Paquet) em seu *Essai sur La Mettrie, as vie et ses oeuvres* [Ensaio sobre La Mettrie, sua vida e suas obras] (1873), ou no mais recente, *La Mettrie. Un matérialisme radical* [La Mettrie. Um materialismo radical] (1997), de Claude Morilhat.

Ora, o registro de nascimento na sua cidade natal prova: La Mettrie nasceu em Saint-Malo em 19 de dezembro de 1709, de um pai negociante de tecidos ou armador, talvez os dois, e de uma mãe herborista. Além de essa anedota demonstrar que em filosofia a historiografia trabalha com dados de segunda mão e raramente vai às fontes, ela também mostra uma provável faceta do personagem: tudo indica que La Mettrie conhece sua verdadeira data de nascimento, mas a falsifica. Por quê?

Emitamos uma hipótese: ter nascido no mesmo dia que Cristo, salvador da humanidade, dia a partir do qual a história dos homens em terra cristã é contada, é uma piscadela filosófica jocosa bem no gênero do personagem! Podemos apostar que essa brincadeira feita com terceiros – na corte de Frederico II numa noite de Natal? – e consigo mesmo torna-se, assim, alegremente palavra de evangelho materialista. A lógica incestuosa da historiografia faz o resto...

Concedamos-lhe o crédito de contar na história da filosofia moderna como um messias a seu modo. Com efeito, ele teoriza o materialismo logo depois de Meslier numa obra especificamente dedicada a essa tarefa. Aparelha a matéria para transformá-la em tema de seu romance filosófico, que desenvolve as consequências de sua doutrina no terreno ético, político, ontológico e metafísico. Apesar das jiga-jogas teóricas, a obra lamettriana propõe uma alternativa legível para o espiritualismo que reina na filosofia dominante no Ocidente, cristã até a medula. Todo o materialismo francês do século XVIII abebera-se de boca cheia nessa fonte de frescor intelectual – e o faz com bastante ingratidão...

2

***Sócrates em Hipócrates.*** La Mettrie realiza seus estudos em Coutances na Manche, depois em Caen com os jesuítas e enfim em Paris no colégio du Plessis. Obtém o título de doutor em medicina em Reims e não em Paris, onde faz seus estudos, pois o sustento de um grupo de estudantes, os mimos devidos aos membros da banca, a duração dos ágapes necessários para a obtenção do grau de médico custam menos caro na província do que na capital, onde a semana de comilança é tida como medida normal da iniciação.

Em agosto de 1734, La Mettrie se inscreve no registro de médicos de Saint-Malo, mas nem por isso abre um consultório particular. Deseja se aperfeiçoar e toma o rumo de Leiden, onde passa dois anos traduzindo do latim obras de Herman Boerhaave (1668-1738) – chamado de "Hipócrates da Holanda"

– e escrevendo sobre esse singular personagem, na época uma celebridade na Europa.

Ao morrer, Boerhaave deixa uma obra que supostamente reuniria todos os segredos da medicina: o volume suntuosamente encadernado continha na verdade apenas páginas em branco... No frontispício lia-se: "Mantenham a cabeça fresca, os pés quentes, o ventre livre e zombem dos médicos." Como digno êmulo, La Mettrie destacou-se sobretudo na terceira proposição! O que não o impediu de publicar cinco obras científicas entre 1739 e 1741, a fim de popularizar a medicina daquele personagem que não foi apenas excêntrico.

De volta à cidade natal, La Mettrie ali exerce por oito anos a medicina. Em 1739, desposa a viúva de um advogado da corte de apelação, que lhe dá dois filhos. Quando o médico troca a França pela Prússia, a senhora se recusa a segui-lo. Em Potsdam, provavelmente apronta muito, transa outro tanto, destaca-se como libertino sem complexos, vive com uma suposta sobrinha. Frederico II passará a sustentá-la depois da morte do "titio"...

A carreira do médico filósofo – ele ainda não é o filósofo médico que conhecemos – ocorre primeiro ao lado do duque de Gramont, como médico particular. Médico-cirurgião das guardas francesas, conhece o cheiro da pólvora dos campos de batalha em Dettingen, a febre dos combates em Fontenoy e a paciência dos cercos em Fribourg.

O ano de 1742 transforma Hipócrates em Sócrates. No teatro de operações militares, La Mettrie sofre uma síncope. Esse trauma psicofísico abre-lhe a mente. Em outras palavras: experimenta corporalmente a união entre alma e corpo. Iluminação filosófica: o materialismo, eis a verdade filosófica! Essa certeza não está nas páginas de um livro, mas na carne de um corpo que experimenta o desfalecimento assim como se sofre o sono, a catalepsia, a apoplexia, a letargia e outros estados de consciência modificados: alma e corpo, essas duas modalidades de um mesmo ser material, vacilam e tombam simultaneamente. Hápax existencial... Não há corpo e alma separados, não há substância imaterial numa carne pecaminosa, não há substância extensa distinta da substância pensante. Platão, os cristãos e Descartes estão enganados. A lição funciona como *leitmotiv* da obra toda: "Existe uma única substância diversamente modificada" – a saber, a matéria. Imperativo categórico radical de todo pensamento materialista.

3

**Elogio do filósofo médico.** Extraindo a lição de sua síncope – escreverá um *Traité du vertige* [Tratado da vertigem] um pouco depois –, La Mettrie define o filósofo. Rindo da definição clássica, zomba do pensador companheiro de estrada dos "imaterialistas", ou seja, cristãos e outros discípulos de Descartes. O metafísico, o moralista e o teólogo equivalem ao padre. O discurso deles? Geralmente extrapolações livrescas, conclusões cheias de galimatias, histórias que a maioria considera parecidas com as palavras de um louco.

La Mettrie o afirma logo de cara no *Discours préliminaire* [Discurso preliminar] (1751) de suas obras filosóficas: "Escrever como filósofo é ensinar o materialismo." Desde então, oscila entre crítica da filosofia (antiga) e elogio da filosofia (nova): as zombarias dos velhos sábios espiritualistas alternam com considerações positivas em relação ao filósofo materialista. O filósofo à moda antiga não serve para nada. Primeiro, ele fala a pessoas que ou não sabem ler – o povo – ou conseguem lê-lo, mas já sabem o que está em seus livros. A multiplicidade contraditória dos discursos filosóficos desde que o mundo é mundo não o impediu de ser como ele devia ser. O filósofo não apresenta nenhum perigo para a sociedade. Num mundo em que reina o determinismo, para que serve um filósofo que prescreve?

Numa lógica espinosista famosa – nem rir, nem chorar, entender –, La Mettrie escreve em *L'Anti-Sénèque ou Discours sur le bonheur* [O anti-Sêneca ou Discurso sobre a felicidade]: "Eu não moralizo, não prego, não declamo, eu explico." *Quem esquecer essa profissão de fé passará ao largo da obra.* O médico que filosofa exerce como comparatista, como anatomista, como físico, como adepto de um método experimental. Ele escreve regularmente: o melhor filósofo? O médico. Defesa *pro domo*, é certo, mas, para além da ironia, há uma verdadeira opção de fundo: filosofar não tem a ver com ideias, conceitos, mas com realidades concretas.

Essa posição filosófica descarta qualquer possibilidade metafísica. O positivismo irá exprimir a mesma coisa no século seguinte. O objeto da filosofia? O mundo e nada mais. As séries causais, as mecânicas do real, o arranjo das causas e dos efeitos, tudo isso num puro plano de imanência, é esse o projeto. A modernidade dessa ancoragem da filosofia na matéria do mundo, na carne das coisas, é uma nova era para a disciplina. A partir daí, La Mettrie até pode inventar para si um nascimento miraculoso à altura do Crucificado...

4

***Ser vituperado.*** La Mettrie publica seu primeiro livro filosófico em 1745, *Histoire naturelle de l'âme* [História natural da alma]. Revisto em 1750, torna-se *Traité de l'âme* [Tratado da alma]. Amputado do aparato crítico, as notas publicadas à parte formam um *Abrégé des systèmes* [Compêndio dos sistemas]. La Mettrie retalha bastante seu trabalho... Nosso homem tem trinta e seis anos, já publicou dezesseis obras, traduções e volumes científicos diversos, mas nada filosófico. Restam-lhe seis anos de vida...

Na estante dos livros publicados, La Mettrie assinou com pseudônimo *Politique du médecin de Machiavel* [Política do médico de Maquiavel], em que ridiculariza, com a ajuda de alcunhas bastante claras para o público da época, a nata da medicina de então: Bacouille [Baculhão], Jonquille [Junquilho], La Rose [A rosa], Anodin [Anódino], Le Singe de la Fôret [O macaco da floresta]. Os apelidados são fáceis de reconhecer. Mas o autor teme que não. Numa reedição, arrola em anexo a lista dos nomes próprios e seus equivalentes. Vindita garantida!

No seu quadro de caça, o primeiro médico do rei, seis médicos comuns ou consultores do rei, o médico dos Enfants de France, três professores do Collège de France, dois reitores de faculdade... Também publicou *La Faculté vengée* [A faculdade vingada], para trazer para si os inimigos que ainda lhe faltavam. A seu favor, outros tratados sérios sobre a disenteria, as doenças venéreas, a asma, as vertigens,

101

como já vimos, além das *Lettres sur l'art de conserver la santé et de prolonger la vie* [Cartas sobre a arte de conservar a saúde e de prolongar a vida]. Essa soma satírica totaliza mil e seiscentas páginas publicadas...

Sua *Histoire naturelle de l'âme* constitui, portanto, seu primeiro livro de filosofia. Efeito garantido: provoca uma apoplexia no capelão das Guardas Francesas que, tendo tomado conhecimento das teses da obra, faz soar o alarme! Prefiguração do que o esperará em cada uma de suas publicações: os padres, os poderosos, mas também os filósofos tocarão o alarme como se fossem um só, chocados com o radicalismo de suas posições filosóficas. O Parlamento, convocado pelo clero, obtém para essa entrada no mundo da edição filosófica a consagração suprema: laceração e destruição da obra na fogueira pelas mãos do carrasco...

Começa então uma errância do autor para evitar a morte. A Holanda primeiro, mas – nova pilhéria – tomam-no por espião; sai apressadamente de Gand e vai para Middelburg, depois para Leiden. Nessa cidade compõe *O Homem-Máquina*, nova oportunidade para excitar as iras. A obra circula por baixo do pano ou em cópias manuscritas, custosas. Sucesso considerável! Na Europa, Julien Offray de la Mettrie se torna "Senhor Máquina". Novas imprudências, tem de abandonar novamente seu domicílio.

5

*A peruca, o jabô e o patê de faisão.* Maupertuis, seu amigo de Saint-Malo, consegue-lhe a corte do rei da Prússia, Frederico II, em Potsdam. Estamos em 7 de fevereiro de 1748, ele passará ali os seis últimos anos de sua curtíssima vida. É rapidamente nomeado membro da Academia de Ciências. Esses anos permitem-lhe trabalhar na elaboração de sua filosofia: livros, polêmicas, trabalho. Mas de forma relativamente diletante...

O anedotário destaca a grande intimidade do filósofo com o rei: ele entra no gabinete dele sem se anunciar, livra-se da peruca e a joga no chão quando o calor o atormenta, ou, por motivos de pura conveniência pessoal, desabotoa a veste, deixando aparecer um jabô velho ao qual falta renda, estende-se bem à vontade sobre o sofá real... Mal entrado nos 40, ele acusa uma barriguinha, um duplo queixo, um princípio de calvície às vezes coberto por uma grande boina. A gravura do habitual frontispício de suas obras mostra-o rindo, alegre, jovial, bem vivo, muito vivo. Sua Alteza se diverte, dizem, com aquele alegre camarada, filósofo de choque.

Num jantar em casa de Milord Tyrconnel, La Mettrie entrega-se a uma de suas paixões favoritas: a mesa. Sobre esta, destaca-se um patê de faisão de que o filósofo usou e abusou. Voltaire, que não estava lá, transforma a carne do patê, que se torna águia envolta em toucinho de má qualidade. Chateaubriand, que tampouco, e por bons motivos, não assistiu ao banquete, transforma a terrina em patê de enguias. Seja como for gastronomicamente falando, a máquina do Senhor Máquina emperra. Má digestão... Durante a partida de bilhar que se segue, o filósofo se sente mal. É sangrado oito vezes, toma banhos. Sem sucesso. Depois de vinte dias de doença, La Mettrie morre em 11 de novembro de 1751, às três horas da manhã. Está com quarenta e dois anos.

OS MATERIALISTAS RADICAIS

La Mettrie manifestou várias vezes seu desejo de voltar para a França. Ele provavelmente imaginou sua morte durante aquela longa agonia, pois expressou o desejo de ser enterrado em terra francesa, no jardim da embaixada. Ele não foi satisfeito e, cúmulo dos cúmulos para esse filósofo materialista sem nenhuma preocupação de transcendência, o filósofo foi sepultado na igreja católica francesa. Os bombardeios da Segunda Guerra Mundial pulverizaram o local. Não resta nenhum vestígio daquela máquina outrora acelerada. A não ser os livros...

## 6

**Autorretrato como opiômano.** La Mettrie costuma falar em primeira pessoa, fiel nisso a Montaigne – "meu filósofo", como ele escreve –, que é, diz ele no *Anti-Sénèque*, "o primeiro francês que ousou pensar". É verdade que as obras não se comparam, o maloense parece um discípulo radical – um "Montaigne que enlouqueceu", para parodiar a expressão sobre Diógenes, apresentado como "Sócrates que enlouqueceu"... Seu trabalho não pode ser reunido num só livro, sua introspecção não vai tão longe, a superfície filosófica percorrida é menor, mas ele conserva a ideia genial do autor dos *Ensaios* de que um pensamento se enraíza numa subjetividade definida por seu corpo e de que o eu não é detestável, mas sim precioso e, etimologicamente falando, amável.

Partindo de si mesmo, seu relato filosófico propõe um universal. Da mesma maneira que Montaigne infere de seu acidente de cavalo uma lição de vida filosófica e considerações úteis para a totalidade dos homens, La Mettrie enraíza seu pensamento numa experiência existencial: sua síncope num campo de batalha, como vimos. As conclusões do *Traité du vertige* procedem da observação de seu caso. Segue-se uma descrição extremamente minuciosa dos sintomas corporais dessa experiência. A obra completa fornece uma variação sobre esse tema dado por esse hápax existencial.

Alhures, ele se descreve, propõe um autorretrato não físico, mas moral, mental: doce, alegre, paciente, tranquilo, humano, estoico com a doença, a dor e as calúnias, epicurista em matéria de prazeres e de saúde. Confessa ser um "feliz temperamento", o que, no contexto determinista de sua filosofia materialista, vale como confissão e prova de sabedoria absoluta. A partir daí, diante da adversidade, das maldades, dos ataques e difamações, e ele sofreu muitos, ri em vez de chorar ou se zangar contra os golpes da sorte.

No *Système d'Épicure* [Sistema de Epicuro] – em que ele muitas vezes ocupa a cena no lugar do filósofo no Jardim... –, ele confessa que, se nascesse outra vez, gostaria de viver tal como viveu: comendo do bom e do melhor, em boa companhia, no consultório e no galanteio, dividindo seu tempo entre a medicina, a arte e as mulheres – uma confidência sobre a quantidade de suas investidas sexuais (cinco ou seis) parece fazer dele um feliz companheiro do belo sexo.

Não muito escrupuloso em matéria de definição, é fato, não se demorando nos detalhes e no conteúdo dos conceitos, ele fustiga os devassos, sem deixar de celebrar Petrônio, que, no entanto, não brilha como paragão do ideal ascético... Seu ideal? Uma volúpia construída, medida, que conserva para a razão a capacidade de conduzir o jogo. Quando se compara essa teoria de uma arte de gozar que obedece ao querer às páginas dedicadas a demonstrar o caráter impiedoso do determinismo na Natureza, não parece ser possível distinguir, tão simplesmente como ele afirma, o devasso do voluptuoso, porque ambos estão submetidos à lei da natureza além do bem e do mal...

No *Traité du vertige*, no *Traité de l'âme*, na *Épître à Mlle. A.C.P. ou la Machine terrassée* [Epístola à srta. A.C.P. ou a Máquina arrasada], no *Anti-Sénèque ou Discours sur le bonheur*, no *Homem-Máquina*, o que, convenhamos, faz muita diferença, nosso voluptuoso confessa uma prática do ópio. Sim, o médico tem acesso a ele para seus pacientes, mas o filósofo testou a substância para seu próprio uso, e não só por prescrição da faculdade de medicina...

Esse paraíso artificial evidentemente convém ao materialista, pois ele experimenta a unidade do sujeito, a união da alma e do corpo na matéria. Mas, razão menos experimental, o ópio fabrica a volúpia por demanda. La Mettrie descreve esse estado com entusiasmo, felicidade, alegria, prazer: o ópio proporciona uma suave letargia, próxima do sono, provoca uma felicidade imediata e enleva a mecânica, ele define realmente o paraíso da máquina, o arrebatamento da alma. Esse divino remédio, explica La Mettrie, é bem mais eficaz que todos os tratados de filosofia!

7

***Autoficção à base de veneno de rato.*** Amador de paraísos artificiais, La Mettrie sabe dos riscos da overdose. Numa encenação de sua pessoa em moldes irônicos, humorísticos e paródicos, o filósofo se apresenta como amante de ópio, por certo, mas também como consumidor de veneno de rato... Essa *Épître à Mlle. A.C.P. ou la Machine terrassée* – às vezes tida por apócrifa – mostra nosso filósofo sucumbindo à famosa dose. O ópio coloca num estado que se gostaria de ver durar para sempre, o tóxico produzirá o mesmo efeito. La Mettrie vai parar na morada de Plutão, onde charlatães conseguem esta proeza: matar um morto, por asfixia. Nessa odisseia, La Mettrie encerra sua carreira de máquina como gaita de foles...

Num texto de mesmo feitio – *Épître à mon esprit ou l'anonyme persiflé* [Epístola a meu espírito ou o anônimo caçoado], também ele de atribuição controversa –, La Mettrie prossegue com seu autorretrato e confessa alguns defeitos: escrever rápido demais e sem planejamento, sem ideia estruturada e sem visão profunda. No tocante à forma, podemos lhe dar razão: seus textos não provêm do jardim à francesa, mas das matas densas e selvagens, das eflorescências, da vitalidade vegetal, das profusões rococós, dos disparates. Não existe linha de força visível, mas sim enxertos, rebentos num galho torto.

Em contrapartida, embora seja certo que não aprofunda suas ideias, elas ainda assim são profundas. La Mettrie não perde tempo em se deter, escreve conforme as ideias lhe vêm, pensa como redige, conforme seu humor, apressado. Não tem a paciência do conceito que a cambada filosófica da frente tem demais, com o risco frequente de marcar passo. Os principais conceitos de seu pensamento – corpo, alma, matéria, máquina, prazer, volúpia, felicidade, necessidade, remorso – não são objeto de uma definição precisa, nem de uma análise profunda. A velocidade de seu pensamento por vezes gera a precipitação da formulação. Mas, pelo menos, a voz do filósofo se faz ouvir quando se leem seus livros. Pensamento vivo...

8

**Proliferação lírica da obra.** Em 2007, continua não existindo uma lista confiável das obras de La Mettrie. Como, então, trabalhar com um *corpus* coerente? Tanto mais que o maloense multiplicou as ocasiões de confusão, voluntariamente – por prudência, para se esconder – ou involuntariamente – por causa de seu temperamento vulcânico e bagunçado.

Devemos também contar com uma série de imbricações e intrincações de registros na obra completa. A historiografia separa e coloca em compartimentos livros que devem ser lidos na perspectiva de uma obra completa. Por isso, a obra científica e a obra filosófica veem-se artificialmente separadas: ora, *O Homem-Máquina* pertence ao registro médico e filosófico, *L'Ouvrage de Pénélope* [A obra de Penélope] também funciona muito bem nos dois terrenos; a mesma observação vale para a separação entre o registro sério e programático do *Discours préliminaire* e o outro, mais divertido, do *Petit Homme à longue queue* [Homenzinho de rabo comprido]; ou ainda a oposição entre a parte voluntariamente polêmica presente em *Le Médecin de Machiavel* e aquela que o é sem querer sê-lo em *L'Anti-Sénèque ou Discours sur le bonheur*; em outros lugares, opõem a pena filosófica do *Abrégé des systèmes* à outra, piadista e mundana, leviana e esnobe, de *La Volupté* [A volúpia] ou de *L'Art de jouir* [A arte de usufruir]. Ora, nenhuma obra pertence claramente a um gênero preciso. Os estilos, os tons diferentes, quando não contraditórios, trabalham a obra em múltiplos lugares. Sua leitura deve ser feita com um mesmo olho: La Mettrie é um tom filosófico, um estilo de pensamento, um temperamento.

Nessa selva de escritos, não faltam contradições. Seu trabalho se desenvolve em apenas curtos seis anos. A brevidade desse período deveria induzir relativa coerência, pois é mais comum mudar de ideia e de opinião com o passar do tempo. Porém, mesmo nesse curto espaço de tempo, La Mettrie se contradiz! Também aí tomo como precipitação de um filósofo selvagem que, sem procurar aprofundar, como de uma conversa de salão para outra, formula levianamente uma ideia e, depois, afirma o contrário no próximo *tête-à-tête*. A inconstância do cabrito que pula de pedra em pedra…

Os temas sobre os quais suas opiniões diferem são importantes: em *O Homem-Máquina*, ele afirma a existência das leis da natureza. Provas: os homens conhecem o remorso, é verdade, mas os selvagens também o experimentam, os animais igualmente, atestação de que antes de qualquer educação existe uma espécie de *a priori* ético, uma espécie de virtude natural. Muito bem. Só que em outra ocasião, em particular no *Système d'Épicure* e no *Anti-Sénèque*, o remorso se torna puro fruto da educação… Portanto, normalmente ausente nos animais, nos selvagens e nas crianças!

Em outra oportunidade, os animais dispõem de uma alma imaterial, vide *Les Animaux plus que machines* [Os animais mais que máquinas], ao passo que o restante da obra depõe a favor da materialidade de tudo, portanto da alma, o que é mostrado explicitamente na totalidade do *Traité de l'âme*. Nesse último livro, La Mettrie distingue três almas, enquanto na sua obra mais famosa, *O Homem-Máquina*, ele recusa essa tripartição, recusa também retomada em *L'Homme-Plante* [O Homem-Planta]. Numa oportunidade, os prazeres do corpo são superiores aos da alma, em outra, é o contrário, mas lembremos que o corpo e a alma constituem uma única e mesma substância.

La Mettrie provavelmente não relia o que escrevia, não trabalhava para estabelecer seus textos escrupulosamente para edições definitivas, acrescentava fascículos aos libelos, livros às sátiras, epístolas às comédias. Além disso, não esqueçamos que, na casa dos 40, um filósofo, mesmo ciente da inevitabilidade teórica da coisa, ainda não pensa sua morte como um acontecimento próximo. La Mettrie estava trabalhando numa obra completa que levasse a sua marca quando o tal patê de faisão pôs fim à aventura.

## 9

***Estratégias da dissimulação.*** Não devemos esquecer, ademais, que na virada da primeira para a segunda metade desse século XVIII, a Igreja continua alimentando com fervor as fogueiras, não só para os livros, mas também para seus autores ou qualquer um que não manifestar um zelo cristícola suficientemente acentuado. Basta lembrar o cavalheiro de La Barre que, por não ter tirado o chapéu para uma procissão em 13 de agosto de 1765, foi falsamente acusado de ter danificado um crucifixo numa encruzilhada e em seguida ter proferido palavras de baixo calão e anticristãs. Consequentemente, ele foi torturado e executado em Abbeville no dia 1º de julho de 1766, ou seja, quinze anos *depois* da morte de La Mettrie.

Entende-se, então, por que em duas ou três ocasiões La Mettrie aborda Descartes com circunspecção: decerto aprecia nele o militante da filosofia, o inventor da razão, o promotor do método, o defensor da clareza, o coveiro da escolástica, o pensador que também é cientista experimentador, mas deplora que algumas de suas ideias sejam concessões feitas a seu tempo para evitar problemas e por medo das represálias. A verdade de Descartes não deve ser buscada em suas demonstrações da imortalidade da alma ou na sua teoria das duas substâncias – "um ardil" –, mas na sua correspondência em que reina a prudência. O exemplo de Galileu prova que é preciso saber como arranjar uma vida sossegada.

Em termos absolutos, é verdade que La Mettrie convida o filósofo a falar livre e claramente, a se comprometer, a pensar sem entraves, a assumir seu trabalho que, escreve ele, se é verdadeiro e sincero, opõe-se à moral dominante e à religião cristã. Ao mesmo tempo, porém, pede-lhe para ficar atento: "Pense em voz alta, mas se esconda", escreve em seu *Discours préliminaire.* Na França, ele temia as autoridades, nos Países Baixos também. Na corte de Frederico II, rei filósofo que reivindicava seu ateísmo, o pensamento livre não é uma palavra vazia.

Mas é preciso ter prudência. Sobretudo quando se planeja voltar um dia para a França. Donde a exposição de suas teses com toda a astúcia necessária: faz falar um suposto adversário, concede a palavra a um ateu, examina seus argumentos e, portanto, de passagem, toma-se conhecimento deles, faz falar um adversário da imortalidade da alma, critica-o sem muito entusiasmo, mas a ideia passa, ela circula. Essa estratégia *voluntária* da exposição dentro da exposição, da ironia filosófica – proferir um discurso sabendo que a inteligência, a fineza e a sagacidade do leitor restaurarão a perspectiva verdadeira e o levarão a ver a depravação voluntária dos eixos e dos ângulos de ataque –, soma-se ao tropismo *involuntário* de La Mettrie pela bagunça, pela imprecisão conceitual e pela contradição. Donde o aumento da probabilidade de erros e de leituras equivocadas.

No arsenal das lógicas de prudência e de dissimulação, La Mettrie faz uso, é claro, como muitos naquela época, de pseudônimos, de nomes de editores falsos e de locais de publicação falsos. Ao que ele acrescenta mudanças de título nas reedições, complementos, supressões, publicações separadas de partes anteriormente integradas numa obra cujo antigo título desaparece…

Finalmente, para complicar o todo, La Mettrie ativa uma estranha maneira de proceder: escreve com nomes falsos textos que atacam seus próprios livros. Depois refuta os ataques, assumindo o papel de destaque do fanfarrão que triunfa ainda mais facilmente porque o inimigo foi fabricado por ele mesmo! Donde a abundância de piscadelas cúmplices – "como diz", "como escreve", "como pensa", "como afirma o autor de *O Homem-Máquina*"… – em várias páginas em que ele cita ideias, mas também passagens inteiras de outro livro de sua própria autoria. Pode-se então avaliar a dificuldade de avançar nessa selva filosófica em que o autor se diverte embaralhando as pistas e depois tapando atrás de si as passagens abertas por seu próprio machete…

## 10

**Três pedacinhos do fio de Ariadne.** Para não se perder nesse labirinto, proponho um fio de Ariadne. A fim de evitar as querelas de atribuição, reduzo a obra a três obras certas: o *Discours préliminaire* (1751), *O Homem-Máquina* (1747, datado de 1748) e *L'Anti--Sénèque ou Discours sur le bonheur* (1750). Ou seja: uma epistemologia da disciplina filosófica, um manifesto materialista radical e uma teoria da amoralidade, ainda assim virtuosa e voluptuosa... O conjunto formula um real pensamento pós-cristão.

Antes de tudo, examinemos a questão do ateísmo de La Mettrie. Onde lemos precisamente, em sua obra, uma profissão de fé que negue a existência de Deus? Em lugar nenhum. Quando é que ele escreve: "Deus não existe", "é uma ficção" ou "não há um Deus"? Nunca. Em que lugar La Mettrie defende o ateísmo? Em nenhum. No entanto, toda a historiografia, inclusive sua ala esquerda, fala do ateísmo do filósofo – exceto o excelente Pierre Lemée.

Isso significa desconsiderar as passagens em que ele afirma que Deus existe... Prudência? Enganação? Sábia arte de nosso autor de embaralhar as cartas filosóficas? Os defensores da opção de um ateísmo de La Mettrie afirmam isso... Mas, quando, em *L'Anti-Sénèque*, ele fala das "criaturas animadas", discorre imediatamente depois sobre o "adorável autor que as fez". Em *O Homem-Máquina*, ele conclui pela "mais alta probabilidade" de existência de um "Ser Supremo" e não por sua improbabilidade... Temos, portanto, um deísta.

Nas linhas seguintes, ele desativa sua bomba e critica o deísta que poderiam ter acreditado que ele

OS MATERIALISTAS RADICAIS

fosse com semelhante audácia! Mais um salto, nova posição: esclarece que sobre a (in)existência de Deus, pouco importa a resposta. Aliás, nada se pode conhecer sobre isso. O deísta se torna agnóstico. Depois, mais ranços deístas, seguidos, como é de esperar, de um passo atrás e de uma conclusão prudentíssima: termina não tomando partido e se declara "franco pirronista"... Que o Santo Ofício se vire com tudo isso, Deus reconhecerá os seus. Temos um cético.

Mas, para concluir esse dossiê, deve-se também ler uma carta que La Mettrie escreveu à sua mulher que ficou na Bretanha e na qual ele reage à morte de Jean Julien Marie, seu filho de dois anos. Devastado pela dor, o pai arrasado confessa a nulidade de sua filosofia em tais circunstâncias. Nesse documento privado, destinado a assim permanecer, ele não escreve para a posteridade, não diverte a galera, não adota a pose filosofante, ele sofre. Não há falso semblante, reina a verdade. E o que escreve ele? Em *dois* momentos, fala de Deus e afirma que essa morte funesta procede de Sua vontade: Ele pune a sua mulher por ela ter se recusado a segui-lo no exílio e Ele o pune por ter sacrificado tudo a uma glória quimérica de autor. Palavras de ateu?

11

*A negação de Deus nas entrelinhas. O Homem-Máquina* afirma claramente sua tese: "Em todo o universo há apenas uma única substância diversamente modificada." O que, obriga logicamente a concluir que, se Deus existe na concepção do mundo de La Mettrie, ele se confunde com a matéria. Se quisermos procurar uma coerência no pensamento do filósofo sobre esse tema, deveremos pender, antes, para um panteísmo materialista, uma espécie de espinosismo da substância identificada à matéria. O Grande Relojoeiro não está muito longe disso, ainda que ocupe um lugar sobre um *strapontin* num perigoso equilíbrio. Temos um panteísta…

Vago sobre Deus, La Mettrie é em contrapartida francamente claro sobre o cristianismo – mesmo tendo a habilidade de nunca combatê-lo de frente ou de se declarar claramente seu inimigo. Nesse terreno, o fio de Ariadne é mais visível, pois toda a sua filosofia se opõe, ponto por ponto, à doutrina cristã. No seu materialismo hedonista, não há nenhum lugar para o Deus cristão. A obra completa efetua uma série de variações – proponho sete – sobre o tema anticristão. Explicitemos.

Primeira variação: *Deus,* redutível tão só à matéria, não é um Deus muito católico: o dos adeptos de Cristo é considerado distinto do mundo, criador dele e, portanto, anterior à sua criatura; atribuem-lhe também características antropomórficas: ciumento, vingativo, benevolente, doce, magnânimo, misericordioso; atribuem-lhe qualidades inversamente proporcionais à impotência dos homens: onipotente, onipresente, onisciente, eterno, imortal, incriado. Nenhuma dessas qualidades metafísicas poderia qualificar o eventual Deus lamettriano…

Segunda variação: o catolicismo ensina o ódio de si; para ele, o eu é odiável e o pecado do orgulho costuma pôr a cara para fora sempre que aparece um pouco de *amor a si…* La Mettrie toma nitidamente partido a favor dessa boa paixão: como amar os outros se não amamos a nós mesmos? O ódio como produto da incapacidade de se dar o seu justo valor, eis uma das explicações da miséria relacional.

## 12

**Um materialismo radical.** A terceira variação concerne ao *materialismo*. O mundo segundo a Igreja supõe duas instâncias que mantêm relações complexas: o corpo e a alma. O dualismo cristão afirma a mortalidade do primeiro e a imortalidade da segunda, ensina o caráter pecaminoso de um e a potencialidade de salvação pela outra. *O Homem-Máquina* acaba com essa esquizofrenia nociva. A natureza, os homens, os animais, tudo se reduz a diferenças na organização da matéria una. Não existe nada imortal nessa visão de mundo – existe apenas a matéria, única realidade... La Mettrie reduz todas as visões de mundo a dois sistemas, não mais: o espiritualismo e o materialismo. Sua escolha é clara.

A alma existe, é certo, mas ela é o nome da parte que pensa em nós. Descartes, aliás, se engana a esse respeito e passa ao largo de uma contradição flagrante: como uma substância pensante, imaterial, pode habitar na parte material de uma substância extensa? Num lugar, a alma que deveria ser sem lugar se torna o que ela é verdadeiramente: uma modalidade da matéria! La Mettrie pega Descartes em flagrante delito de paralogismo... A alma existe, ela é composta de matéria e encontra-se no cérebro. Como tal, e segundo os critérios materialistas, ela morre junto com a organização que define seu ser. A partir daí, não há o que temer do que advém depois da morte, pois há tão somente o nada eterno.

Em matéria de economia do sistema humano, La Mettrie concede ao cérebro um lugar importante, assim como à matéria nervosa. A matéria em jogo não revela seus mistérios, ignoramos segundo que princípios ela se organiza. Constatamos mudanças, alterações, modificações na organização; podemos acompanhar seus efeitos no comportamento, mas não podemos ir além da pura e simples constatação de causalidade, e devemos confessar nossa ignorância, com total modéstia.

O filósofo médico descreve uma espécie de vitalismo dinâmico que não contradiz seu materialismo, que, ao contrário, o qualifica e o detalha: ele conhece bem os mecanismos reflexos, e a anatomia lhe permite constatar que existe um "princípio excitante e impetuoso" ativo no próprio coração da matéria, independentemente de sua organização. Ainda que a tal "forma inata" (situada no parênquima) pareça ter sido herdada diretamente do vocabulário escolástico, La Mettrie supõe uma complexidade em obra na matéria.

Por fim, e essa é a tese mais famosa do filósofo: o homem é uma máquina. As imagens e metáforas sobre o tema abundam: os relógios, os pêndulos, molas mais ou menos vivas, um movimento perpétuo, cordas diversamente tensionadas, sem falar das referências aos autômatos de Vaucanson. Contudo, não se trata de um puro e simples mecanicismo. Pois também é preciso contar com os humores, os fluidos, os tubos, os movimentos, os fluxos, os vasos, os nervos, as vísceras – o cérebro e outras considerações sobre a "tela medular", o "novo quilo", o "verme do homem" (o espermatozoide).

## 13

*Uma máquina perpendicularmente rastejante.* Quarta variação: o homem de La Mettrie não culmina no topo da criação. Na lógica do monismo materialista vitalista e dinâmico, pulveriza-se a hierarquização cristã da natureza que parte do mineral, passa para o vegetal, chega ao animal e conclui com o humano, topo da criação, obra-prima de Deus, perfeição de sua arte. Essa lógica transcendente e teológica desaparece sob os golpes da proposição imanente de La Mettrie. Na natureza, nada é superior ou inferior, tudo é igual. O que existe é um jogo nas organizações, que produzem aqui um macaco, acolá um homem, mas a diferença não é muito grande... *O Homem-Máquina* afirma-o sem rodeios: o homem? "Uma máquina perpendicularmente rastejante"...

Num vocabulário contemporâneo, poderíamos escrever que La Mettrie segue a esteira dos filósofos antiespecistas, para os quais nada permite justificar a exploração dos animais ou seu sofrimento. O homem não coroa a criação divina enquanto os animais apodrecem um ou vários graus abaixo por causa de um princípio de pior acabamento ou de uma organização deficiente. Humanos e animais obedecem, cada qual, à lei de uma organização diferente num mesmo mundo e sua matéria é idêntica. Donde textos – sem presumir sua autenticidade – como *L'Homme-Plante* ou *Les Animaux plus que machines* que detalham as dessemelhanças, é verdade, mas também as semelhanças entre o vegetal, o animal e o humano.

A título de prova da validade de sua tese de que muito pouco separa o macaco do padre, La Mettrie afirma que poderia ensinar o primeiro a falar, particularmente aplicando o método de Johann Conrad Amman que se propunha, antes do abade de l'Epée, a ensinar os surdos-mudos a falar com um método apropriado – o aluno toca a garganta de seu mestre durante a fonação, memoriza as vibrações e depois tenta reproduzi-las.

Essa proposição falsamente farsesca de La Mettrie não é sem consequências, pois, segundo ele, o cérebro armazena informações, se organiza de maneira eficiente, associa sons, signos, figuras, palavras e sentidos. Em seguida, e a partir dessa compleição básica, é possível pensar todo o trabalho de sensação, de memória e de inteligência, o que permitiria preencher a minúscula brecha que separa o homem do animal. Falta pouco para o animal se tornar humano; e às vezes muito pouco transforma um humano em animal. Essa semiótica materialista arrasa com o antropocentrismo cristão…

## 14

*A inocência do devir.* Quais as conclusões já obtidas? A matéria é tudo; portanto, Deus é pouco, ou quase nada, se não nada; existem apenas múltiplas modificações de uma substância una e única; o homem não domina no topo da criação, pois ele evolui na natureza à altura dos animais e das plantas. Isso no que tange à antropologia. Que ética construir sobre semelhante base?

Essa quinta variação inicia uma revolução na ética – uma revolução ética. Recapitulemos: a matéria é tudo. A moral terá algum lugar na mecânica de um mundo organizado além do bem e do mal? La Mettrie conclui, coerente, que em tal natureza reina uma necessidade absoluta, uma total fatalidade: o determinismo é a lei. Semelhante filosofia enterra definitivamente as fábulas cristãs do livre-arbítrio, da possibilidade de escolher entre bem e mal, do pecado original, da falta e da responsabilidade coletiva da humanidade. O homem não escolhe, é convocado pela organização e pela configuração da matéria. Numa bela fórmula da *Épître à Mlle. A.C.P. ou la Machine terrassée*, La Mettrie escreve: "Uma máquina não age pelo que quer, mas sim pelo que deve." Definitivo...

O que é não pode não ser; o que ocorre não pode não ocorrer, mesmo nas condições da epifania; o que advém, advém em formas necessárias. Os homens são o que a organização da matéria os faz ser, e a organização obedece a princípios dos quais tudo se ignora, pois a hereditariedade, o clima, o alimento, a dietética, a educação, é claro, desempenham um papel importante na construção de uma subjetividade. O materialismo das causas indutivas destrói a mitologia cristã das origens e, por conseguinte, também acaba com toda escatologia da redenção. Traz também consigo uma consequência importante, que constitui a sexta variação: o reino da necessidade abre uma real perspectiva *amoral*.

Amoral, mas não imoral. Ainda que para um cristão que julgue a partir de seus próprios valores as teses materialistas sejam de um total imoralismo. Mas La Mettrie, como é de supor, prefere valores relativos. Nada pode ser absoluto no terreno da ética, tudo depende do critério arbitrário proposto pelos homens, nesse caso, o bem da sociedade. O que protege a sociedade é o bem; o que ataca a sociedade é o mal. Num céu das Ideias eternas e imortais, as virtudes não existem no absoluto.

Contra a moral moralizadora (cristã), La Mettrie propõe uma ética da inocência (materialista). Ninguém escolhe ser imbecil se tem a possibilidade da inteligência; ninguém opta pela infelicidade se pode obter a felicidade; ninguém quer deliberadamente gozar no crime se está em seu poder obter o que lhe é de direito na relação suave com outrem. Nossa condição resulta de um feixe de circunstâncias nas quais o livre-arbítrio, a vontade, a decisão, a liberdade constituem forças nulas. De que serve, então, punir ou recompensar? Nem o mau nem o bom escolhem seu vício ou sua virtude...

15

**Abolir o remorso.** Nessa ordem de ideias, La Mettrie examina a questão do remorso e produz análises essenciais na constituição de sua (má) reputação filosófica. Esclareçamos que o termo "culpa" não existe no momento em que o filósofo emite suas reflexões sobre o tema, ou seja, em 1750, com *L'Anti--Sénèque ou Discours sur le bonheur*. Pois essa palavra surge em 1791. É evidente, porém, que o que ele chama de remorso na obra tem um parentesco com o que depois se chamará de culpa.

Já que os homens não escolhem nada, como podemos atormentá-los exigindo deles o arrependimento por um ato que eles não podiam não cometer? É o mesmo que querer que uma telha que caiu de um telhado apresente suas desculpas ao indivíduo sobre o qual ela se quebrou! Um mesmo determinismo leva a telha a se soltar da estrutura e o estuprador a estuprar, o matador a matar ou a tempestade a principiar. Idem para a telha que não cai, o homem respeitoso das mulheres, a pessoa que se abstém de um homicídio ou o tempo bom. Há nisso tudo apenas fatalidade, necessidade, e isso além de toda moral.

Voltemos ao remorso. Como defini-lo? Ele é o carrasco da consciência, a voz interior que condena o sujeito por ter cometido um ato repreensível. Voltemos a dizer: La Mettrie faz dele uma lei da natureza em *O Homem-Máquina*, argumentando que ele é comum aos homens, aos selvagens e aos animais; mas em *L'Anti-Sénèque* afirma o contrário e o deduz da educação. Nesse segundo caso, ele se torna um "velho hábito", uma "desagradável reminiscência", um "velho preconceito" decorrente do adestramento social.

Para que ele serve? Para nada. Nunca previne a reincidência; durante o delito, não o impede; depois, não produz nenhum efeito sobre o que ocorreu. Pior: acrescenta negatividade à negatividade, pois o criminoso se atormenta com uma crueldade inútil já que sem efeito. Condenar-se por ter cometido o que nossa organização nos obrigou a cometer, eis um estranho efeito do ódio de si, ou, ao menos, da ignorância do mecanismo que conduz o mundo independentemente da consciência e do livre-arbítrio.

O remorso produz efeitos por toda parte. Não só em casos de delito grave – crime, assassinato, tortura etc. –, mas também em histórias mais banais como o adultério, a gula e outras situações em que se pode crer estar cometendo algo errado. A sociedade condena muitos prazeres naturais associados ao erro, ao pecado, ao interdito. La Mettrie não vê nenhuma razão para ficar perturbado por remorsos e convida a simplesmente gozar a vida, sem se acusar pelo que nos determina.

## 16

*"Metafísica da ternura".* Sexta variação: se o determinismo rege o que advém, se ninguém é responsável nem pelo bem nem pelo mal que faz, que comportamento se deve adotar? Resignação? Submissão? Não. Ternura. La Mettrie desenvolve o que ele chama de uma "metafísica da ternura". Além do bem e do mal, com conhecimento de causa materialista, informado pela causalidade das organizações da matéria, o filósofo não se rebela em nome da moral moralizadora, pois recusa o juízo de valor, a vergasta ou a medalha, em prol de um gênero de piedade pós-cristã.

Um delinquente não é um carrasco e sim uma vítima. Tal como um ser vítima de homicídio, o matador não é responsável ou culpado: são somente movimentos da natureza, determinações da matéria. Que sentido haveria em odiar, torturar, brutalizar, maltratar o infeliz autor de um crime? Os viciosos não escolhem seu vício, portanto, em vez de recriminá-los por isso, lamentemos, antes, que tenham sido mal servidos pela natureza. Compadeçamo-nos dessas máquinas mal reguladas.

Nesses casos, deve-se punir? Como deve ser uma punição? La Mettrie convida à redução das penas, a uma justiça que distribua os suplícios moderadamente e a contragosto. Punir o mau assim como recompensar o virtuoso confina com o ridículo. Em contrapartida, caso se possa prevenir, então a pena é

## OS MATERIALISTAS RADICAIS

legítima, e somente nesse caso. Para evitar a reincidência provável, a sociedade pode e até deve se proteger e se defender. Pois La Mettrie afirma claramente: "Detesto tudo o que prejudica a sociedade" – (o que, diga-se de passagem, torna ridícula a tese de certo universitário que faz de La Mettrie um "filósofo anarquista" ou, de outro, um "anarcossindicalista"!).

É inútil procurar no pensador do determinismo integral uma frase precisa condenando a pena de morte. Não a encontraremos. Muito pelo contrário. La Mettrie garante o ofício de forcas e carrascos e recorre a imagens muito claras: para salvaguardar o interesse público deve-se às vezes "matar os cães raivosos e esmagar as serpentes". Mais adiante, ele legitima o princípio da legítima defesa para a sociedade e justifica "a necessidade de enforcar parte dos cidadãos para conservar o resto". O mesmo homem escreve também, em 1751, que a Bastilha é uma "horrível inquisição". Temos portanto um materialismo repressivo nos antípodas de uma versão preventiva!

Portanto, a ternura tem limites, particularmente sociais e políticos. Nessa parte da análise, descobrimos a superposição do revolucionário filosófico ao político conservador. La Mettrie pensa a delinquência como metafísico e não como materialista. Ao se instalar do lado da sociedade, ignora que esta muitas vezes inflige uma violência ao delinquente, ao mesmo tempo que evita pensar que o determinismo social poderia ser questionado, particularmente na sua forma brutal monárquica, católica e feudal. Esse filósofo inovador que afirma semelhante cinismo político não tira todas as conclusões de sua teoria das causalidades materiais, particularmente no terreno da sociedade. Por isso, irá desagradar aqueles

– Helvétius, D'Holbach, por exemplo – que também defendem uma doutrina materialista, mas concluem, de forma consequente, pela necessidade de uma mudança de sociedade. Se a Bastilha é realmente uma "horrível inquisição", por que não incitar a destruí-la?

### 17

*O repouso no crime.* Em defesa de La Mettrie, deve-se dizer que ele esclarece várias vezes que não é um filósofo do "dever ser", mas sim do "ser"; que ele não diz o que se deveria fazer, mudar, modificar para que as coisas corram melhor, já que elas não podem não ocorrer assim; que não lança no debate de ideias proposições para mudar ou modificar a sociedade; que não assume a pose de alguém que prescreve. Lembremos que, como materialista que se louva na física e na ciência, ele pratica como médico e diagnostica; faz-se anatomista e desmonta as fábulas, as maquinarias; ele pratica um método experimental comparatista a léguas de distância da postura do guru.

Em suas análises, avança muito na constatação do que é a natureza humana. Entende-se que ele cause regozijo ao marquês de Sade quando põe sobre sua mesa de dissecação filosófica o caso do que ainda não é chamado o sádico, e não sem motivo. Mas como denominar o personagem que experimenta "satisfação em fazer o mal"? Aquele que "se aprimora na invenção dos tormentos"? Ou que goza com esse tipo de "infeliz felicidade"? Que dizer do perverso que experimenta a "felicidade no crime", e para quem o único bem consiste em fazer o mal?

OS MATERIALISTAS RADICAIS

Ou do mau que nem mesmo é infeliz? Das vítimas, nada mais...

Não esperemos dele que se faça de teólogo, padre, moralista, filósofo ministrador de lições, todas essas figuras por ele execradas: ele é médico, e seu magistério concerne à anatomia filosófica. Acrescentemos que existe, afinal, uma dimensão de salvação no materialismo que ele ensina, pois essa visão de mundo totalmente determinista age como remédio contra a misantropia. Sua obra não visa legitimar o crime, visa tornar possível o "repouso no crime"...

18

**Uma clareza neuronal.** No entanto, La Mettrie rompe um pouco com essa regra do filósofo médico confinado ao diagnóstico propondo às vezes um remédio que mostra que, se ele tivesse aderido à política como filósofo materialista, teria provavelmente sido menos feudal e mais revolucionário – portanto menos recuperável por Sade, o feudal emblemático. Pois o pensamento desse vibrante homem se instala deliberadamente no trágico: o otimista vê o melhor em toda parte e explora suas possibilidades; o pessimista vê o pior em toda parte e não vê mais nada; o trágico tenta ver o real como ele é.

O autor de *O Homem-Máquina* emite hipóteses que teriam merecido longos e preciosos desenvolvimentos. Mas, na falta disso, o germe revolucionário e a potencialidade republicana (no seu *Discours préliminaire*, em 1751 portanto, ele escreve "sejamos portanto livres tanto em nossos escritos como em nossas ações; mostremos neles a altiva independência de um republicano"!) estão certamente nos escritos desse feudal por inadvertência ou, melhor, por negligência.

Onde está a pérola? Na sua presciência do homem neuronal. La Mettrie dissecou cérebros e discorre sobre sua matéria: o número de circunvoluções, as variações de volume, a consistência e a natureza das fibras, a cor dos corpos estriados, a formação das estrias, as "tranças e cabeças" – os tubérculos quadrigêmeos dos dias atuais. Fala a respeito como se fosse de uma víscera a construir graças aos hábitos de uma nova educação.

A clareira no trágico lamettriano está nisto: tudo depende do cérebro, das pregas, das informações fornecidas pela educação e pelas informações adquiridas. Somos o que somos porque somos nosso cérebro – que é a matéria da mente. Pessimismo para o indivíduo aqui e agora: não podemos mudar nada em nossa organização uma vez que ela esteja cristalizada nessa matéria neuronal; otimismo para a humanidade no futuro: se formatarmos de outro modo essa matéria, se influenciarmos sua organização, será possível pensar numa modificação das coisas. Também aí, a política do filósofo é a do médico: fabriquemos felizes naturezas agindo sobre a formação neuronal, o adestramento nervoso da "tela medular".

É o caso do remorso: a educação, o meio e a época nos adestram para senti-lo. Outra impregnação determinaria de outro modo. É certo que a necessidade existe, mas não há nenhuma necessidade de consentir com o remorso quando é possível se libertar dele. Assim, livres desse hábito moralizador contraído na primeira infância, imaginemos homens menos infelizes com sua infelicidade, pois experimentá-la já foi punição suficiente. O remorso supõe um duplo sofrimento – ideia de Espinosa; sua abolição amputa a metade da dor. A cultura e a educação permitem humanizar esses animais que os humanos são. O determinismo choca-se com outro determinismo. À força do hábito oponhamos o hábito de outra força, uma contraforça. Outras leituras, outras ideias, outras relações, novos encontros, novas pregas para um homem novo.

Digamo-lo em termos contemporâneos: embora La Mettrie defenda a repressão, o cadafalso e o patíbulo aqui e agora, nem por isso exclui a prevenção prévia pela educação e pela pedagogia. Na máquina materialista poderosamente determinada, o filósofo trágico reserva um papel ínfimo para um leve impulso. Esse leve jogo mecânico-fisiológico pode produzir, no final, uma grande diferença comportamental. Uma espécie de clinâmen neuronal.

Essa lógica neuronal permite uma sétima variação anticristã: contra o fatalismo teológico que condena o homem à sua condição de mortal infeliz, La Mettrie deixa despontar a pequena chance de uma salvação aqui e agora. Uma salvação materialista e não religiosa, uma salvação para este mundo e não para o além. Quando o cristão convida o homem a ter paciência com seu mal, a sofrer para expiar uma falta, a merecer sua felicidade num outro mundo, o materialista propõe uma solução imanente: no imediato, aceitar aquilo a que a natureza nos convida, sem remorso; e, para mais tarde, visar outro modelo, já não o do ideal ascético cristão, mas o do materialismo hedonista.

## 19

**Reatar com a volúpia natural.** Sétima variação anticristã, portanto: o hedonismo. Primeiramente, observação do filósofo: cada um corre atrás do seu prazer, até mesmo o mau, que goza na negatividade. Portanto, não se escapa do prazer, todos estão condenados ao hedonismo. A natureza criou o homem para que ele seja feliz; mas a cultura (cristã) faz de tudo para que não seja assim. A moral, a religião e a filosofia espiritualista constituem três variações sobre o tema cristão.

La Mettrie critica o estoicismo. *L'Anti-Sénèque*, por exemplo, originalmente intitulado *Traité de la vie heureuse par Sénèque avec un Discours du traducteur sur le même sujet* [Tratado da vida feliz por Sêneca com um Discurso do tradutor sobre o mesmo tema] (1748), e depois, numa segunda edição de doze exemplares (1750), *L'Anti-Sénèque* subtitulado dessa vez: *Le souverain bien* [O soberano bem], e enfim uma terceira versão (1751), com um subtítulo, *Discours sur le bonheur* [Discurso sobre a felicidade], que não é de autoria dele. A obra se propõe acompanhar a tradução do *Da vida feliz* do antigo filósofo, mas ninguém jamais viu esse trabalho...

O que ele critica nos estoicos? Preferirem a morte à vida; incitarem ao suicídio – que ele reprova – e não à coragem de viver; amarem a severidade, a tristeza, a dureza, em vez da doçura, da alegria e da felicidade; imaginarem-se heroicos com suas sensações em vez de simplesmente humanos; preferirem a glória à tranquila serenidade do sábio; pretenderem ser insensíveis ao prazer e à dor em vez de se vangloriarem de sentir um e outro; quererem ser por inteiro alma e jamais corpo, ao contrário do voluptuoso epicurista que prefere exatamente o contrário.

No seu desgosto pela vida, o estoicismo se parece com o cristianismo, a ponto de se confundir com ele. O elogio do ideal asséptico comum a ambas as visões de mundo mostra que a cultura, na ideologia dominante, age em oposição à natureza, ao passo que La Mettrie pede para a cultura nos reconduzir a ela. Velha lição cínica, lição moderna para quem leva em conta a derrisória distância que separa o homem do animal.

Em *L'Art de jouir*, em *La Volupté* ou na *Vénus métaphysique* [Vênus metafísica], livros líricos e mundanos escritos num espírito leve, La Mettrie se contenta com um catálogo dos prazeres convencionais e reconhecidos pelo senso comum popular: o vinho e as mulheres, a mesa e a ópera, a pintura e o teatro, a conversa e a galanteria, os livros e a pintura – o que pintam Lancret, Watteau, Fragonard, Boucher e outros artistas anteriores à Revolução Francesa.

Vez ou outra nosso autor se aventura um pouco na análise filosófica, ele detalha, define, minucia e distingue. O prazer é uma questão apenas de sentidos; a volúpia, assunto do coração; o deboche, excesso de prazeres sem experimentá-los. Certo, certo. Uma certa arte de gozar possibilitaria construir as jubilações do homem, refiná-las, organizá-las e dispô-las para que ele não goze feito um animal. Tudo isso cheira a efeito de pena, mas ninguém acredita muito nesses exercícios de sofisteria.

Tampouco podemos seguir La Mettrie no terreno didático quando ele acumula as contradições que ora o fazem colocar no topo os prazeres do espírito, ora os do corpo, antes de concluir um pouco mais adiante que essa distinção não vale para um materialista digno desse nome. Difícil de acreditar na validade teórica de seu discurso teórico sobre a volúpia! Efeito de retórica de um gozador que louva os méritos da castidade servindo-se das nádegas de uma atrevida como de uma escrivaninha para sua filípica...

A essas considerações de ordem geral, ele acrescenta alguns conselhos práticos menos artificiais, mas muito esperados: nunca deixar para amanhã um prazer possível no instante; gozar plenamente do momento presente sem se preocupar com o passado ou com o futuro; não temer a morte e reativar a velha receita epicurista: estou aqui, ela não está, ela está aqui, já não estou, portanto ela não me concerne; nada temer após a morte, pois, após essa simples desorganização da matéria, o destino do cadáver se resume apenas ao nada; amar a vida sob todas as suas formas. Nada de muito novo sob o sol hedonista, mas essas receitas dizem a verdade nua e crua do hedonismo.

Último conselho... filosófico: não se preocupar muito com a razão, a reflexão, a análise. O funcionamento do espírito sempre entrava a felicidade. Já no século anterior, o sábio Saint-Évremond preferia um dia de vida a mais a uma boa reputação filosófica *post mortem* – palavra de um nonagenário... Mas La Mettrie não viveu a velhice. O maloense teve uma vida curta e uma má reputação filosófica. Para o primeiro dos males, já nada podemos fazer, para o segundo, depende apenas de nós mudar seu destino...

SEGUNDO TEMPO

# Os utilitaristas franceses

# I

# MAUPERTUIS

*e "o desejo de ser feliz"*

## 1

***O material do utilitarismo francês.*** Na corte de Frederico II da Prússia, rei melômano e poeta, filósofo e guerreiro, homossexual que detesta a caça, franco-maçom e amante das Luzes, acham-se os representantes da elite intelectual francesa do século XVIII. Nesse areópago, La Mettrie, é claro, mas também Voltaire ou Helvétius. No palácio de Frederico, o Grande, as ideias circulam, as conversas servem de laboratório para novos pensamentos, as teses de um, discutidas pelo outro, influenciam a visão de mundo de um terceiro.

A filosofia se constitui em rede, ela conhece seus momentos de fertilidade e, provavelmente, mais de um *tête-à-tête* em Potsdam, de uma conversa em Sans-Souci, a residência de verão, ou até mais de uma refeição em companhia do rei, possibilitaram a alguns pensadores reunir munição intelectual, fazer

OS UTILITARISTAS FRANCESES

provisão de ideias novas ou se beneficiar de leituras e relatos de algum hóspede de passagem. O clima é rude, as ocupações são raras e as trocas intelectuais são reduzidas fora do castelo. A corte age como cadinho, cuja história intelectual ainda terá de ser escrita.

Entre os hóspedes de Berlim, Pierre Louis Moreau de Maupertuis. A historiografia dominante conserva dele algumas lembranças, em geral no terreno científico: o organizador de uma expedição ao círculo polar, o inventor do princípio da mínima ação, também chamada lei do mínimo esforço, o acadêmico francês, no terreno do pitoresco, talvez autor da *Dissertation physique à l'occasion du nègre blanc* [Dissertação física a respeito do negro branco], mas quem, entre os filósofos, ainda fala do *Essai de philosophie morale* [Ensaio de filosofia moral]? Ninguém...

Contudo, considero esse livrinho um texto fundamental, por ser fundador do *utilitarismo francês*. O utilitarismo, essa escola filosófica que se tornou sinônimo de pensamento oficial anglo-saxão, dispõe, portanto, de uma genealogia francesa. Bentham, seu ator mais conhecido, mas Godwin antes dele e que o inspirou, nunca esconderam sua dívida com Helvétius e D'Holbach. Ora, Maupertuis precede esses quatro filósofos e seu livro existe nove anos antes de *De l'esprit* [*Do espírito*] (1758) de Helvétius, vinte e um anos antes do *Système de la nature* de D'Holbach (1770). Para não falar de Bentham, ainda mais tardio...

É verdade que Maupertuis não faz o utilitarismo sair todo armado da coxa de Júpiter, pronto para seus maiores combates. A cavalaria pesada dessa escola filosófica extremamente interessante precisa da passagem por Godwin, Bentham, Mill e outros. Mas o *material do utilitarismo* já está nessa sensibilidade francesa: "a utilidade", é claro, mas também o princípio hedonista da "maior felicidade possível do maior número de pessoas" ou ainda "a aritmética dos prazeres". O filósofo francês que quintessencia os mecanismos desse cálculo dos gozos leva o nome de Maupertuis.

2

**Filho de corsário.** Pierre Louis Moreau de Maupertuis nasce em Saint-Malo no dia 7 de julho de 1698 de um pai corsário, que se tornou proprietário de pesqueiros e recebeu título de nobreza de Luís XIV, e depois deputado no Conselho do Comércio em Paris. O pai e o filho mantêm a vida toda uma relação extremamente cúmplice. Os amigos do jovem comem na mesa do velho. A morte do velho corsário deixará o filósofo num estado de intensa dor – e isso por muito tempo.

Aos vinte anos, o pai compra para o filho uma companhia de cavalaria no regimento de La Roche--Guyon. Embora tivesse ingressado na companhia dos mosqueteiros cinza, Maupertuis abandona o exército e parte para Paris com o intuito de se dedicar às ciências – matemática, física e ciências naturais. Todos concordam em achá-lo genial: vivo, inteligente, compreende muito rápido, alçando-se num curto espaço de tempo à altura do mestre muitas vezes superado, mesmo com um personagem de primeiríssima linha como Jean Bernoulli.

Aos vinte e cinco anos, em 1723, Maupertuis se torna membro da Academia de Ciências. Afora algumas observações sobre os escorpiões e as salamandras, nenhuma de suas publicações merece atenção, mas ele já evolui no mundo institucional, em que desempenha sem parar um papel de encrenqueiro. Pois ele se mostra verdadeiramente temperamental, o que, nessas atmosferas discretas e silenciosas em que se reproduz o sistema com pares mais dotados para intrigas do que para a disciplina a que publicamente se dedicam, passa por um evidente sinal de mau gosto...

Consciente de que é preciso trabalhar, parte por alguns meses para Londres, em 1728, com o intuito de se aperfeiçoar. Abrem-lhe todas as portas, ele frequenta as sumidades científicas de seu tempo, simpatiza com o vice-presidente da Academia Real de Ciências, Martin Folkes, que se tornará um amigo precioso, pois lhe enviará pelo correio vários pacotes de livros nos quais esconde preservativos para ele e para seu amigo Montesquieu. As famosas camisinhas, livremente à venda em Londres, estão formalmente proibidas na França onde a Igreja é zelosa. E Maupertuis as consome em grande número – ao menos mais, parece, que o autor das *Cartas persas...*

3

***A atração contra os turbilhões.*** Londres oferece-lhe a oportunidade de descobrir o trabalho de Isaac Newton (1642-1727), que publica suas descobertas sobre a atração universal em 1687. Na época, o nacionalismo obriga, a França defende as teses de Descartes. No primeiro capítulo dos *Météores* [Meteoros], o filósofo poitevino afirma a existência de turbilhões de matéria sutil nos espaços intersiderais. Esses hipotéticos redemoinhos arrastam os planetas em seus movimentos. Do outro lado do canal da Mancha, os cientistas assinam embaixo das teses de seu compatriota.

Maupertuis, o francês, volta ao continente e louva os méritos do cientista inglês. Suscetibilidades nacionais, o *Hexagone* [a França] não gosta da pérfida Albion [Inglaterra]… Maupertuis passa, se não por traidor, ao menos por provocador. Exceto para Voltaire, que vê com bons olhos a possibilidade de chocar a instituição francesa realizando ao mesmo tempo uma cruzada a favor da verdade filosófica. Golpe duplo. A pedido de Arouet, Maupertuis o inicia no newtonianismo. Exultação do aluno, que se desmancha em felicitações e elogios ao seu mestre, quatro anos mais novo que ele.

Quando Voltaire está trabalhando em suas *Cartas filosóficas*, submete o texto à sua apreciação. As três cartas dedicadas a Descartes, Newton e à atração universal ilustram o talento de seu autor para tornar simples as coisas complicadas. Voltaire assassina com duas palavras os ensaios de Descartes contrastados com a obra-prima de Newton… O autor de *Zadig* abre a sociedade aristocrática para Maupertuis, que aproveita para causar estragos junto às senhoras – algumas das quais são tidas por caça reservada ao hóspede. Os desentendimentos ocorrerão mais tarde e não por causa do belo sexo.

A jovem geração se entusiasma com as teses de Newton. Para entender melhor, esclareçamos que a velha geração apoia Descartes… Turbilhões e atração constituem, portanto, questões científicas e filosóficas consideráveis, é verdade, mas também motivo de polêmicas edipianas intergeracionais!

Outro ponto de atrito opõe os dois campos: a questão dos polos. Com Descartes e a família Cassini completa, afirma-se que a Terra é inchada nos polos e achatada no equador; com Newton e Maupertuis pensa-se o contrário: topos planos, flancos inchados... Logo, a polêmica opõe partidários do limão a defensores da tangerina! O conjunto produz justas, textos, violentas altercações, libelos. Maupertuis propõe ir verificar no local, realizar as medições necessárias e depois decidir definitivamente.

4

***Filosofar no polo Norte.*** Newton defendia sua tese baseado apenas em seus cálculos. Maupertuis parte para verificar na Lapônia. O cientista-filósofo organiza a expedição. Obtém as autorizações, procura e encontra os financiamentos, decide o plano de rota, monta sua equipe. Final de 1736, todos partem; retorno em meados de 1737. A equipe enfrenta várias peripécias: devorada por incessantes nuvens de moscas, escapa de um incêndio, coleciona doenças, corre o risco de virar em pequenos botes na proximidade de cataratas, enfrenta temperaturas de -37°C, mas consegue medir o eixo do meridiano terrestre e confirmar as hipóteses de Newton. Apesar de um naufrágio na volta, Maupertuis e os seus retornam a Paris pouco mais de seis meses depois.

Simultaneamente, uma equipe se propunha a verificar em Quito, no Peru, o leve inchaço dos flancos do planeta. Mas, tendo partido com alguns cúmplices, entre os quais La Condamine, Godin é abandonado na Martinica: ele suspende a expedição, apaixonado por uma bela negra, que o desenhista da equipe imortalizou enquanto Godin dilapidava as finanças em roupas, perfumes e tabaqueiras. Como a Lapônia e o equador funcionavam juntos nesse projeto científico, a zombaria da fina flor parisiense recai sobre todos os cientistas, Maupertuis inclusive. Os Cassini exploram a situação.

Para Maupertuis, terrivelmente libertino, o clima não refresca seus ardores libidinais. Ele, que se faz de galante nos salões franceses com seu violão, levou seu instrumento e exerce o mesmo encanto na neve. Sobretudo para duas irmãs laponas. Conta sua viagem em cartas que, como ele bem sabe, serão lidas nos cenáculos e, portanto, não se priva de contar o episódio das moças polares. Embora não forneça detalhes, todos conhecem Maupertuis e os imaginam, inclusive algumas amantes que permaneceram no calor e que, como é de esperar, colocam na geladeira o amante volátil – para ele, um pleonasmo.

Tudo o que possa causar problemas para os newtonianos parece bom para os cartesianos. A falta de seriedade moral daquelas duas equipes servirá para desacreditar Maupertuis e seus homens, suspeitos a partir de então de leviandade científica. Tendo partido para o polo para damejar, como poderiam realizar corretamente um trabalho científico que pressupõe razão clara e competência?

Os exploradores já voltaram e agora são as duas laponas que chegam a Paris, provavelmente para pedir satisfações aos fazedores de promessas de casamento, de fortuna e de delícias de Cápua. Os defensores da atração recuam, enquanto os partidários do turbilhão marcam pontos... Ri-se na casa das marquesas, trocam-se cutucadas maliciosas, os Cassini fomentam seus golpes baixos, enquanto as duas jovens que vieram do frio acabam enclausuradas num monastério.

## OS UTILITARISTAS FRANCESES

5

*Hamster branco, criado negro.* Os Cassini esperam a leitura do relatório na Academia de Ciências e depois contestam os resultados. Os cartesianos e os jesuítas põem em dúvida a capacidade científica de Maupertuis, a seriedade das medidas, a ausência de padronização do material etc. Qualquer meio serve para não reconhecerem o erro que cometeram. Maupertuis leva a mal a situação. Companheiro alegre, amoroso, com senso de amizade e de palavra dada, ele se mostra terrível na raiva e na vingança quando utilizam contra ele armas deselegantes, quando o ferem ou o traem. A partir de então, persegue o clã Cassini com sua vingança. A Academia de Ciências, que os apoia, também vira alvo. Troca de cartas, de textos, publicação de libelos, de panfletos, de textos anônimos e mordazes, de esclarecimentos pérfidos. Quando Maupertuis poderia cessar o combate já que o cartesiano reconhece seu erro da boca para fora, o newtoniano leva adiante uma guerra de extermínio que deixa suas marcas, como é de esperar... A primeira? Seu afastamento da Academia. A segunda? Seu descrédito na França...

Frederico II, muito bem informado sobre a vida intelectual europeia, tira proveito da situação: convida Maupertuis para ir a Berlim e lhe propõe transformar a Academia de Berlim em rival de sua homóloga parisiense. Em 1740, Maupertuis parte. Está com quarenta e dois anos. Sai do quarto andar de seu apartamento parisiense e leva consigo seu zoológico particular: gatos angorás, galinhas extravagantes, cães islandeses, uma dúzia de periquitos e papa-

142

gaios em liberdade, chapins, dois macacos e um hamster branco... E também Orion, seu fiel criado negro. E seu violão.

Na corte de Berlim, seu charme e sua elegância são apreciados. É verdade que de vez em quando os periquitos pousam nas perucas das marquesas, mas nada de grave. Sua conversa opera maravilhas. O rei muitas vezes troca ideias com ele. A sociedade gira em torno do que imprima algum gosto picante à existência. Ele trabalha, escreve livros e cartas a seus amigos franceses, ele constitui essa Academia, convoca este ou aquele. D'Alembert recusa, Montesquieu também, mas ainda assim aceita figurar como membro. O clima rude, o provincianismo de Potsdam, o caráter fechado da corte, a mão de ferro de Frederico, a quem é preciso pedir autorização para sair do reino, a doença pulmonar trazida da Lapônia que muitas vezes o obriga, depois de cuspir sangue, a convalescenças cansativas, tudo isso lhe pesa.

6

**Estar com a "vara seca".** É nesse contexto de prisão dourada de uma vida de castelo que Maupertuis se apaixona. O antigo colecionador de mulheres, acostumado às pingadeiras (cuidados com uma delas mantiveram-no por muito tempo em Montpellier: aos conhecidos, dizia estar tratando da gota, ao médico que lhe anunciou sua cura, disse só acreditar quando estivesse com a "vara seca"), o consumidor fanático de camisinhas (mas provavelmente não o suficiente: confessa ter um filho natural que, nas suas palavras, teria merecido um pai melhor!), o mulherengo que dorme com a empregada e com a patroa, o libidinoso polar e sedutor de salão, esse homem se apaixona aos quarenta e sete anos!

Ela se chama Eléonore Katharina von Borck. Oriunda da mais alta nobreza pomeraniana, dama de honra da princesa, ela é de confissão luterana. Na condição de simples cavalheiro, obtém de Frederico, via a rainha, sua mãe, sua intercessão junto da família. Numa carta em que se nota a ironia do homossexual, o rei expressa seus votos de que a relação com a futura mulher não o prive da doçura, do charme e da conversação de seu amigo. Maupertuis cessa com toda libertinagem, entra nos eixos. A partir desse momento, não se tem notícia de nenhuma outra aprontação extraconjugal sua.

Numa carta, deplora não ter filhos com a mulher e, por meias palavras, afirmando já ter sido pai inoportunamente, responsabiliza-se pela esterilidade do casal. Devemos concluir que as repetidas doenças venéreas o deixaram estéril? Se não impotente? Isso explicaria algumas coisas, entre as quais certas hipóteses "filosóficas" do *Essai de philosophie morale* redigido na sequência.

À luz desse fato biográfico, entende-se por que o libertino de outrora vira a casaca, se exibe ostensivamente com amigos para orar o rosário, vai à missa, observa a Quaresma, coisas estas que não o atormentavam nos tempos em que sua "vara seca" funcionava às mil maravilhas. É certo que, em país protestante, demonstrar abertamente seu apego à religião do país natal é uma garantia hábil para um hipotético futuro francês. Mas contemos, antes, com o devir devoto de quem se faz de virtuoso por já não poder se entregar ao vício. Nesse caso, Maupertuis faria da necessidade virtude.

## 7

*Novas cóleras.* Se a libido desaparece, a paixão ainda toma conta dele quando sua honra é atacada, sua competência comprometida, sua honestidade posta em dúvida. Tal como ocorreu com Cassini, os problemas retornam: o matemático Koenig questiona a originalidade da descoberta feita por Maupertuis do princípio de mínima ação, em virtude do qual a natureza tende para o mais simples e o mais rápido, para o mais econômico, a fim de obter a forma mais adaptada e mais eficaz para seu ser e para sua duração.

Essa tese já era encontrada desde 1746 em *Les Lois du mouvement et du repos déduites d'un principe métaphysique* [As leis do movimento e do repouso deduzidas de um princípio metafísico]; é novamente desenvolvida no *Essai de cosmologie* [Ensaio de cosmologia] em 1751. Koenig ataca precisamente esse livro e mais particularmente sua tese: diz que essa ideia já se encontra numa carta de Leibniz. O ataque parte dos wolffianos que tentam desacreditar Maupertuis. Este último exige ver a carta em questão – ora, ela não existe. Daí a cólera do filósofo.

Como as mesmas causas produzem os mesmos efeitos, a má-fé dos Cassini depois de sua volta do polo tinha desencadeado em Maupertuis uma cólera incontida que nem mesmo as concessões, arrependimento ou desculpas públicas dos adversários bastaram para pôr fim. Lançada a suspeita sobre seu trabalho, principalmente sobre o que é responsável por parte de sua reputação de cientista, tudo isso o deixa fora de si. Como no caso dos meridianos, Maupertuis mobiliza todas as suas forças: pessoais – escreve um panfleto anônimo; coletivas – põe a Academia de Berlim na linha de frente; mundanas – verifica quem são os amigos com quem pode contar. Chovem golpes baixos, ataques *ad hominem* também.

Voltaire – o amigo de vinte anos! – não deixa por menos. Ele, que se converteu ao newtonianismo graças a Maupertuis, que foi por muito tempo seu companheiro de estrada intelectual, que o introduziu nos salões mundanos e aristocráticos onde tinha um lugar à mesa como cortesão, ele que viu o matemático fazer a corte, debaixo do seu nariz, a Émilie du Châtelet, ele que assistiu ao sucesso europeu do expedicionário científico, ei-lo que vomita seu fel num texto anônimo. Resposta, também sem nome de autor, de Frederico II que defende seu protegido. Reiteração de Voltaire com sua *Diatribe du docteur Akakia.* Algumas páginas violentas que não poupam nada nem ninguém e não recuam diante de nenhuma vilania – inclusive uma alusão às pingadeiras do autor.

Pérfido, Voltaire leu sua diatribe para Frederico, que deu muita risada, mas proibiu sua publicação; o autor aquiesce e os dois ladrões queimam no fogo da lareira real os exemplares do libelo; caso encerrado, portanto; nesse meio-tempo, Voltaire fica sabendo que outras cópias existem, circulam e provocam muito barulho em toda a Europa: as pessoas debocham de Maupertuis; Frederico se zanga, manda queimar publicamente a obra; corajoso, mas não temerário, o pai de *Cândido* teme por sua pele e deseja sair de Potsdam; o rei não autoriza; Voltaire acaba interceptado pela polícia e passa algum tempo na prisão com sua "sobrinha", a sra. Denis. Três meses depois, está de volta à França…

Maupertuis, doente, cospe sangue, se diz perto da morte. Continua, contudo, causando sensação e aparece de peruca ruiva, vestida ao contrário e coberta de pó amarelo. Às vezes, veste-se como um lapão... Bebe com frequência. Aguardente. Para tratar seu mal... Cartas da época revelam sua extravagância: quer explodir as pirâmides com minas para explorar suas entranhas; criar uma cidade cuja língua seria o latim e os habitantes, jovens do planeta; praticar a vivisseção nos condenados à morte para dissecar seu cérebro e nele encontrar o segredo das paixões humanas. A extravagância, a fantasia, a originalidade do personagem facilitam as coisas para Voltaire, que não se faz de rogado.

8

***Cóleras, consequências e mais...*** Há quem fale do "bom Maupertuis", outros de sua imensa vaidade, de seu grande orgulho, de seu arrivismo. É certo que a excentricidade do personagem, seu temperamento forte, seu caráter inflamado, íntegro, seus talentos espirituais, seu gosto pelos comentários inteligentes, respostas rápidas e outras tiradas bem vistas na corte e nos salões, transformam-no num personagem intragável. Intragável porque talentoso, seguro de si, que não deixa pisarem nele e que tem o pavio curto quando expressam alguma reserva sobre o que ele é, faz, diz, pensa ou escreve. Quando se trata de francos ataques, então, nem se fala!

As questões filosóficas – a favor de Descartes ou Newton, a favor dos turbilhões ou da gravitação, defensores da tangerina newtoniana contra o limão cartesiano, princípio de Maupertuis ou princípio de Leibniz – servem, então, muitas vezes para mascarar mesquinhos assuntos pessoais em que a inveja, o ciúme, o ressentimento, o ódio do sucesso do outro, desempenham o papel principal. Os debates de ideias decerto existem, mas as polêmicas também se constituem por causa de uma noitada de cortesão malsucedida para um e, portanto, bem-sucedida para o outro, dos favores concedidos ou não por uma dama, de uma pensão paga, de seu montante, de boas graças reais, de comentários inteligentes que possibilitam o sucesso de um talentoso e portanto o fracasso de uma vítima. A corte desempenha um papel fundamental no debate, mas não necessariamente nos cumes intelectuais...

Menos numerosos, é mais fácil apontar os autores afastados desse jogo de medíocres do que os íntimos de cortes europeias. É longa a lista dos que, de Cristina da Suécia a Luís XVI, passando por Luís XV, o Regente, Frederico II, Catarina da Rússia – não é mesmo, Descartes, Voltaire, Diderot, La Mettrie? –, viveram graças à boa vontade dos poderosos. Um deles viveu sem o socorro dos reis, recusando as prebendas e escrevendo um texto a esse respeito no qual celebra a liberdade de Diógenes diante de Alexandre ou fustiga a intimidade de Platão com o tirano Dionísio de Siracusa. Trata-se de D'Alembert, amigo de Maupertuis.

Esse texto se chama: *Essai sur la société des gens de lettres et des grands, sur la réputation, sue les mécènes, et sur les récompenses littéraires* [Ensaio sobre a sociedade das pessoas de letras e dos grandes, sobre a reputação, sobre os mecenas e sobre as recompensas literárias]. Que lemos nele? Uma condenação dos autores, pensadores, filósofos de corte; uma advertência contra a preferência esnobe pelo pensador estrangeiro, acrescida da crítica de seu símile francês; uma tirada contra o gosto pelo neologismo caro à casta filosófica; um ataque contra a ida a cortes estrangeiras para resolver problemas do próprio país; uma denúncia dos jornalistas, mercenários ciumentos e medíocres que louvam a nulidade e silenciam sobre a qualidade; uma recusa em fazer da vontade de ser conhecido e reconhecido o fim da escrita; e tantas outras observações visando a sociedade das pessoas de letras de ontem – hoje e amanhã. Um grande texto, portanto, um grandíssimo texto datado de janeiro de 1753.

Mas é com outra obra, científica esta vez, que D'Alembert, outrora jovem protegido de um Maupertuis que não poupou energias para introduzi-lo nas sociedades úteis para a existência social, incorre na ira de seu antigo protetor. D'Alembert não critica o princípio de mínima ação, evita contestar a paternidade de seu filho epistemológico, mas inquieta-se com o fato de que o *Essai de cosmologie* possa levar a conclusões metafísicas, espirituais e, sobretudo, teológicas, a partir do tal princípio físico. Que extrapolem a existência de um Deus a partir da constância das leis da natureza, principalmente a partir desse princípio de mínima ação, isso é o que, *cientificamente* falando, merece maior atenção, afirma D'Alembert. Maupertuis não entende as coisas desse modo e rompe com seu antigo amigo...

9

*A morte do lapão.* No fim da linha física, debilitado pelo álcool, por sua velha doença pulmonar, por sua atrabílis regular e provavelmente pelos efeitos de uma doença venérea, Maupertuis sente o fim próximo.

Pede uma licença a Frederico, que a concede. Retorno a Saint-Malo em 1756. Com cinquenta e oito anos, tem um encontro marcado com seu último inimigo: a morte. Sua mulher não o acompanha, mas os sentimentos entre eles parecem intactos.

A guerra dos Sete Anos o surpreende na Bretanha: de que lado ficar? França ou Prússia? Sua pátria, onde já não tem amigos, ou Potsdam, sua corte, seus hábitos, sua rotina, mas também e sobretudo sua esposa? É por ela que decide voltar a Berlim. Mas as coisas não são tão simples: de Saint-Malo a Bordeaux, passando por Toulouse, Narbonne, Suíça, ele passa três anos vagando sem conseguir voltar, ficando em portos à espera das autorizações ou a caminho, numa estrada difícil, em direção à corte real. Em outubro de 1758, fica hospedado na Basileia, em casa do matemático Jean Bernoulli, onde morre no dia 27 de julho de 1759, sem ter revisto a mulher, que chegaria no dia seguinte.

## 10

*Vênus, negros brancos etc.* A obra de Maupertuis pertence essencialmente ao registro da ciência. Do relato de viagem ao relatório geográfico, passando por considerações sobre escorpiões e salamandras, análises geodésicas – a famosa *Figure de la terre* [Figura da terra] (1738) –, proposições biológicas... Deixemos para os epistemólogos o trabalho de mostrar o interesse de suas descobertas ou de que maneira suas intuições sobre a genética importaram na Europa de seu tempo e posteriormente.

A *Dissertation physique à l'occasion du nègre blanc* (1744), reeditada no ano seguinte com o título *Vénus* physique [Vênus física], mostra sua oposição à teoria (dominante) da pré-formação do embrião e milita a favor de uma aplicação da atração newtoniana ao campo genético. Embora o uso do material fornecido por Newton conduza a um impasse, a ideia se mostra correta: o feto efetivamente se forma segundo um princípio dialético a partir de duas substâncias.

## 11

**Maupertuis, o oximórico.** Quando, raramente, Maupertuis dispõe de algum lugar numa história da filosofia, é no setor da epistemologia. No entanto, ele também assina um curtíssimo texto de filosofia que, parece-me, merece nossa atenção, pois desempenha um papel cardinal na economia de uma corrente de pensamento francês que a historiografia apagou por ser materialista demais, pouco crente demais, não idealista ou espiritualista o suficiente; em outras palavras, incompatível demais com a tradição judeu-cristã reciclada pelo idealismo dominante. Chamo essa corrente de *utilitarismo francês*. Ora, o texto que prefigura sua existência é o *Essai de philosophie morale*, publicado primeiro em Berlim, em alemão, em 1749 e depois em francês e na França, em 1751.

Esse textinho (um in-12 de cento e vinte e cinco páginas, dezessete linhas por página…) existiu inicialmente na forma de uma remessa privada a um amigo. Como sempre naquela época, ele é lido nos salões, copiado, recopiado, ele circula, até que um dia se veja impresso, editado e difundido sem o consentimento nem a autorização de seu autor. Nesse caso, os riscos de censura de fato existem, mas são menores do que no caso de uma franca existência editorial.

Para evitar a edição pirata, falha, pouco confiável, mal copiada, às vezes voluntariamente mal-intencionada, Maupertuis consente com uma edição. Abre-a respondendo primeiro aos comentários mais frequentemente feitos a seu texto: livro de misantropo, elogio equivocado do suicídio, obra de impiedade, mas também breviário de devoção (!), obra em estilo seco demais! O bom método exigiria, contudo, que primeiro ele fosse lido a fim de poder avaliar o alcance dos comentários e, depois, a pertinência e a qualidade das respostas: esse preâmbulo mereceria, pois, ser um apêndice...

Essas primeiras páginas, inábeis, convidam a não ler: quem se disporia a examinar um livro tão negro, tão asperamente abordado, culpado ou de ser libertino ou de cheirar a água benta? Mas merecer essas duas críticas não deixa de ser efeito de uma obra singular! Pois Maupertuis age dentro de uma lógica aparentemente oximórica e pratica o *cristianismo hedonista*, o *utilitarismo altruísta*, tudo isso na perspectiva de uma verdadeira *ciência filosófica*, com aritmética dos prazeres, física das paixões e matemática das emoções. Para um historiógrafo que mamou no idealismo, é demais para um homem só! Donde a ausência da obra no *corpus* da filosofia moral francesa.

12

**More geometrico.** Maupertuis não inventou o utilitarismo, mas contribuiu para a criação do material que o constitui. Principalmente com sua principal contribuição: o cálculo dos prazeres. Sobre esse tema, nada mais fácil para os historiadores da filosofia do que ir buscar uma passagem do abade

Trublet extraída de seu *Essai sur divers sujets de littérature et de morale* [Ensaio sobre diversos temas de literatura e de moral] (1735), ou a tradução feita por Silhouette do *Tratado matemático sobre a felicidade* de Stillingfleet, ou ainda desenterrar as *Características do homem* de Shaftesbury (1711). Outro falará das "fichas" de Mme. du Châtelet, do "cálculo natural" de Caraccioli – com a ressalva de que sua *Langage de la raison* [*Linguagem da razão*] data de 1759 e seu *Jouissance de soi* [Gozo de si], de 1763... Um último ressaltará que, no verbete da *Enciclopédia* intitulado "Cirenaicos" e assinado por um certo Diderot, também encontramos a expressão "cálculo moral". E então?

Então, pouco importa. Pois essa ideia atravessa a história do hedonismo desde suas origens no atomismo abderita, vinte e cinco séculos antes; claro que a reencontramos nos cirenaicos; evidentemente, Epicuro e todos os epicuristas a retomam. Questão de bom-senso: quem aborda a moral não como teólogo ou metafísico, mas como filósofo preocupado com o ser e não com o dever ser, sabe que o homem vai naturalmente na direção do prazer e foge do desprazer, que é culturalmcntc prcciso rccuperar o sentido desse tropismo natural e que o maior prazer por vezes pressupõe a renúncia a pequenos prazeres. A novidade reside menos nesse saber do que no uso dessa lógica como princípio arquitetônico de toda uma ética.

Também se poderia abordar a questão da formulação de verdades universais em linguagem matemática, de uma hipotética "*mathesis universalis*", com a mesma lacuna: quem foi o primeiro? Quando? Onde? Em que obra? Saibamos que a ideia atravessa o século XVII. Alinhemos os nomes: Descartes nas

*Regras para a orientação do espírito*, Newton, Leibniz, Espinosa, sem dúvida, com sua *Ethica more geometrico*. Mas deixemos de lado as querelas de precedência, as lógicas genealógicas, os momentos fundadores e as datas de nascimento. Pois nenhum pensador produz sua visão de mundo a partir do nada. O que conta não é tanto o material, mas sim a construção que se segue. O material do cálculo dos prazeres utilizado com a perspectiva de edificar um hedonismo da maioria, visando a utilidade comum, e isso a partir da observação das leis da natureza: esse é o novo campo proposto pela ética matemática de Maupertuis.

### 13

**Um dinamômetro para o prazer?** As dezesseis primeiras páginas do capítulo inaugural do *Essai de philosophie morale* fazem uso de um grande número de palavras retiradas do vocabulário da física e da aritmética: contar, pesar, medir, diminuir, aumentar, dividir, cálculo e gasto, soma dos bens e dos males, intensidades e durações – dupla intensidade, duração simples, momento igual –, quantidade positiva, grandeza, produtos da intensidade, deduções e restos, continuidade e enfraquecimento das intensidades, velocidade e lentidão, longo e curto, pequeno e grande... A leitura provoca tontura: tem-se às vezes a impressão de estar lendo páginas de fórmulas físicas!

Como todo matemático que sai em busca de uma variável desconhecida (o princípio da moral), Maupertuis emprega a primeira fase de seu livro para expor proposições aceitas por todos. O prazer? "Toda percepção que a alma prefere sentir a não sentir." Então, e em virtude do princípio de não contradição, a dor se torna: "toda percepção que a alma prefere não sentir". E ampliando a partir dessa primeira constatação: o prazer? A sensação buscada e que se espera ser de longa duração. A dor? O inverso, a sensação detestada que se espera ser a mais curta possível. O momento feliz? A duração da percepção prazerosa. O momento infeliz? O inverso. Esses dois tempos supõem movimentos, uma dialética.

Com grandeza e duração, define-se a intensidade do prazer. Obtêm-se assim séries dialéticas: grandeza da intensidade, comprimento da duração, sendo que o conjunto quantifica o valor do momento feliz ou infeliz. Segue-se esta fórmula, tão seca quanto a conclusão de uma demonstração algébrica: "A avaliação dos momentos felizes ou infelizes é o produto da intensidade do prazer ou da dor vezes a duração." Não muito *sexy*, mas realmente preciso.

Embora existam instrumentos para medir as durações – relógio, pêndula, cronômetro –, os que poderiam medir as intensidades do prazer não existem. Não existe dinamômetro hedonista… O que fazer? O cientista perde um pouco de sua soberba quando o filósofo assume o comando: a "sensação" permite ter uma ideia do grau de intensidade do gozo experimentado – ou do sofrimento. A memória compara, o juízo se torna possível e conclui-se a altura do prazer. Convenhamos que existem instrumentos mais confiáveis para um homem de ciência do que uma percepção subjetiva individual…

Com esses instrumentos, a felicidade e a infelicidade tornam-se fáceis de definir. O bem? "A soma dos momentos felizes." O mal? "A soma dos momentos infelizes." A felicidade? "A soma dos bens que restam, depois de tirar todos os males." A infelicidade?

"A soma dos males que restam depois de tirar todos os bens." Os leitores da época reclamam com Maupertuis de sua secura, da extrema aridez de sua escrita, da falta de efeitos de estilo. É verdade. No mínimo. Concorda e depois conclui, lapidar, que o tema o obriga a isso...

## 14

***Construir o gozo.*** Informado do que são prazer e dor, bem e mal, bom e ruim, felicidade e infelicidade, ou seja, momentos, estados, sensações, percepções agradáveis ou desagradáveis, amados ou detestados, cada um deve, em posse dessa bússola física e, portanto, metafísica, querer sua felicidade e evitar a infelicidade. O bem e o mal não existem no absoluto, com maiúscula, conforme o princípio platônico, mas relativamente a uma situação: tal situação, tal escolha, tal comportamento, tal ato geram um bem, ou um mal, num *tempo* dado, mais ou menos longínquo, segundo uma *intensidade* variável, mais ou menos elevada, e por *durações* também elas variáveis, mais ou menos fortes. Já estamos, de fato, no universo consequencialista do utilitarismo.

Devemos portanto visar o bem mais intenso, mais elevado, mais longo, mais forte, mais desejável, mas também o menos custoso. Na realidade, porém, nenhum prazer é puro a ponto de concentrar todas as qualidades: intensidade, altura, comprimento, força, duração. Donde a necessidade de sempre efetuar um cálculo. Numa situação dada, concreta, cumpre examinar o que devemos fazer para obter um equilíbrio capaz de nos dar prazer. Essa alegria pode, aliás, vir de um cálculo sutil que exija a renúncia imediata a um prazer pequeno para obter mais tarde um maior – ou a um prazer menos duradouro para gerar um mais longo etc. Esse cálculo supõe a *prudência*, arte filosófica por essência, virtude cardinal em regime utilitarista.

15

***O desejo está em todo lugar.*** Aumentar a soma dos bens, diminuir a dos males, a receita pode parecer fácil em teoria, mas, na vida de todos os dias, como fazer? Maupertuis foi criticado por sua misantropia, se não por seu pessimismo. Será que quem vê os homens e a realidade tal como são detesta os primeiros e despreza a segunda? Nem otimista – não vê o melhor por toda parte, como Pope ou Leibniz – nem pessimista – não conclui pelo pior em toda parte, como Hegésias –, Maupertuis é realista, em outras palavras: trágico.

O segundo capítulo do *Essai de philosophie morale* demonstra que "na vida cotidiana a soma dos males supera a dos bens"... Serão estas palavras de um desgostoso do mundo, ou as de um psicólogo lúcido que, na corte de Frederico mais que em qualquer outro lugar, avalia o grau de ignomínia, de baixeza, de patifaria, de maldade de que o *homo sapiens* se torna capaz por qualquer ninharia? Não há necessidade de fornecer os detalhes, de estabelecer a lista desses males no cotidiano, cada um que se interrogue, olhe à sua volta ou para si próprio...

Maupertuis eleva o nível do debate e explica o motivo desse estado de coisas. Sim, a soma dos males prevalece sobre a dos bens. Mas por quê? Por causa do *desejo*. O desejo é sofrimento. Ele pressupõe o querer do que nos falta, a tensão por uma satisfação cuja espera corresponde a um estado de frustração. Suprimamos o tempo de nossa vida que passamos desejando, o que resta? Nada. Ou muito pouco. Não vivemos, contentamo-nos em querer o que não tínhamos, em correr atrás do vento. Nesse tempo que escapa ao desejo, o que encontramos? Diversão... A saber: a conjuração de nossos sofrimentos, de nossas penas e dores graças a jogos de sociedade, caçadas, noitadas de beberronia, tabagismo ou outros excitantes – o ópio compartilhado com La Mettrie? –, e outros remédios lamentáveis para a dor de viver.

Será a situação desesperadora? De forma alguma. Pois existe um remédio verdadeiro: ele supõe um uso correto da razão e da liberdade. Maupertuis, o cientista, que persegue as leis da natureza, conhece a imutabilidade de seu funcionamento, vê nisso até mesmo matéria para a prova da existência de Deus – donde o nervosismo de D'Alembert... –, não comunga com o fatalismo tão caro aos materialistas. Ele crê na existência do livre-arbítrio – portanto também em Deus e na imortalidade da alma ao mesmo tempo.

Que fazer? Evitar os excessos teóricos. O bretão Maupertuis poderia ter sido normando! Assim como de fato confirma, na abertura do *Essai de philosophie morale*, ter cometido tanto um livro ímpio quanto uma obra devota, ou recusa tanto o teólogo que proíbe raciocinar quanto o filósofo crente de "que se catequiza só por falar em Deus", o prudente não dá razão nem aos filósofos da tradição que afirmam que o homem só vale pela alma, seu princípio imaterial e eterno, nem àqueles que creem unicamente que a carne os define. Os primeiros celebram os prazeres da alma e detestam os do corpo; os segundo pensam ao revés. Ora, nem Platão, nem Aristipo têm razão. Nem o ascetismo cristão, nem o hedonista ímpio. Tampouco o ascetismo ímpio, como é de supor, mas a estranha junção dos cristãos hedonistas. Maupertuis se diz cristão. E é. A seu modo.

16

*O soberano bem.* Familiarizado com a anatomia, amigo de La Mettrie, leitor sagaz, cientista experiente, Maupertuis não opõe corpo a alma. Os prazeres de um? São os da outra. Todos os prazeres ganham, aliás, forma intelectual pela alma... Qual o prazer mais nobre aos olhos dele? "O maior prazer", precisa o matemático do hedonismo. Ao que se deve acrescentar, para colocá-lo contra a parede: e quais são os maiores?

Certamente não os do corpo. Pois, quanto mais duram, mais diminuem e, portanto, mais a dor aumenta. Por outro lado, o corpo conhece verdadeiros limites: poucos órgãos são passíveis de sentir prazer, ao passo que todos podem conhecer a dor. Em outras palavras: um dente não faz gozar, mas uma dor de dente faz sofrer. Os prazeres sexuais, Maupertuis sabe do que está falando, muitas vezes se pagam com longos e duradouros desprazeres: breve intensidade, constante recomeço, durações curtas e consequências desprazerosas, pesadas, longas, intensas depois de a pingadeira ter passado por ali.

Em contrapartida, os prazeres da alma trazem satisfações maiores, mais longas, mais duradouras, menos custosas. Maupertuis compara os méritos do estoicismo aos do epicurismo. Para a historiografia dominante, ambas as escolas dividem entre si o quase monopólio da sabedoria antiga. Ora, tal como na vida, a soma dos males prevalece sobre a dos bens, a melhor seita filosófica não é aquela que se propõe construir situações hedonistas positivas, qual seja, a dos discípulos de Epicuro, mas aquela que trabalha para a destruição dos sofrimentos e das dores. Negar a dor vale mais que afirmar um prazer.

Os amigos de Zenão, incluindo Epicteto e Marco Aurélio, de que os cristãos tanto gostam, ensinam a necessidade de se tornar senhor das próprias opiniões e desejos; eles querem que cada um trabalhe as suas representações e, desse modo, aniquile o poder das forças negativas exteriores; enfim, eles celebram o suicídio quando não existe outra solução para recuperar a tranquilidade. São lições úteis para o trágico Maupertuis.

## 17

*O hedonismo cristão.* Na forma de piada, poderíamos dizer que, instado a escolher entre estoicismo e epicurismo, Maupertuis escolhe o cristianismo. Na verdade, o estoicismo pelo qual confessa ter um fraco é metafisicamente mais compatível com o cristianismo. Rebelde aos rótulos, qualquer um lhe serve admiravelmente: Maupertuis pode muito bem ser *deísta* quando nos contentamos em ler o *Essai de cosmologie* onde deduz Deus das leis da natureza; ou *fideísta* quando privilegiamos sua resistência francesa a golpes de rosário em terra prussiana; a leitura do *Essai de philosophie morale* o mostra à vontade com a vestimenta *teísta* em que Deus se torna o criador do mundo, o Ser todo-poderoso, sábio e bom; a menos que o puxem para o *panteísmo*, pois amar a Deus equivale para ele a se submeter à sua lei, portanto, às suas leis, que são também as da natureza: amar a Deus coincide, então, com o amor de sua vontade que também se chama Providência... Cada um tem alguma vantagem!

Religião não se demonstra. Ateísmo tampouco. Se assim fosse, só haveria crentes ou ímpios. Mas não é assim. Deixemos teólogos e filósofos dissertar indefinidamente sobre o tema. Maupertuis é claro: os dogmas são obscuros, é verdade, mas o são porque o desígnio de Deus extrapola a pequena inteligência dos homens. O catolicismo parece irracional? Provavelmente, mas tanto quanto o materialismo ou o panteísmo! A religião supõe "a graça e a vontade".

Deísta, então? Fideísta? Teísta? Panteísta? Juntemos tudo isso neste elegante oximoro: *hedonista cristão* ou *cristão hedonista*... É evidente que, para manter unidas essas duas forças antagônicas, temos de forçar um pouco as definições: seu cristianismo não leva em consideração o divino ou os mistérios; ele é filosofia evangélica, sabedoria de Jesus assimilável a uma "seita de filosofia" tal como o epicurismo e o estoicismo. Essa seita fornece regras de conduta *"úteis para realizar a felicidade no aqui de baixo"* – grifo meu.

Contra o Pórtico e o Jardim que propõem a salvação individual por meio de sabedorias pessoais, Maupertuis insiste na dimensão intersubjetiva do cristianismo: o cristão quer a felicidade do outro. Cada um fica feliz com o socorro que o outro lhe dá. As leis da natureza nos levam à realização desse "desejo de ser feliz" que nos ocupa sem cessar. O verdadeiro se confunde com o eficaz e com o que torna possível esses projetos hedonistas. Os filósofos utilitaristas e pragmáticos do século seguinte se lembrarão disso. Deus quer isso. Como é que ele poderia dotar os homens do poder de gozar na terra e proibi-lo? Crer que se pode ganhar o paraíso transformando sua própria vida na terra em inferno é um absurdo. E Maupertuis conclui: "Tudo o que devemos fazer nesta vida para nela encontrar a maior felicidade de que nossa natureza for capaz é, provavelmente, o mesmo que deve nos conduzir à felicidade eterna." Todo o cristianismo do filósofo treme nesse "provavelmente"...

# II

# HELVÉTIUS

*e "o desejo do prazer"*

1

***Um arrecadador esquerdista.*** Claude Adrien Helvétius nasce no mês de janeiro de 1715, ano da morte de Luís XIV. Sua família abandona o palatinado calvinista por causa dos problemas de religião e se instala na Holanda. O antepassado introduz a ipecacuanha – mais conhecida pelo nome de ipeca –, uma planta brasileira com faculdades expectorantes, eméticas ou vomitivas conforme a dose, na corte do rei da França. Por esse alto feito farmacêutico, o Rei Sol lhe dá em 1690 o título de nobreza e o cargo de inspetor-geral dos hospitais. O pai do filósofo é médico ordinário do rei e primeiro-médico da rainha.

Faz seus estudos com os jesuítas do colégio Louis-le-Grand, onde encontra pela primeira vez essa corja de gente que lhe tornará a vida tão difícil. Leitura dos clássicos. Direito. Seu pai o manda para Caen para junto de seu tio, sr. D'Armanche, diretor da

OS UTILITARISTAS FRANCESES

Fazenda real, para aprender o ofício de coletor de impostos reais. Afora essa formação, leva uma boa vida, bolina as mulheres – dizem ser um belo rapaz... –, escreve versos galantes, peças, chega até a ser recebido na Academia de Letras da capital da baixa Normandia.

Por meio de seus parentes, que ocupam altos cargos em Versalhes, Helvétius obtém um cargo de coletor de impostos reais. Investimento inicial caro, posto raro e reservado, prebenda real, remuneração considerável, o jovem de vinte e três anos paga seus empréstimos e ao mesmo tempo junta muito rapidamente um bom dinheiro: o coletor de impostos, responsável pelo recolhimento da maioria dos tributos reais indiretos (arrendamentos de terras, gabela, impostos de circulação de mercadorias [*traites*], ajudas, imposto de barreira, talhas...), obtém de passagem uma porcentagem nada desprezível. No exercício dessa função ingrata, Helvétius se mostra humano, justo, generoso, em suma, filósofo na medida do possível.

Seu principal traço de caráter? A generosidade. Ele a pratica do começo ao fim de sua vida, com todas as categorias sociais: de Marivaux, a quem dá uma pensão, a uma revoada de plumitivos mantidos por seu mecenato, passando por personagens vis (um jesuíta que terá um papel detestável na hora do caso *De l'esprit* e que ele em seguida ajudará anonimamente para ninguém pensar em vingança...), sem esquecer os camponeses de suas terras ou os contribuintes, todos esses testemunham sua relação com o dinheiro: ele se mostra magnânimo, pródigo e generoso.

A condição de coletor de impostos reais permite que alguns malfeitores ajam cinicamente, certos de

HELVÉTIUS

sua impunidade com a cumplicidade da justiça e da força policial. A Constituinte aboliu a coleta de impostos reais em 1790 e decapitou alguns dos coletores – trinta e um na charrete de Lavoisier em 8 de maio de 1794...

Helvétius interveio em várias oportunidades para evitar os abusos e impedir a espoliação dos infelizes. Recusou o dinheiro dos confiscos, denunciou a avidez e a imperícia de alguns membros de sua corporação. Às vezes, indenizava algumas vítimas com seus próprios fundos... Corre a anedota de que ele teria chegado a bater num subalterno zeloso!

Em Bordeaux, encontra viticultores exauridos por novas taxas; concorda com suas reivindicações e os aconselha a se unirem contra os coletores de impostos reais e depois organizarem a rebelião; garante seu apoio, diz que cumprirá seu papel, mas que as pessoas da vinha obterão ganho de causa; nada mais diz, volta para Paris e consegue a supressão do novo imposto...

Para agradar o pai, Helvétius aceita o cargo de *maître d'hôtel* ordinário da rainha. A função tem a dupla vantagem de lhe deixar tempo livre para escrever suas epístolas e lhe permitir atravessar a corte de salto vermelho, o que, para a alma dos homens, vale tanto ou mais que uma boa leitura das *Máximas* de La Rochefoucauld, dos *Caracteres* de La Bruyère ou das *Memórias* de Saint-Simon...

Cansado de seu cargo de coletor de impostos reais, pede demissão – para grande espanto da maioria. Renunciar a semelhante cargo é algo sem precedentes. Casa-se com a srta. de Ligneville, que, bela e pobre, lhe dará quatro filhos dos quais dois sobreviverão. Depois compra terras em Voré, no Orne, e em

Lumigny, na Brie. Mora nesses dois locais e cultiva as terras na alta estação, não sem alternar com estadas em seu palacete parisiense, na rua Sainte-Anne.

Na sua propriedade percherã, Helvétius continua praticando o bem. Consegue, por exemplo, que o rei isente os camponeses de Rémalard e arredores da obrigação de hospedar as tropas de cavalaria, que habitualmente se dirigem à região pela qualidade e abundância da forragem e do pasto requisitados. Também paga um cirurgião que, acompanhado de uma religiosa, visita a sua gente, trata gratuitamente dos doentes ou assiste os necessitados.

Na época, pessoas morrem de fome no reino. Nas terras de Voré, os camponeses caçam e pescam ilegalmente. Helvétius faz vista grossa. Quando, às vezes, ocorre um litígio, ele começa pagando o preço do objeto contestado e em seguida inicia a discussão. Seus dias no campo, programados, supõem emprego regular do tempo: trabalho de manhã – leitura e escrita –, almoço anunciado por uma salva de mosquetaria, tarde dedicada aos amigos, à conversação, à caça, à sociedade das mulheres...

2

*A preocupação com a felicidade.* Seus primeiros amores literários são dedicados à felicidade e ao prazer. Sob forma de alexandrinos, escreve *Le Bonheur* [A felicidade], poema alegórico, *Épître sur les arts* [Epístola sobre as artes] e *Épître sur le plaisir* [Epístola sobre o prazer]. Esses trabalhos de juventude reúnem todas as intuições de sua obra filosófica futura, qual seja, *Do espírito* e *De l'homme* [Do homem]: a busca do prazer constitui o móbil de todas as nossas ações, de nossos comportamentos, de nossos pensamentos; age como mola propulsora de toda comunidade, de toda coletividade; o conhecimento desse princípio deve permitir elaborar uma legislação sábia e saudável, útil para realizar a felicidade dos indivíduos e da sociedade; somente a utilidade deve motivar o pensamento e a ação; o despotismo e a superstição são o que há de pior e devem ser evitados ou deles é preciso se desfazer.

Os duzentos versos da *Épître sur le plaisir* sintetizam, portanto, o que as obras posteriores irão desenvolver, demonstrar e, sobretudo, ilustrar com longos exemplos e coleções de anedotas históricas. A obra se situa sob o signo de Voltaire, seu amigo e correspondente. O patriarca de Ferney aconselha-o sobre a escrita, a fabricação deste ou daquele verso, a pertinência de uma imagem ou de uma metáfora, o bom uso de uma oração etc.

3

*A renda, as meias e o minério.* Durante toda a sua vida, Helvétius manteve equidistantes teoria e prática, pensamento e ação, os livros e o mundo, sem nunca pôr um diante do outro e conseguindo, sobretudo, produzir um pensamento preocupado com a realidade. Formula seu ideal levando em conta possibilidade e probabilidade pragmáticas. Quando escreve sobre o luxo, o dinheiro, a produção, o comércio, a indústria, a circulação das riquezas, não se exprime a partir de sua poltrona de filósofo, mas elabora na qualidade de homem de ação preocupado com a eficácia prática. Seu senso de realidade quase não encontra igual na corporação filosófica.

O mundo, ele o conhece como coletor de impostos reais, como íntimo da corte ou como senhor de suas terras, mas também como empreendedor. O poeta dos versos galantes, o teórico da felicidade, o poetastro hedonista, o cortesão é ao mesmo tempo um filósofo apaixonado pela indústria: ele aspira a uma reforma do país inspirada nos fisiocratas que ele frequenta: como redistribuir riquezas se antes elas não forem produzidas? Como conceber uma divisão mais equitativa dos bens se não se dispõe de um sistema útil e eficaz para criá-los?

O senhor de Voré se lança na criação de uma empresa de rendas. Não longe de Alençon e de Argentan, duas cidades conhecidas por seus pontos, Helvétius trabalha na produção mecanizada desse produto, corrente na época nas famílias burguesas e aristocratas. Mas a imperícia e provavelmente a desonestidade de seus contramestres levam a melhor no ateliê... Pouco importa. Ele abre uma manufatura de meias tecidas. O negócio floresce e prospera.

Embora sua fortuna, suas rendas e investimentos lhe permitissem viver no ócio entre seus castelos no campo e seu palacete parisiense, totalmente dedicado à conversação, à vida leviana, à escrita e à caça, ele deseja explorar o patrimônio geológico da região, principalmente o minério de ferro. Os industriais da vizinhança não têm a mesma opinião. Em primeiro lugar, Helvétius tem má reputação: não tem estima pelo dinheiro, não cultua o lucro e distribui fartamente seus próprios fundos. Além disso, por mais que se queira a liberdade de comércio para si, essa mesma liberdade não é muito apreciada nos outros. Assim, os proprietários coligados formam uma resistência, organizam-na, brigam graças a reuniões municipais e conseguem a renúncia do filósofo. Helvétius se retira para Lumigny, entre o povo de Brie e depois toma distância dos burgueses normandos.

Alterna a vida parisiense no seu palacete, com seus amigos, no inverno, e a vida no campo, oito meses por ano, os melhores do ponto de vista climático. Numa nota de *De l'homme*, louva a chance de poder passar um tempo na província e outro na capital. No deserto, diz ele, pegamos os diamantes; na cidade, os talhamos, polimos e montamos. Um sem o outro? Impossível! Que significaria apenas coletar pedras preciosas brutas? Por outro lado, como trabalhá-las se não as encontramos primeiramente?

4

*A alta-roda filosófica.* No salão dos Helvétius, na rua Sainte-Anne, encontram-se os grandes nomes filosóficos do momento. São também os grandes nomes do século. Julguem por si próprios: o velho Fontenelle, imorredouro, quase centenário, sobrinho de Corneille e assíduo do salão de Ninon de Lenclos no século anterior; Marmontel, acadêmico, historiógrafo da França, romancista, trágico; Grimm, o pai de Branca de Neve, mas também fundador da filologia alemã; Buffon, inventor do naturalismo francês; Raynal, abade anticlerical e ferrenho anticolonialista; Morellet, escritor, filósofo, colaborador da *Enciclopédia*; Diderot, que não necessita de apresentação; Turgot, grande homem de Estado, reformador no espírito dos fisiocratas; Condorcet, matemático especializado em estatística, mas também e sobretudo paragão do otimismo das Luzes e futuro artífice das

OS UTILITARISTAS FRANCESES

reformas pedagógicas desejadas por Helvétius; Hume, também famoso demais para precisar de apresentações; Condillac, o abade sensualista; Beccaria, o teórico da supressão da pena de morte; Adam Smith, o famoso liberal, autor da *Riqueza das nações*; Rousseau, o atrabiliário – a quem o anfitrião empresta dinheiro; Gibbon, o historiador inglês de uma monumental obra sobre as causas da grandeza e da decadência de Roma; D'Holbach, o ateu radical; e uma miríade de grandes mentes menos conhecidas, menos célebres, mas igualmente ativas. Durante quatro meses por ano, toda essa alta-roda se encontra para almoçar todas as terças-feiras, a partir das catorze horas. Por volta das dezenove horas, Helvétius desaparece e vai à Ópera. Quintas e domingos são dias de salão na residência de D'Holbach, onde, também, uma vez mais, constrói-se o pensamento das Luzes que irradia a Europa. Na casa do barão, leem-se e comentam-se os manuscritos espinosistas, anticristãos e panteístas. O ateísmo comparece, é certo, mas bem mais o deísmo, a crença majoritária do século XVIII – tal como o fideísmo no século anterior. Na casa de Helvétius, o ateísmo sopra com menos força...

Nesse salão, fala-se também da Inglaterra e da América, países fascinantes por sua juventude, novidade, costumes dessemelhantes, leis e governos alternativos; nele aborda-se a economia política, disciplina nova, com Smith, Quesnay ou Sismondi, que refletem sobre as melhores condições para produzir as riquezas da nação para o maior número de pessoas... Liberalismo ainda não rima com pauperismo.

## 5

***O exercício comunitário do pensamento.*** Más-línguas acusam Helvétius de não ter nem ideias pessoais, nem pensamento próprio e de se contentar com pilhar as conversações brilhantes dessa alta sociedade para com elas fazer uma colcha de retalhos em obras laboriosas, mal construídas e desequilibradas. Se as observações sobre as qualidades de composição merecem ser consideradas – ele sofria para escrever seus livros –, não se pode concordar com a acusação quase velada de pilhagem ou plágio.

Ninguém sai indene dessa brincadeira besta que consiste em procurar as influências na elaboração de uma visão de mundo. Nem mesmo Platão, que pode ser reduzido a algo medíocre se nos divertimos em apontar nele os abundantes traços de pitagorismo ou de orfismo, as referências à mitologia, as pilhagens da cosmogonia pré-socrática etc. As palavras e as ideias não fazem a obra que surgirá da composição delas.

Poderíamos dissertar longamente sobre um pensamento encontrado em *Do espírito*, o papel do amor-próprio por exemplo, e mostrar que ele já está presente em La Rochefoucauld; mesma coisa com o empirismo sensualista exposto em *De l'homme* e presente antes em Condillac que, por sua vez, tomava o seu de Locke. O que provaríamos? Nada, senão que existe um ar do tempo, o espírito de uma época, que as ideias circulam tanto nos manuscritos clandestinos quanto nos salões em que é forjado o pensamento do século XVIII, e que o gênio de um filósofo consiste em transmutar esses metais dispersos e diversos em ouro filosófico.

Isto posto, não espanta que, em seu salão, Helvétius fale pouco, ouça muito, lance uma ideia e acompanhe seu progresso na conversação de seus convidados. Se ele às vezes se isola para trocar ideias em voz baixa com este ou aquele, não age como saqueador, ladrão, pensador desonesto, mas como filósofo praticando o exercício coletivo e comunitário do pensamento. Comporta-se como homem bem-educado e não convida em sua moradia as mentes elevadas do seu tempo para delas fazer o público de seu espetáculo pessoal, mas sim para lhes propiciar uma microssociedade útil e hedonista, contratual e livre, igualitária e justa. Seu modelo de comunidade...

6

**A ética para além da metafísica.** Já faz tempo que Helvétius está pensando numa obra de síntese de seu trabalho intelectual: meditações, reflexões, conversas, observações, leituras, trocas, correspondências, anotações diversas. Começo de agosto de 1758, ele está com quarenta e três anos, é publicado *Do espírito*, um *fort in-quarto* de 643 páginas editado por Durand, com sede na rua du Foin em Paris. A obra, sem nome de autor, dispõe da aprovação e do privilégio do rei. Epígrafe extraída de Lucrécio.

Nas primeiras páginas, Helvétius anuncia seu projeto: tratar da moral à maneira de uma "física experimental". Isso já basta para dizer que esse projeto filosófico se opõe ao pressuposto cristão para o qual a moral, longe de ser um assunto de ciência e de observação, depende da predicação divina e religiosa. Para a Igreja, o bem e o mal não são deduzidos do princípio matemático, pois se impõem em postulados eclesiásticos.

O objetivo do livro? Procurar e encontrar a verdade. Não acreditar nela de olhos fechados porque o padre a ensina, mas estabelecê-la rigorosamente, com método, a partir da observação da natureza e de suas leis. Bacon para o método experimental, Leibniz para a matematização da realidade, Espinosa para a abolição de qualquer modelo transcendente, é esse o areópago que torna o projeto possível.

O que se descobre ao examinar atentamente as coisas? Que, desde sempre, a verdade se confunde com o útil. De fato, o útil varia: não é o mesmo para um indivíduo aqui e agora, para uma nação nesta ou naquela época, para um filósofo preocupado com o bem público na terra ou para um padre obcecado com sua salvação *post mortem*. A noção se movimenta, evolui, conforme as circunstâncias. A moral é uma regra do jogo dialético e dinâmico, passível de modificações na duração. Isso já é suficiente para deixar furiosos os defensores cristãos de uma moral universal, intemporal e eterna. O relativismo histórico de Helvétius contradiz severamente o idealismo anistórico das pessoas da Igreja.

Sem as luzes – ainda não as Luzes! –, cedo ou tarde uma nação se vê subjugada, rapidamente submetida, sem se dar conta, ao jugo do despotismo. Portanto, a ética é uma questão política: o saber aumenta a felicidade individual, essa felicidade contribui para a prosperidade do país, portanto para sua saúde, seu vigor, sua força, sua reputação e, portanto, para seu lugar no mundo. A moral e a política constituem uma mesma realidade.

A declaração de guerra já aparece desde a intenção preliminar da obra: Helvétius não age contra Deus, mas sim apesar dele, ou melhor, sem ele, livrando a moral da *moralina* cristã. A ética como física, eis com o que enterrar definitivamente a moral apoiada na metafísica ou na teologia. Bem e mal passam agora a ser pensados como objetos terrestres, independentemente das fantasias religiosas ou das crenças supersticiosas.

7

***O deísmo do ateu.*** Por que fazer desse livro apesar de Deus e não contra ele uma obra materialista e ateia? Que estranhos caminhos levam a tomar essa obra pelo que ela não é? Pois, à força de deformações, passa-se ao largo de sua especificidade. Ateu, dizem os jesuítas em seu tempo; ateu, afirmam os marxistas no tempo deles! Materialista, arrotam em coro o jansenista, o papa Clemente XIII, o rei, os professores da Sorbonne; materialista, retoma Althusser, o caimão marxista-leninista da rua d'Ulm! Ora, Helvétius recusa tanto o ateísmo quanto o materialismo...

A reputação desse livro, boa ou má, se cristaliza com as primeiras críticas constitutivas da mitologia Helvétius: seu sensualismo escancarado põe em risco as ideias inatas de Descartes, o idealismo filosófico e o espiritualismo religioso que supõem a visão de toda realidade em Deus, como em Malebranche por exemplo. A explicação do mundo pelo mundo, sem recorrer a ficções metafísicas é um método que passa por ateu. Ora, um pensamento que economiza Deus não nega Deus: há uma grande distância entre o sensualismo e o ateísmo, como prova o abade de Condillac...

Helvétius compõe sua obra sem se preocupar com Deus, pensa e reflete sem utilizá-lo como tapa-buraco de uma demonstração capenga, não recorre a esse sésamo prático para dar a ilusão do sentido quando o sentido real falta: será isso suficiente para fazer um ateu? Não, se tomarmos o cuidado de lembrar, uma vez mais, a definição: o ateu *nega* a existência de Deus.

Faz séculos que todo indivíduo que dá uma definição heterodoxa de Deus e o chama de uma maneira diferente daquela que o costume religioso do momento e do lugar aceita é considerado ateu. No caso presente, porém, a palavra serve para depreciar, para condenar e insultar, e não para qualificar um pensamento de maneira adequada. Não se pode atribuir a ele o juízo da Igreja católica se o filósofo toma o cuidado de pensar outra coisa – no caso, o contrário...

Pois Helvétius jamais nega Deus, em nenhum lugar. Melhor: fala a respeito, remete a ele, nomeia-o e o define, tanto em *Do espírito,* livro anônimo, lembremos, quanto em *De l'homme,* obra escrita com o propósito de uma publicação póstuma. Ora, como escrever mais livremente do que tendo em vista apenas a verdade, sem preocupação com o que parasita a verdade – reputação, dinheiro, riquezas, honras?

Se Helvétius é ateu, que pensar de sua defesa do cristianismo como "religião santa" por estar desembaraçada da superstição, do fanatismo, do controle de um clero dominador, dos ucasses da Igreja católica, das malversações do papa, de sua dominação econômica e, portanto, de sua responsabilidade pela miséria do reino, de sua colusão com o poder temporal? Para esclarecer a natureza dessa "religião santa", o filósofo louva as virtudes evangélicas: paz, doçura, tolerância, beneficência, caridade, desapego, indulgência. Helvétius reivindica Jesus e os Evangelhos contra o papa e a Igreja. Uma posição de ateu?

Leiamos *De l'homme*: como entender expressões como "Ser Supremo" (1.14 e 4.19), "Eterno" (duas vezes em 1.15), ou "legislador celeste" (2.8), fórmulas estas presentes num livro previsto para levar a palavra de Helvétius além-túmulo, na liberdade propiciada pelo nada em que nos encontramos? Quer isso agrade ou não aos devotos da religião católica ou do catecismo marxista, Helvétius crê em Deus. Calmamente, é verdade, sem a fúria de um Voltaire ou as imprecações de um Rousseau, é claro, mas *ele é deísta* como eles. Como quase todos na época. Os francamente ateus – Meslier e D'Holbach – são minoria e vanguarda...

Na mesma obra, Helvétius dá sua definição de Deus: "a causa ainda desconhecida da ordem e do movimento" (2.2). Numa nota (um local marginal do livro, mas as margens muitas vezes constituem o centro), chega até a dizer quem é ateu, quem não é, e afirma paradoxalmente que ninguém pode sê-lo, pois todo o mundo reconhece a existência de uma "força na natureza" (nota 28 da seção II), o outro nome de Deus. Ateu, não ateu? Querela de palavras, conclui o filósofo...

É certo que há graus de deísmo: entre a posição de um Helvétius, para quem Deus denomina o que ainda resiste à razão, mas não por muito tempo, e Voltaire, defensor de um Deus recompensador (portanto, mais teísta que deísta...), ou Rousseau, com as elucubrações de seu vigário saboiano, há uma grande diferença... Mas Helvétius está bem instalado desse lado da filosofia.

8

***O agnosticismo materialista.*** Helvétius materialista, essa é mais uma lenda. Assim como com o ateísmo, nosso filósofo não confia nas palavras: pensa sobretudo como nominalista. Nada de ideias gerais, de formas inteligíveis no modo platônico. Portanto, nada de matéria, pois o que seria ela sem as propriedades que a constituem? Nada, senão uma ideia a mais, uma ficção metafísica suplementar.

Materialista definiria um tipo de devoto da matéria. Helvétius não gosta dos devotos... Em *Do espírito*, ele suspende seu juízo sobre a questão da imaterialidade da alma: no atual estado de coisas, nada se pode concluir. Tudo já foi dito sobre esse assunto, e até mesmo cristãos como Tertuliano, Ambrósio, Hilário, Justino, Orígenes defenderam a materialidade da alma antes que a Igreja optasse por sua imaterialidade. Não sendo possível nenhuma demonstração, mais vale passar para outra coisa e deixar a questão em suspenso... Em *De l'homme* (2.2), Helvétius não terá as mesmas hesitações: a alma torna-se claramente em nós "a faculdade de sentir". Fim das tergiversações.

As palavras criam problemas, e tudo isso não é mais que uma questão de vocabulário. Em metafísica e em moral, fala-se muitas vezes para não dizer nada, pois não se sabe do que se está falando. É o caso das noções de matéria, espaço ou infinito. Para pôr um fim a esses falsos debates, Helvétius afirma: a matéria é "a coleção das propriedades comuns a todos os corpos" (1.4). As incontáveis dissertações sobre esse tema que convocam extensão, solidez, impenetrabilidade, força, atração, corpos organizados etc., desembocam todas "em erros mais ou menos engenhosos". Eis os idealistas e os materialistas rejeitados em bloco.

O agnosticismo de Helvétius sobre a questão da matéria se associa a um pensamento modesto: cumpre olhar, observar, experimentar e tirar conclusões. Na falta de certezas comprovadas metódica e cientificamente, experimentalmente, a honestidade obriga a suspender o juízo para evitar as elucubrações metafísicas. Helvétius recusa a metafísica nas formas que serão as do positivismo no século seguinte: aquilo sobre o que não se sabe falar corretamente e que não se pode realmente demonstrar, é preciso calar...

9

*O projeto de um dicionário filosófico.* A época está à cata de saberes múltiplos, difusos, estendidos. É conhecido o formidável empreendimento que foi a *Enciclopédia*. Helvétius, por sua vez, aspira a um dicionário da língua filosófica, útil para evitar as intermináveis buscas de pelo em ovo de que filósofos, metafísicos e teólogos são especialistas – caindo no ridículo aos olhos do grande público.

Helvétius estigmatiza as manias verbais da corporação. Excesso de imprecisões, de futilidades e de presunção, insuficiência de eficácia. Retomando e citando o projeto de Leibniz, ele deseja "compor uma língua filosófica" (1.4) a partir de definições precisas de cada palavra a fim de que, pelo menos nas discussões, cada um tenha certeza de estar dizendo a mesma coisa ao empregar um conceito.

Essa ideia formulada em *Do espírito* também se acha em *De l'homme*: parar com as disputas inúteis, acabar com os monólogos a que se resumem muitas vezes os pretensos intercâmbios nas conversas, é essa a finalidade desse dicionário. Essa obra suprimiria os escolásticos, que num átimo se tornariam mágicos sem poder; cortaria as asas dos metafísicos, esses vendedores de quimeras cavalgando odres cheios de vento; dissiparia a obscuridade misteriosa que ainda nimba a moral e a política.

Traduzido para todas as línguas, realizado com o concurso dos talentos de toda uma nação, o dicionário filosófico autorizaria verdadeiras demonstrações em moral, em política e em metafísica. A partir de então, elas teriam o mesmo rigor, a mesma validade e a mesma legitimidade que um resultado proveniente de uma dedução geométrica. Uma vez realizada essa obra, as querelas de palavras já não teriam razão de ser. Por exemplo, em torno de "ateu", "materialista" ou "enciclopedista"… Sobre esse último termo, Helvétius escreveu: "é uma palavra tida como injuriosa, de que os tolos se servem para difamar todo aquele que tem mais espírito que eles"…

10

*O caso* **Do espírito.** Enquanto isso, *Do espírito* provoca fortes reações… Embora não ateu, não materialista, não enciclopedista, Helvétius irrita muita gente… Lembremos que a Declaração Real de 1757 previa a pena de morte para os autores, editores e colportores de escritos hostis à religião. A condenação do cristianismo não é radical, somente o fanatismo e a superstição e o despotismo aparecem em destaque como inimigos número um do filósofo. Pouco importa, seu livro é julgado ímpio, ateu, materialista, contrário aos bons costumes, capaz de provocar o desmoronamento do edifício moral.

Primeira salva: o Conselho do rei suprime o livro duas semanas após sua publicação. O padre Plesse, jesuíta sustentado pelo filósofo, pretensamente amigo do autor, intervém pedindo a seu benfeitor que se retrate; recusa; ele insiste agora com a sra. Helvétius, ela o despacha firmemente e garante que acompanhará o marido e os filhos no exílio se preciso for; nova recusa; mais ardiloso, ele assedia a sra. Helvétius mãe, que suplica ao filho para que ceda às razões do jesuíta; enfim, como não é jesuíta por nada, ele informa Helvétius sobre as ameaças que pesam sobre o censor Tercier, que cometeu o erro de deixar passar o livro concedendo a aprovação e o privilégio do rei. Cansado de guerra, Helvétius assina uma primeira retratação. Assevera sua fidelidade aos dogmas e à moral da religião católica. Episódio humilhante...

Segunda salva: a imprensa cristã. Os jesuítas atacam com um artigo do padre Berthier no *Journal de Trévoux*, seu órgão de imprensa, mas também em vários sermões pronunciados em Paris e na corte, é bem conhecida essa corja jesuíta talentosa para as manobras e tramoias com os grandes e os poderosos. Os jansenistas não ficam a dever com suas *Nouvelles ecclésiastiques*. O redator afirma que o título deveria ter sido "*Da matéria diversamente organizada*, ou, ainda mais precisamente, *Da carne e da mais suja e mais impura carne*" – mostrando assim a natureza das obsessões deles e a extensão da neurose cristã!

Terceira salva: a Igreja católica apostólica romana. O arcebispo de Paris ataca a obra e fala das "pestilências da falsa filosofia". A Inquisição romana condena e proíbe. O papa Clemente XIII proíbe a posse do livro, sua cópia, sua reimpressão, sua difusão e sua distribuição. É dada a ordem de entregar os exemplares existentes aos inquisidores para destruição.

Quarta salva: os libelos e panfletos. Como sempre ocorre com o sucesso, os detratores ou a publicidade feita em torno de um livro, uma nuvem de escrevinhadeiros em busca de publicidade e de notoriedade ataca a obra. (Ou até falando bem, para pegar carona no sucesso...) Os antifilósofos – De Beaumont, Chaumeix, Lelarge de Lignac, o abade Gauchat e o padre Hayer, entre outros – entregam-se a isso com alegria. Não entram nessa conta a edição de folículos, de pequenos textos, de artigos por meio dos quais obscuros desconhecidos esperam obter um pouco da visibilidade midiática do fenômeno.

Quinta salva: a rainha. Helvétius recebe a ordem de se despojar de seu cargo de *Maître d'hôtel ordinário* da rainha.

Sexta: a Sorbonne, que nunca fica para trás quando se trata de uma vilania, acerta o passo com o Parlamento, que também proferiu o anátema. No fim, em fevereiro de 1759, o carrasco rasga o livro em público e depois o queima.

Talvez o pior na coorte de baixezas: a reação dos outros filósofos. Sem tê-lo lido, Voltaire acha o livro ruim, acrescenta que seu autor "levou a filosofia longe demais"! Rousseau o considera perigoso. Diderot se cala... Para D'Alembert, a forca é pouco. Grimm acha o mesmo. Feio, feio. Helvétius se vê obrigado a redigir três retratações, uma mais humilhante que a outra. Finalmente, os filósofos o criticam por ter aceito se retratar dando provas de uma covardia que respinga sobre os filósofos, já desconsiderados pelo caso! Muito abalado, Helvétius nunca se recuperaria dessas manifestações de ódio e dessas humilhações. A dezena de anos que lhe restam para viver vê-se realmente ensombrada por isso.

Durante esse tempo, as edições se sucedem num ritmo vertiginoso. Vinte apenas no ano da publicação. As traduções inglesa e alemã são de grande sucesso. Immanuel Kant lê *Do espírito* em tradução. Cabe pensar que a *Crítica da razão prática*, se não a *Metafísica dos costumes*, propõem alguns anos depois o exato contrário da filosofia utilitarista e hedonista do pensador francês. Ainda hoje, Helvétius funciona como forte antídoto para Kant...

## 11

*Os últimos dez anos.* Helvétius viaja. Primeiro à Inglaterra. O país é tido como modelo: criou as liberdades constitucionais, dispõe de uma imprensa livre, nele se pratica a discussão religiosa aberta e pública, a força do comércio e da indústria contrabalança a potência do poder político, os partidos organizados concorrem com total independência na corrida pelo poder, Voltaire e Montesquieu o amaram, Bacon e Locke são de lá, Hobbes e Newton também. Como, então, não ir se lavar lá das afrontas francesas e das misérias vividas depois do caso do livro condenado?

A Prússia em seguida, no país do famoso Frederico II, rei e filósofo, colecionador de glórias filosóficas na sua corte. Em Potsdam, o antigo benfeitor de

La Mettrie convida Helvétius e a mulher a se juntarem à corte. Recusa do filósofo. O rei o encarrega de uma missão diplomática junto do duque de Choiseul, pois o soberano gostaria de aproximar sua corte da de Versalhes. Ignora-se o grau de envolvimento do filósofo nesse empreendimento.

Durante esse tempo, Helvétius faz anotações, lê, reflete. Subestima-se provavelmente a dor produzida pelo caso *Do espírito*, e sobretudo suas consequências. O filósofo não se abre, não se queixa, permanece relativamente discreto e silencioso sobre esse assunto, mas sofreu consideravelmente. Caberá relacionar a brutalidade das reações – Igreja, imprensa, panelinha filosófica, poder político – com ele ter se tornado francamente melancólico?

Sua morte é geralmente atribuída a uma "recidiva da gota"? O que se deve entender por isso? Primeiro, que ele sofria de gota, sinal, provavelmente, de uma vida de prazeres da mesa. Depois, que essa afecção dolorosa gera anginas, conjuntivites, cólicas de estômago ou de intestino, vômitos, tendência à síncope, acidentes cerebrais, ataques de apoplexia, distúrbios cardíacos, palpitações, opressões e distúrbios de uremia – talvez a causa real de sua morte: uma crise de uremia.

De 1759 a 1769 Helvétius trabalha na redação de uma obra que desejava póstuma: *De l'homme.* O livro é publicado dois anos depois de sua morte, em 1773. Agora já não há por que se conter, como se vê em *Do espírito*, mascarar suas colocações, empregar circunlocuções, usar de ardis por vezes, recorrer a precauções oratórias na introdução, anunciar que, se alguma de suas colocações ferir alguém, não foi esta sua intenção: a publicação *post mortem* garante total li-

OS UTILITARISTAS FRANCESES

berdade de escrita. Quem afirma que depois da morte não há nada, nada teme, sobretudo não os censores, os críticos, os juízes, o clero e outros instrumentos da negatividade.

Helvétius sofre para escrever e compor. Sua segunda grande obra parece uma redefinição da primeira. Nada de repetições, mas sim precisões, desenvolvimentos e ataques frontais contra os inimigos de sempre: a Igreja, o clero, o papa, os jansenistas, os jesuítas, os filósofos escolásticos, os carolas, a censura, os padres, os teólogos, os déspotas, os monges... o filósofo sabe que, quando o lerem, seu corpo estará repousando num caixão – sabendo-se livre, ele goza dessa liberdade.

As considerações liminares de *De l'homme* revelam uma pessoa ferida. De um livro para o outro, percebe-se menos humor, menos espirituosidade, menos anedotas sorridentes, um pouco mais de cólera, a leveza cede lugar a uma militância séria. Helvétius emite sua opinião sobre o século: excesso de demagogia, de vontade de agradar, nenhum gosto pela verdade, retorno maciço da carolice, do fanatismo e da superstição, da decadência – embora não o diga com todas as letras, anuncia que a França vai perecer por causa de um governo pernicioso e faz seu diagnóstico: entramos numa era de despotismo.

O grosso volume de 976 páginas sofre de uma composição aleatória, se não de uma ausência de composição... É fácil imaginá-lo sendo escrito ao sabor da inspiração, uma espécie de diário filosófico mantido por um sábio melancólico, costurado, cheio de cicatrizes, abundantemente insultado, cansado. Notam-se reiterações, repetições, as anedotas ocupam muito espaço e, em contrapartida, a ideia que merece um desenvolvimento é apenas mencionada, simplesmente, brevemente, não realmente demonstrada. Helvétius parece monologar nos bastidores de seu salão: ouve-se a voz triste de um ser ferido.

Em 26 de dezembro de 1771, Helvétius morre no seu palacete da rua Sainte-Anne, cercado de amigos, entre os quais D'Holbach. Consciente por certo tempo, recusa os sacramentos e a presença de um padre. Em seus derradeiros momentos, tem o cuidado de retomar o tema de suas retratações publicamente extorquidas e obtidas, lamenta tê-las feito, reafirma suas posições, confirma suas ideias. A dor ligada às perseguições e à humilhação devidas à publicação de *Do espírito* o atormenta até o fim. Sua sepultura encontra-se, apesar disso, na igreja Saint-Roch. Ele desaparece aos cinquenta e sete anos, idade ideal para iniciar uma grande obra filosófica.

12

**Um pensador utilitarista.** Se Helvétius não se reduz ao habitual clichê do materialismo ateu, que dizer de sua filosofia? Deísta, agnóstico sobre a questão do materialismo, o filósofo circunscreve-se melhor com novos epítetos, mais apropriados por ser possível verificá-los no texto: *sensualista*, por exemplo, *empirista* também, *hedonista* com certeza e, finalmente, *utilitarista*. O sensualismo de Helvétius retoma as teses clássicas de Locke ou de Hobbes sobre o tema. Nem idealista, nem materialista, Helvétius funciona como cientista que olha, observa, experimenta e depois deduz conclusões em função do que constatou. Nenhum *a priori*, nenhuma metafísica, mas uma física dos sentimentos, das paixões, das emoções, das percepções, das sensações. Nada de método escolástico, mas sim um pragmatismo experimental.

Helvétius diz e repete: somente os cinco sentidos fornecem as informações úteis e necessárias para a compreensão, a inteligência de um fato ou de uma situação. Portanto, um corpo e faculdades associadas por um cérebro: sentir, saborear, tocar, ver, ouvir, nada mais. É compreensível que os partidários de faculdades inteligíveis e os defensores da imaterialidade ativa na matéria transformem a obra do filósofo em panfleto ateu e materialista. Locke, no entanto, mostra que um sensualista, e depois dele o abade Condillac, pode defender essa posição filosófica sem deixar de crer num deus imaterial.

Contra a tradição filosófica, Helvétius afirma que os sentidos não nos enganam! Essa posição vai contra as habituais condenações: as torres de Notre-Dame de Montaigne, o bastão quebrado de Descartes e outras imagens de um Pascal ou de um Malebranche, que repetem à saciedade essa ladainha filosófica repisada desde Platão: os sentidos nos enganam, somente a alma, por ser parcela do fogo divino em nós, pode nos permitir conhecer a verdade que é da mesma substância que ela. De jeito nenhum, explica Helvétius: a materialidade da realidade pode ser apreendida graças à materialidade de um corpo que experimenta o mundo com a ajuda de seus sentidos.

O erro, quando existe, não tem portanto nada a ver com os sentidos, e sim com o juízo. As paixões nos perturbam, a ignorância nos mantém na orla da verdade, é certo, mas é ridículo e inútil incriminar a sensação. Se concluímos equivocadamente, a culpa é, antes, do mau uso de nossa razão, que se revela um instrumento inadequado porque a educação e a instrução não a tornaram eficaz. Sentir é julgar; julgar é sentir. Helvétius insiste nisso com obstinação. Desenvolve essa ideia em várias oportunidades. Não existe em nós uma faculdade de julgar distinta da faculdade de sentir.

A ideia pode ser encontrada em Locke, a quem Helvétius não poupa elogios: "Locke é um gênio", escreve ele em *Do espírito*. Quando pensa no programa ideal de uma educação, afirma, lacônico e definitivo, que bastaria ensinar o pensamento desse filósofo que, desde a tradução francesa feita por Coste em 1700 do *Ensaio acerca do entendimento humano*, fez um estrago em filosofia. Sua crítica das ideias inatas de Descartes com a ajuda de sua teoria empírica corta a metafísica ocidental em duas. Em toda a Europa do século XVIII, Locke, demolidor do autor do *Discurso do método*, converte ou causa repugnância, fascina ou passa por diabólico. O inglês abole o idealismo, desacredita o espiritualismo e tudo o que, de perto ou de longe, se pareça com o platonismo. Ao mesmo tempo, abre caminho para as tradições materialistas, hedonistas, ateias, mecanicistas e sensualistas. Helvétius evolui nessa linhagem como um peixe na água.

13

**A fundação hedonista.** Tendo partido à conquista de uma moral, empregando os meios do método experimental, Helvétius encontra uma ideia básica com a qual arquiteta em seguida todo o seu sistema. Essa ideia simples é uma constatação de senso comum, negligenciada pelos filósofos, mas sublimada por Epicuro, que supõe que os homens, todos eles, sem exceção, buscam o prazer e evitam o desprazer, voltam-se para a satisfação e fogem da dor e do sofrimento. Verdades modestas, é certo, achados banais, evidentemente, mas pedras angulares consideráveis para possibilidades filosóficas novas. O hedonismo está na base de uma visão de mundo e fornece a arquitetura de uma razão impura.

Helvétius quer uma moral construída como uma ciência, irrefutável, baseada no indiscutível. O que existe de comum a todos os homens, sob todos os céus, em todos os tempos? Ao *homo sapiens* das origens e à criatura dos salões filosóficos do século das Luzes? Às mulheres, às crianças, aos negros, aos ricos e aos pobres, às pessoas com saúde e aos doentes? Este tropismo natural: todos querem fruir. Primeira verdade experimental dessa ciência nova, a ética.

Esse "desejo de prazer" (*Do espírito*, 1.4) age como motor do mundo. Todos os movimentos físicos, psíquicos, psicológicos, morais, políticos e históricos obedecem a essa lei simples e primeira. Conhecer essa verdade fundadora permite entender, em seguida, como no caso de uma reação em cadeia, de que maneira se articulam os diversos delineamentos do real. Orgulho, ambição, glória, honras, covardia, coragem, vontade etc…

Helvétius recusa qualquer natureza humana: o homem é uma cera virgem à espera de um selo para se carregar de conteúdo. Assim sendo, não se pode falar de natureza humana hedonista, mas, como diria nosso filósofo, é uma pura e simples questão de palavras. Pois o que existe em cada homem desde a origem dos tempos, e isso até o fim do mundo, não é a invariante que a noção de natureza humana define?

## 14

*Uma psicologia cínica.* Helvétius foi acusado de emprestar as ideias alheias e de não ter tido nenhum pensamento próprio. Principalmente sobre a questão de sua psicologia cínica. Primeiro, presta homenagem a La Rochefoucauld, depois, como conhece bem a corte, observa os homens; como, então, não chegar a conhecimentos seguros, verificáveis e verificados sobre a alma dos homens? Os mesmos conhecimentos do moralista do Grande Século, é certo, mas também de todos os observadores do gênero humano desde Esopo ou Teofrasto.

A obra completa de Helvétius abunda em aforismos, citações que, fora de contexto, fornecem uma incrível coletânea de pensamentos cínicos – no sentido antigo e filosófico do termo. Sobre as motivações do gênero humano, as pequenas vilanias, as baixezas, as tramoias, as intrigas, os arranjos com o Diabo, sobre as paixões vis, a maldade, o papel importante da inveja, sobre o vício e a virtude, e tantos outros assuntos, Helvétius talha diamantes e os incrusta no corpo de papel de suas obras, às vezes com o risco de não os acharmos mais.

Julguemos por nós mesmos: "Todo grande talento é em geral objeto de ódio"; ou então: "Quem consegue compor boas obras não se diverte criticando as dos outros"; ou ainda: "A impotência de bem-fazer produz o crítico"; quando não: "Para não ofender ninguém, basta ter as ideias de todo o mundo"; ou até, última sabedoria, se não sabedoria última: "Para amar os homens, é preciso esperar pouco deles." Eis uma arte do sarcasmo que instala Helvétius ao lado de Chamfort, Vauvenargues, Rivarol ou Joubert, gran-

OS UTILITARISTAS FRANCESES

des cínicos exploradores do coração humano – sobre o qual Pascal dizia muito corretamente que é "oco e cheio de imundície". E depois nos espantamos que esse Helvétius encante um certo Friedrich Nietzsche!

Ali onde o cristianismo faz o jogo da bela alma, envolve os motivos insignificantes em grandes lógicas, celebra as ficções do amor ao próximo, da generosidade, do dom, da partilha, da caridade e de outros nobres e belos sentimentos, Helvétius acalma as coisas: olhemos a realidade de frente, paremos de extrapolar, de ocultar o rosto atrás de um véu e sobretudo de mentir para nós mesmos. O homem se destaca pela má-fé, pelo desejo de não ver o que não lhe convém, pela arte perversa de reescrever a história em proveito próprio.

15

**Fatalidade do tropismo egoísta.** Depois da primeira lição – o tropismo naturalmente hedonista –, a segunda: o tropismo naturalmente egoísta. Helvétius foi criticado pela crueldade de suas análises feitas com escalpelo: mas a pessoa que expõe em palavras a negatividade não a cria, nomear a besteira não a faz surgir. Falar do homem obsessivamente voltado para o próprio umbigo não aumenta o número de egotistas. Fazem o mensageiro pagar pela notícia ruim que ele apenas traz.

Basta olhar em volta para constatar esta evidência: cada um se coloca no centro do mundo e refere tudo a si. O filósofo descreve um fato, mostra uma fatalidade, não se alegra com isso, não condena, não dá sermão nem abençoa. Olha, vê e diz. Disso o acusam.

Quando ele acossa o amor-próprio, o amor a si, age como filósofo cínico – como Diógenes, que desnuda as quimeras.

Cada qual se prefere aos outros, é um fato. Saber disso conduz a mais lucidez. Saber quem se é, como as coisas funcionam, a natureza dos mecanismos, permite considerar a realidade feito um trágico que não a vê nem preta nem branca, nem cor-de-rosa, mas tal como ela é. Os homens não são anjos. Nem bestas. São máquinas egóticas. A psicologia cínica e a antropologia cínica fornecem material para uma construção ética e depois política.

Terceira lei cardinal: no âmago desse mecanismo egoísta está um princípio simples, ou seja, o interesse nos motiva, em tudo e para tudo, de forma permanente, nos detalhes e no geral, para um acontecimento qualquer do cotidiano ou para uma grande epopeia existencial. Todos querem primeiro seu próprio interesse; e seu próprio interesse – vide a primeira lei – se reduz a uma coisa simples: fruir e/ou não sofrer. Todas as ações ditas boas ou más estão além do bem e do mal num registro dinâmico de forças: um movimento para o fruir, outro para se afastar do sofrer.

Helvétius age como moralista, não como moralizador. Já que todos obedecem a essa lei simples e trágica que os faz querer o prazer e evitar o desprazer, paremos de nos lamentar e façamos dessas descobertas importantes alavancas para agir. A anatomia do psicólogo cínico, o recorte da alma pela navalha filosófica serve para isto: sabendo o que o homem é, o que fazer e como agir para construir o júbilo? Resposta: fazendo os homens se interessarem por ser virtuosos.

## 16

**Exercícios de decomposição.** Antes de avançar mais, examinemos alguns casos concretos de "decomposições" efetuadas em *Do espírito* ou *De l'homme*. Escolhamos as mais sangrentas, que lhe valeram mais recriminações e mal-entendidos porque não poupam a mitologia de glacê da moral cristã: o amor, a amizade, o amor pelos filhos, a caridade. Ao descer a espada sobre esses terrenos habitualmente perfumados com água de rosas, o filósofo realiza um real trabalho cínico. Não espanta que tenha tido de pagar por isso.

Primeiro caso: o amor. Pureza? Beleza de sentimentos? Gratuidade? Generosidade? Arranquemos essas máscaras: por trás de um homem que afirma amar encontra-se o egoísta interessado em que essa história se desenrole de acordo com seu desejo. Amor à primeira vista? Paixão? Encontro do homem ou da mulher de sua vida? Helvétius responde: motivos interesseiros, promessas de gozo, amor-próprio lisonjeado, esperança de benefícios simbólicos ou trivialmente concretos...

Segundo caso: a amizade. *Quid?* Não a versão dos romances que ficcionam esse sentimento envolvendo-o em posturas romanas, mas a disposição de interesses mútuos e compartilhados. O amigo nos serve tanto quanto servimos a ele. Falamos-lhe de nós mesmos, nos confessamos, desabafamos nossos temores, nossas angústias, nossos medos, fazemos cenas, posamos de herói ou de modesto, de triunfante ou de vítima, mas sempre com o intuito de obter compaixão, ser amado, escutado, apoiado. O comércio da amizade supõe a esperança de um benefício. A necessidade, é esse o motivo – nem pensar na grandeza e na nobreza de um sentimento puro.

Isso posto, por que criticar a pessoa que se dirige a outra interessada no seu dinheiro e ainda assim fala de amizade? A fortuna faz parte das qualidades de um ser, tal como seus outros méritos: beleza, juventude, reputação, virtude etc. A força da amizade mede-se sempre pela força do interesse que une os dois amigos. Quanto mais vil é a necessidade que a explica, mais ela promete ser forte.

Se o amigo é "um parente de nossa escolha" (*Do espírito*, 3.14), saibamos o que é a amizade: nem exemplo clássico romano e viril, uma odisseia à Montaigne e La Boétie, nem uma impossibilidade radical, mas o que ela define para além do bem e do mal, numa pura lógica de satisfação esperada, um comércio interessado de ambas as partes. Helvétius conclui, sabiamente: "dizer ter muitos amigos e acreditar pouco nisso"...

Terceiro caso: o amor pelos filhos. Helvétius fala por experiência própria. Lembremos que ele teve quatro filhos, dos quais dois sobreviveram. Que diz ele? Ao contrário do discurso suavizante, o filósofo desconstrói esse sentimento. O que amamos neles? Nosso próprio nome, a possibilidade de transmitir uma herança patronímica e patrimonial – que ele denomina de "posteromania"; a possibilidade de mandar sem riscos, de ser obedecido e de fruir do espetáculo do próprio poder; a possibilidade de se divertir no sentido pascaliano, de escapar do tédio; o "brinquedinho" permanentemente à disposição...

Replicam-lhe que choramos a morte dos filhos? Resultado de uma auto-observação (?) ou proposição conceitual resultante das consequências casuísticas de sua teoria, Helvétius, plácido, lúcido e cruel, continua com sua desmontagem: é da nossa própria sorte que nos apiedamos. As lágrimas exprimem menos o lamento pelo filho desaparecido do que a tristeza ante a perspectiva de desocupação e de tédio em que doravante se encontram os genitores.

Quarto e último caso: a caridade. O amor ao próximo dos cristãos é em primeiro lugar amor a si e interesse em construir a própria salvação. O outro funciona como pretexto, como causa ocasional, como meio – e não como fim. Aliviar as penas de um infeliz não obedece a motivos de pureza moral e sim a interesses, e isso em toda parte. Que motivos? Cessar de sofrer por vê-lo penando; fruir de merecer e de receber o reconhecimento dele; jubilar com poder exercer o próprio poder; amar-se no papel do indivíduo que faz o bem que, desde nossa mais tenra infância, nos dizem ser a virtude; apaziguar a culpa, extirpar essa dor da alma, conjurando o remorso; obter um prazer narcísico de se ver representando um papel virtuoso, heroico; regozijar-se de parecer, aos próprios olhos e aos olhos do vizinho, um homem de bem; todos esses são motivos impuros que os carolas caridosos se recusam a ver, convencidos que estão da nobreza de suas motivações e da grandeza de sua alma.

A moral experimental supõe, portanto, uma psicologia cínica e uma leitura radicalmente imanente do mundo. Nada de ideias, de além-mundos, de fumaças platônicas, de justificações metafísicas ou de casuística teológica. Helvétius filosofa radicalmente, partindo do real para nele ficar, sem tomar o desvio pelas maquinarias ontológicas do idealismo platônico e cristão.

Nosso filósofo quer uma linguagem clara e simples, demonstrações verificáveis, confirmações por meio de fatos. Nada de extrapolações intelectuais, mas uma paciente observação do mundo seguida de conclusões definitivas. Sensualista, empirista, hedonista, utilitarista, Helvétius age como um pragmático. Sua proposição filosófica dá origem a um momento essencial do pensamento ocidental: fornece uma alternativa anti-idealista para o modelo dominante. Contra o idealismo de Platão e dos cristãos, ele marca posição e se tornará o alvo preferencial do idealismo alemão, tendo como figura de proa Immanuel Kant, que encabeçará um ataque sistemático contra ele.

17

**Königsberg contra Paris.** Kant leu *Do espírito* em tradução alemã. Dessa obra, presente em sua biblioteca, retém apenas as anedotas, as tiradas espirituosas, as historinhas apetitosas. Não a filosofia, que ele não leva a sério. O prefácio à *Crítica da razão prática* passa muito rapidamente pelo empirismo, pensamento falso, mas que não merece sequer que o "chinês de Königsberg" (*dixit* Nietzsche...) perca tempo demonstrando sua falsidade!

De sorte que é a obra completa de Kant, ou seja, todo o criticismo, que procura mostrar a superioridade da razão pura sobre qualquer abordagem sensualista e, portanto, corporal da realidade. O pensamento de Helvétius é refutado ponto por ponto, ainda que o nome do filósofo francês não apareça nas principais obras, as três críticas por exemplo, mas apenas em marginália de obras de menor importância – *Antropologia de um ponto de vista pragmático* por

OS UTILITARISTAS FRANCESES

exemplo, três vezes, sendo que duas para reciclar anedotas que ilustram a misoginia de Kant...

Tudo opõe os dois homens no plano teórico: Helvétius propõe uma psicologia cínica, uma antropologia trágica, ele vê o homem tal como é, atraído pelo prazer, motivado apenas pelo interesse, conduzido pelo tropismo dos benefícios esperados; Kant se inscreve na lógica cristã de um homem marcado pelo pecado original – o "mal radical" de *A religião nos limites da simples razão* – e defende uma filosofia que propõe uma salvação pelas virtudes judaico-cristãs laicizadas, secularizadas e formuladas no jargão filosófico do idealismo alemão.

Helvétius considera o homem na sua imanência radical, sem dotá-lo de uma imaterialidade útil para consolidar as dominações religiosas, metafísicas e ontológicas; Helvétius leigo, Kant cristão; *Do espírito* ensina a inexistência de ações moralmente desinteressadas, a *Metafísica dos costumes* define a moralidade como a ação produzida sem que um grama sequer de interesse nela se misture.

Deísta, Helvétius chama de Deus aquilo que ainda resiste à razão desconstrutiva, posição que, no longo prazo, torna possível um dia uma real opção ateia. O Ser Supremo existe por falta de algo melhor em filosofia. Kant ativa seu criticismo, vê-se na borda de um precipício metafísico, poderia fazer explodir a metafísica ocidental, já que fez de tudo para isso, mas renuncia e se contenta em postular a existência de Deus – com a imortalidade da alma e a existência da liberdade. Por seu lado, *De l'homme* afirma o reino da necessidade e da materialidade da alma.

A utilidade governa o mundo, o bem e o mal não existem em si, só existe "bom" e "ruim" segundo a decisão arbitrária da autoridade temporal de um tempo e de uma época, relativamente aos benefícios socialmente obtidos; na condição de platônico do século das Luzes, o alemão, por sua vez, defende um Bem absoluto, ideal, eterno, intemporal, anistórico, universalmente válido para todo o sempre. Um integra a história em seu pensamento, o outro medita sentado sobre as nuvens do céu inteligível.

*Do espírito* quer pensar a moral como uma física experimental, o livro torna caduca qualquer possibilidade de metafísica – etimologicamente falando: de pensamento depois da física; Kant escreve *Prolegômenos a toda metafísica futura que queira apresentar-se como ciência* a fim de salvar a metafísica atacada pelos ultras do Iluminismo. Claude Adrien torna possível o positivismo do século seguinte; Immanuel recupera pelo fundamento a metafísica idealista de Platão, salvando assim as raízes mágicas do cristianismo.

O velho – Kant é nove anos mais novo que ele… – celebra os sentidos e, pior para a cambada filosofante, as paixões. Muito audaciosamente, ele intitula um dos capítulos de *Do espírito* (3.8): "As pessoas ficam estúpidas quando deixam de estar apaixonadas"… Em toda a obra do jovem, as paixões são, como em Platão, entraves para a razão, um impedimento para pensar, uma perturbação do juízo, um vestígio do pecado na carne. Na *Antropologia*, Kant escreve: "as paixões são uma gangrena para a razão pura prática"…

Helvétius defende o corpo sob todas as suas formas: as sensações, portanto, vetor incontornável do conhecimento empírico, os sentimentos, o entusiasmo; ele fustiga a prudência, mostra que a ausência de paixões produz em nós o total embrutecimento, convida a usar livremente o corpo – associações sensuais e hedonistas à vontade... –, caçoa do casamento – "o quadro de dois desafortunados unidos para se causarem mutuamente a infelicidade" –, incita aos contratos hedonistas baseados no interesse mútuo *et passim*...

Nesse entretempo, Kant leva ao píncaro a "apatia moral", estado exaltado na *Doutrina da virtude*, pois ele supõe a absoluta independência da razão racional e raciocinante de qualquer parasitagem, de qualquer poluição passional e, portanto, corporal; roga pelo advento do transcendental puro – nada sabemos da coisa em si a não ser que ela "unifica o diverso da intuição sensível"! E, na *Doutrina do direito*, faz uma singular defesa do casamento – "a ligação de duas pessoas de sexo diferente, que querem, para a vida toda, a posse recíproca de suas faculdades sexuais", exaltante! *Et, idem, passim*...

Amigo que é do velho Fontenelle (o libertino normando frequentou o salão de Ninon de Lenclos, conviveu com Saint-Évremond, ainda desfila no século de Luís XVI e, com noventa e sete anos, ainda abre o baile de carnaval na casa dos Helvétius com Geneviève Adélaïde, sua filha de quatro anos...), Helvétius toma emprestada a teoria da mentira dele: não se mente escondendo a verdade, mas sim dissimulando-a daquele a quem a devemos. Benjamin Constant não fará essa delicadeza, Alain tampouco, ao adotar essa tese sem citar a fonte.

É conhecido o famoso texto de Kant *Sobre um pretenso direito de mentir por humanidade*, que refuta a tese de Fontenelle, por meio de Benjamin Constant, que dela se apropriou em *Des réactions politiques* [Das reações políticas]. Kant recusa qualquer justificação da mentira, seja pela razão que for: deve-se sempre dizer a verdade, pouco importando o interlocutor, pois é preciso fazer o bem pelo bem, dizer a verdade porque é absolutamente preciso dizer a verdade. Pouco importam as consequências (ainda que sejam dramáticas: dizer que um judeu está escondido num porão ao nazista que pergunta...): pois "a mentira desqualifica a fonte do direito". Em outras palavras, tendo mentido uma vez, perde-se toda a credibilidade...

## 18

*Genealogia do consequencialismo.* Como se vê, Helvétius e Kant são como fogo e água. Para além dos problemas pessoais, duas concepções de mundo e, portanto, de vida, do futuro, da filosofia, se opõem: uma, idealista, espiritualista, intelectualista, permanece docilmente submetida à metafísica, à teologia, em suma, ao espírito da religião cristã; a outra, pragmática, utilitarista, concreta, preocupa-se com a casuística: trata-se de pensar para viver, viver melhor, viver diferentemente, e não pensar pelo exercício de estilo, como devoto da arte pela arte. Helvétius não pratica a filosofia pela beleza do gesto, mas no intuito de produzir efeitos na realidade.

Seu pensamento funda o que modernamente chamamos de *consequencialismo*. A saber? A teoria consequencialista – Helvétius e os utilitaristas – se interroga sobre o que ocorre caso se escolha isto e não aquilo. O bem existe relativamente às consequências de uma escolha e de uma ação. Exemplo: a mentira não é nem bem nem mal em si, mas em função do que dela decorre; se minto para evitar a morte de um homem, então a mentira é bem e boa; se digo a verdade e com isso ocasiono a morte de um homem, então essa verdade é ruim, dizê-la é um mal. A teoria deontológica – Kant e os idealistas – afirma que a verdade é sempre boa, a mentira sempre ruim, independentemente das consequências.

O imperativo kantiano, categórico, não conhece nenhuma isenção; o imperativo utilitarista, hipotético, supõe considerar primeiro a hipótese. Toda moral se inscreve, não num processo inteligível e conceitual, mas numa lógica nominalista, concreta, imanente e pragmática. Em *De l'homme*, Helvétius formula o imperativo utilitarista. Qual? O que se deve visar? "A maior vantagem pública, ou seja, o maior prazer e a maior felicidade da maioria dos cidadãos." A verdade? A utilidade pública à qual tudo se deve sacrificar, inclusive, detalhe importante, "o sentimento de humanidade" se necessário... Aí descobrimos que ética e política não se separam, mas constituem duas modalidades de uma mesma forma de ser e de fazer.

19

*A religião de um incréu.* Recapitulemos: o Deus de Helvétius tem parentesco com o Ser Supremo em voga no século XVIII; essa força incognoscível a que devemos a organização do mundo – o "legislador celeste" – evidentemente não se reveste de nenhuma forma ou não acusa nenhum sentimento humano; a religião católica e seus servidores – papa, padres, monges, teólogos, escolásticos, jesuítas, jansenistas etc. – concentram o essencial das críticas do filósofo; a doçura da moral evangélica ainda passa; o pro-

HELVÉTIUS

testantismo lhe parece mais defensável que o catolicismo, menos dispendioso para a nação, menos fornecedor de balelas filosóficas, menos produtor de políticas deploráveis; a história do cristianismo abunda em superstições, fanatismo – das cruzadas aos etnocídios ameríndios, passando pela noite de são Bartolomeu ou pela Inquisição; a carolice produz despotismo, sobretudo nessa segunda metade do século XVIII.

Helvétius reúne tudo isso sob a rubrica "falsa religião". Tudo indica, portanto, que existe uma verdadeira religião. Qual? Num primeiro tempo, examinemos o protestantismo. A religião reformada possui uma real vantagem sobre a religião católica. Em todos os países que vivem sob o princípio de Lutero e Calvino, a indústria prospera, a abundância de riquezas e de bens é prova disso, os costumes parecem mais virtuosos, as liberdades existem, a pobreza do povo parece ser menor. Por quê?

Em primeiro lugar, porque essa religião, expurgada, purificada, comporta menos dogmas – os mistérios que escapam à razão – e sacramentos. Ora, o corpo sacerdotal vive dessas pragas, a superstição delas se nutre – vide o batizado, a confirmação, a eucaristia, o casamento, a extrema-unção, a penitência e outras práticas custosas. Em segundo lugar, porque conta menos com o ódio ao corpo, aos desejos, às paixões e aos prazeres. Ela não celebra completamente o ideal ascético católico. Por fim, porque o uso do inferno como meio de aterrorizar os fiéis é menos recorrente nos reformados.

A única religião intolerável é a religião intolerante. O problema depende menos da religião, à qual Helvétius não se opõe de forma absoluta, do que da intolerância, à qual ele reserva suas mais veementes e mais frequentes análises. Na religião intolerante, o que incomoda o filósofo é a intolerância, não a religião. A partir do momento em que ela interdita, prescreve e proscreve, impede e censura, nada justifica sua defesa. Uma religião que ensinasse o bem público, a tolerância, o amor pela paz, o gosto pelo saber e pela instrução, a paixão pelas luzes, seu ódio aos obscurantismos, seu engajamento contra o despotismo e o fanatismo, que não explorasse as pessoas, que não contribuísse para a pauperização, essa religião obteria o aval do pensador.

Da mesma maneira que Jean Meslier não condena o padre às gemônias de forma absoluta, mas julga conforme os efeitos que seu ensinamento produz na sociedade – posição consequencialista –, Helvétius pensa que o clero poderia contribuir para o interesse geral difundindo o conteúdo de uma religião cívica. Acaso dirão algo diferente os descristianizadores que, durante a Revolução Francesa, convidam o clero a proferir um juramento cívico em 1791?

20

*O culto do interesse público.* Helvétius volta a esta ideia em toda a sua obra: o despotismo existe quando triunfa o interesse pessoal do governante. Mesmo quando suas análises concernem aos vizires e aos sultãos ou quando ele dedica suas finas análises ao Divã – o sistema administrativo e fiscal muçulmano –, o leitor entende que as demonstrações concernem igualmente à monarquia do século de Luís XVI.

Assim, encontram-se permanentemente sob sua pena considerações sobre: a "ventura pública", o "bem público", a "felicidade geral", a "salvação pública", a "felicidade da humanidade", a "utilidade pública", o "interesse público", a "felicidade da sociedade", o "interesse geral", a "felicidade nacional", a "utilidade nacional", a "felicidade pública", o "interesse nacional". Seu programa político não se esconde, ele é utilitarista e funda uma política hedonista cuja fórmula é: "a felicidade da maioria".

A Igreja católica não se preocupa com o bem público e, embora pretenda preocupar-se apenas com interesses espirituais, mostra, desde o começo de sua história, em que medida o temporal prima nela. Essa confusão do espiritual com o temporal é prejudicial. O espiritual deve obedecer ao temporal, que, por sua vez, deve se submeter à lei. Sendo que a lei é feita tendo em vista o bem público e a felicidade da maioria.

O papa e o príncipe divergem sobre o que esperam dos homens. De fato, a Igreja anseia por indivíduos embrutecidos, imbecis, incultos, mais fáceis de doutrinar, de submeter e de subjugar com a mitologia cristã. A credulidade é mais facilmente obtida com ovelhas mantidas na sujeição mental do que com sujeitos educados para julgar corretamente com a ajuda de uma razão sã e livre. O padre sabota o mundo aqui de baixo em nome de um além, ele destrói a vida, as paixões, a energia dos homens, embora sejam essas as forças que fornecem o combustível de uma nação. Ora, o príncipe governaria melhor se dispusesse de súditos esclarecidos, instruídos, lúcidos, racionais e virtuosos. Como, então, conciliar esses dois tropismos contraditórios?

Começando por cortar o crédito à religião católica. O antigo coletor de impostos reais estabelece, numa nota extremamente importante, o custo da religião católica em termos de taxas, impostos, recolhimentos obrigatórios, fiscalidade eclesiástica – o dízimo: etimologicamente falando, a décima parte da colheita... –, tributos religiosos diversos. Tudo isso para pagar os padres, cuidar de seus edifícios e igrejas, alimentar os monges e monjas ociosos, manter a hierarquia no luxo, permitir as pompas e o fausto das cerimônias!

Em seguida, redistribuindo o dinheiro roubado pelos padres aos camponeses espoliados, para acabar com a caridade a fim de que advenha o reino da justiça. Uma vez recuperado pela administração pública, esse dinheiro desviado pelo clero vai se juntar ao confisco dos bens e das terras do clero. Esse maná servirá para que os trabalhadores do campo adquiram um lote de terra e possam suprir suas necessidades – pois, enquanto os padres comem até se saciar, seus paroquianos morrem *realmente* de fome.

A partir de então, uma religião acalmada em sua soberba, que renuncie às ameaças de danação sobre seus fiéis, que cesse de gozar dos bens deste mundo depois de ter proibido que os outros deles desfrutem, pobre mas honesta, tolerante e benevolente, virtuosa e moral, essa religião seria admitida. Um culto do Ser Supremo – essas páginas foram escritas uns quinze anos antes da Revolução Francesa... – com seus padres e seus templos, desde que obedeçam ao princípio básico de "divinizar o bem público", pode existir legitimamente na nação...

## 21

*O "grito da miséria".* Com o caso *Do espírito*, Helvétius sofreu a violência de um regime político que não tolera o pensamento livre; preceptor do rei na juventude, conheceu nos campos a miséria negra da província; *Maître d'hôtel* ordinário da rainha, constatou o fausto da corte em Versalhes; nas suas terras normandas, viu as pessoas trabalharem, penarem, sofrerem e morrerem na labuta e por causa da escassez de alimentos. Quando, desiludido, redige as páginas de abertura de seu livro póstumo, formula seu diagnóstico: "Minha pátria recebeu finalmente o jugo do despotismo."

O que é o despotismo? Todo poder pessoal negligente com o bem público e com o interesse geral, no Divã oriental ou sob o grande dossel de Versalhes; toda prática política que abole a distinção entre justo e injusto, capricho pessoal e lei geral; todo regime que proíbe a liberdade de palavra, de expressão, de publicação; todo governo que controla a produção, difusão e circulação das ideias; toda administração que concentra as riquezas nas mãos de uma minoria: o rei, sua corte, seus cortesãos, seus favoritos, suas amantes, seus apoios políticos. Essas definições valem até hoje...

Em termos marxistas, Helvétius constata a pauperização e a luta de classes: os pobres, a maioria do país (dois terços, escreve ele), trabalham de sol a sol e não dispõem dos meios de subsistência. Ao mesmo tempo, os ricos ociosos taxam esses miseráveis e vivem dos lucros de suas rendas. Sem pregar uma moral moralizadora, mas como pensador preocupado com a economia, Helvétius afirma que a concentração de riquezas, a diminuição do número de ricos e, simultaneamente, o aumento de suas fortunas, a privação da maioria, isso tudo é contrário ao interesse geral e ao bem da nação. Helvétius fala do "grito da miséria", ele o escuta e o amplifica.

22

*Um radicalismo reformista.* Que fazer? A revolução? Ninguém pensa de fato nisso... A comunidade dos bens? O coletivismo? O comunitarismo? A abolição da propriedade? Alguns creem nisso, Jean Meslier, como sabemos, mas também Morelly e seu *Código da natureza*, ou o abade Mably, mas não Helvétius. Essa ideia lhe parece irrealizável. Não estapafúrdia, mas impossível de pôr em prática. Para que serve militar pelo impraticável?

Suprimir o dinheiro? Não, diz o filósofo, e ele argumenta propondo uma utopia reflexiva: o que aconteceria nesse caso? Pobreza, miséria, ruína e fome. Os ricos, os habituados ao luxo, os proprietários, os financistas, os empreendedores se exilariam em massa com suas fortunas. Com essa hemorragia de talentos comerciais e industriais, bancários e financeiros, só restariam no território nacional esfomeados incapazes de prover suas necessidades mais elementares. A nação, enfraquecida, diminuída, ficaria à mercê do primeiro vizinho, que tomaria o território nacional, já que não encontraria nenhuma resistência – pois o exército pressupõe o dinheiro para sustentá-lo e mantê-lo pronto para ser empregado.

E então? Então, não a revolução, mas o reformismo – embora sob uma forma radical. Insensivelmente, porém de maneira certa, é preciso mudar as coisas, melhorá-las, reduzir as injustiças. Helvétius advoga por mudanças regulares, contínuas, progressivas. Recusando a ideologia, ele recusa uma lei geral que atue feito receita milagrosa. Nada de economia planificada, estática, ou decisões estatais nacionais e imperiosas.

Em contrapartida, pragmático, imagina modificações pontuais sobre pontos precisos em situações concretas. Nominalista, e não idealista como todo ideólogo, segundo ele cumpre pensar numa nação particular, no seu estado de progresso, no seu atraso, nas suas características próprias, nos seus dados estatísticos: o estado de sua indústria, os números de seu comércio, os resultados de suas operações financeiras etc. Cada legislação deve decorrer do caso prático considerado. Em seguida, a lei permitirá mudar as coisas.

## 23

*"Iguais em felicidade"*. Seu projeto político parece simples: tornar os homens "iguais em felicidade". (A "igualdade dos usufrutos" exigida pelos *sans-culottes* em 1793!) Se o comunismo e a abolição do dinheiro parecem impasses, prefiramos a distribuição das riquezas num maior número de mãos. De nada serve querer o fim da riqueza nacional quando o problema supõe novas distribuições equitativas e mais justas. Para se orientar nessa direção, o soberano deve começar por diminuir os impostos e taxar os cidadãos tendo em vista apenas as despesas públicas necessárias para a realização da felicidade nacional. Toda arrecadação de taxas que não se justifique por um orçamento indexado ao bem público é como um roubo.

Antes disso, e para aliviar a pressão fiscal sobre os contribuintes, demos a eles meios de acumular um mínimo de riquezas passíveis de serem taxadas! Filho de seu tempo e conhecedor da teoria dos fisiocratas, Helvétius acredita nas virtudes do trabalho, da indústria, da iniciativa, da propriedade privada, do comércio, do luxo e das trocas. Como querer uma igualdade das felicidades se antes não forem criadas as oportunidades para a felicidade?

Assim sendo, Helvétius defende o acesso à propriedade fundiária para todos. Uma jornada de trabalho que não exceda as sete ou oito horas – estamos em pleno século XVIII... –, a produção de riquezas com o único intuito de que cada um possa prover as necessidades da vida cotidiana e pagar as taxas úteis ao Estado para garantir a segurança e a proteção do território nacional, a defesa da justiça – os soldados, os magistrados e os policiais.

A organização da nação passa pela promoção de uma ideia nova: o federalismo. Embora sua obra completa não contenha amplas demonstrações, a ideia aparece apenas em duas ocasiões e apenas de forma sucinta – uma "liga federativa" e "repúblicas federativas" –, ela está ali: contra a pesada máquina estatal, nacional, centralizada, aquela que irá entusiasmar os jacobinos centralizadores, o filósofo que conhece as regiões, a província e sua diversidade defende o princípio federal tão caro aos girondinos... De fato, e de passagem, Helvétius mina o poder monolítico do Estado monárquico e defende o princípio de pequenas repúblicas que têm melhores condições de realizar o bem público de seus cidadãos.

## 24

*A filosofia das Nove Irmãs.* Helvétius era franco-maçom, filiado à loja das Nove Irmãs. Na hora de nos despedirmos do personagem e do filósofo, nada impede de levantar a hipótese de que a totalidade das ideias e das opiniões do filósofo, seus projetos, sua leitura do mundo, se reduzem a esta proposição: na sua vida e na sua obra, nas suas teorias e ações, no seu pensamento e no seu comportamento, Helvétius formula o ideal maçônico.

Qual seja? A construção de si, a edificação existencial, a colocação, a serviço desse projeto, de uma bateria de esforços e de energia concentrados para produzir um homem novo. Mas também: a prática do bem, a preocupação com o interesse geral, o desejo de reforma social e intelectual, a fraternidade erigida em regra de ouro. Seu deísmo não é obstáculo, sua celebração de uma religião cívica e cidadã tampouco, ao contrário. Finalmente, o papel que ele atribui à educação, à instrução, à construção do juízo autoriza essa hipótese.

Pois Helvétius propõe uma "ciência da educação" a que se reduz *in fine* seu radicalismo reformista. Se ele renuncia a uma revolução, é decerto à revolução existencial do indivíduo, mas também à da nação. Diante de tantos canteiros políticos, diante da imensidão da tarefa, a educação tem a vantagem de reunir todos os canteiros. Com efeito, agir sobre as coisas parece bem mais eficaz quando se age na raiz. E a raiz é a primeira infância – primeira infância de um homem, primeira infância de uma nação.

## 25

*A construção de um ser.* "A pessoa não nasce [...], ela se torna o que é", afirma *De l'homme.* A antropologia de Helvétius é totalmente experimental. Ao nascer, o indivíduo não é nada, a educação pode tudo; aliás, ela faz tudo. Contra Rousseau, com quem não para de brigar a respeito dessa questão, ele sustenta uma neutralidade existencial de nascença: o homem não nasce bom; ele tampouco nasce mau; ele nasce neutro...

A maldade dos homens? Uma questão de forma de governo, de má-educação, de instrução defeituosa, de formatação fracassada das crianças, um efeito perverso do adestramento dos primeiros anos confiados aos padres e à sua corja. A bondade deles? Mesma coisa: consequência de uma educação saudável, de bons exemplos desde a primeira idade, resultado benéfico de "professores" laicos formados para serem filósofos, e não da obscuridade dos teólogos, metafísicos ou escolásticos.

A ciência da educação – ele também escreve "a arte da educação" – supõe a construção de indivíduos felizes, cuja felicidade privada contribuirá para a felicidade pública da nação. As mônadas esclarecidas constituem um país luminoso, as pessoas dotadas de razão constroem uma nação saudável, vigorosa e próspera. A infinita tarefa da felicidade nacional supõe microcanteiros perpétuos durante os quais as pessoas, ao trabalharem pela sua liberdade, concorrem para a da comunidade. O interesse particular e o interesse geral não devem jamais ser considerados separadamente, mas sim conjuntamente.

A educação deve levar em consideração os dados básicos da ciência experimental que é a moral utilitarista: todos querem usufruir? Todos recusam o sofrimento? Todo particular trabalha em primeiro lugar por interesse próprio? Que não seja por isso. Um pedagogo leva em consideração essas verdades e excita primeiro a emulação de seus alunos, os faz amar o saber, desejar a cultura despertando neles o interesse e a preferência por certos movimentos em detrimento de outros. As coisas desejáveis são gratificadas com recompensas, as indesejáveis sancionadas por meio de punições – lógica mais tarde levada a seu paroxismo pelos utilitaristas ingleses, encabeçados por Bentham.

26

***Pequenos acidentes e causas imperceptíveis.*** Embora a educação tudo possa, ela não consegue produzir gênios – observação acerba de Rousseau. A fabricação desse tipo de indivíduos obedece a leis que, por enquanto, permanecem misteriosas. A educação pode formar indivíduos esclarecidos, racionais, que pensam corretamente, refletem com justeza, analisam com pertinência, que são inacessíveis às frivolidades religiosas ou incapazes de avaliações ideológicas. O que, diz ele, já é muito…

Por que não se consegue construir gênios por demanda? Porque a educação, embora seja uma ciência e ao mesmo tempo uma arte, não pode mais do que pode. O que isso quer dizer? Ela não determina a totalidade de um ser, apenas uma grande parte dele. O que resta de inexplicável produz a diferença: aqui o gênio, ali o homem comum. Pois em toda educação existem "causas imperceptíveis", "pequenos acidentes", "pequenos acasos" produtores de efeitos consideráveis sobre a inflexão do destino de um indivíduo: uma palavra, uma leitura, uma conversa, um encontro, um acidente ao qual Helvétius dá o nome de "acaso".

O uso desse termo é problemático e perigoso por causa da confusão possível entre seu sentido trivial, habitual, e aquele que lhe dá Helvétius. É certo que o filósofo o definiu, regular e precisamente, como "o encadeamento dos efeitos cujas causas ignoramos", ou: "o encadeamento desconhecido das causas capazes de produzir este ou aquele efeito", e ainda: "um encadeamento de circunstâncias"; ou até: "o encadeamento diferente dos acontecimentos, das circunstâncias e das posições em que se encontram os diversos homens". Mas isso não basta, ao que parece, para que se entenda, a começar pelo autor de *Emílio*, por que a educação não consegue fabricar por demanda indivíduos formatados para o bem público.

A educação pode ser controlada, o acaso, não. Paremos, pois, de bradar o perigo de uma educação nacional autoritária passível de produzir indivíduos descerebrados. A proposição utilitarista do filósofo supõe menos uma fábrica de gênios do que uma nação plena de cidadãos felizes de estarem onde estão, capazes de construir sua felicidade pessoal e de contribuir, assim, com a sua pedra para o edifício da felicidade da coletividade.

27

***Robespierre, Napoleão e Cia...*** Helvétius poderia ter conhecido as primeiras horas da Revolução Francesa,

HELVÉTIUS

pois, em 1789, ele teria tido pouco mais de setenta e três anos... Mas sua morte em idade relativamente jovem – cinquenta e sete anos – não lhe permitiu assistir às primícias do acontecimento. Condorcet, um veterano do salão da sra. Helvétius, defendeu suas teses sobre a revolução pela instrução em textos magníficos – *Cinco memórias sobre a instrução pública* – e sua confiança no progresso da humanidade – ler ou reler *Esboço de um quadro histórico dos progressos do espírito humano*.

Nas primeiras horas da Revolução, enquanto a viúva enterra o dinheiro no jardim – ela não o recuperará... –, as filhas do filósofo são declaradas "filhas da nação". Condorcet, que se opunha à pena de morte para Luís Capeto, em oposição a esse respeito ao Comitê de Salvação Pública, se esconde. Encontram-no, suicidado, em seu esconderijo de Bourg-Egalité [Burgo-Igualdade] (outrora Bourg-la-Reine! [Burgo-a-Rainha]). Triunfo da brutalidade política contra o ideal filosófico.

Na sessão da quarta-feira, 5 de dezembro de 1793, Robespierre manda quebrar o busto de Helvétius junto com o de Mirabeau, acusados de terem sido, *post mortem*, cúmplices dos proprietários, contrarrevolucionários, inimigos de classe e oportunistas... Ele, que escreveu nas últimas páginas de *De l'homme* que "a felicidade da geração futura não está jamais ligada à infelicidade da geração presente", teria evidentemente tido dificuldade de colaborar com o pretenso Incorruptível. Nessa figura maléfica, ele teria imediatamente reconhecido o déspota tão bem retratado com vestes orientais...

Já que estamos tratando de déspotas, falemos de Bonaparte, que, mais tarde, fará uma visita à sra.

213

Helvétius no seu retiro de Auteuil. Espantado com a exiguidade do local, o corso ouvirá a seguinte resposta: "O senhor não sabe, general, a felicidade que se pode encontrar em três arpentos de terra." Lição de sabedoria para esse militar nunca saciado...

Nos salões da viúva encontravam-se filósofos que desejavam reformar os costumes e as ideias com a ajuda de uma nova legislação e de uma educação apropriada. Todos propunham a felicidade de todos e a utilidade comum. Destutt de Tracy, Cabanis, Volney, Naigeon, Saint-Lambert, Garat, Daunou, foram por algum tempo companheiros de Bonaparte antes de se recusarem a seguir Napoleão, que, a partir de então, tornou a vida deles impossível. De forma geral, a historiografia os negligencia. São chamados de Ideólogos.

Quando Barbier apresenta ao Imperador uma lista de obras fundamentais úteis para a biblioteca de um particular, Napoleão, irritado, risca o nome de Helvétius. Um homem que deixa furioso o fornecedor da guilhotina e o açougueiro dos campos de batalha do Império não pode ser de todo mau! E, se acrescentamos que os jesuítas, os padres, os idealistas, os cristãos, os kantianos, os hegelianos, os universitários, os teólogos, os historiógrafos da filosofia comungam um mesmo desprezo pelo personagem, podemos concluir pela sua excelência...

# III

# D'HOLBACH

*e "a arte de usufruir"*

1

***Um barão atrabiliário.*** D'Holbach vê o dia em 8 de dezembro de 1723 em Edesheim, no Palatinado alemão, ano em que o holandês Mandeville provoca escândalo com *A fábula das abelhas,* um livro famoso por sua apologia dos vícios privados que geram as virtudes públicas! É também o ano de nascimento de Adam Smith – mais conhecido por *A riqueza das nações* do que por sua *Teoria dos sentimentos morais* ou seus textos estéticos –, que o barão convidará para o seu famoso salão filosófico junto com outras glórias europeias do século.

Invisibilidade do pai. É seu tio que se ocupa de sua educação. Aos doze anos, o faz descobrir Paris, onde aprende francês. Mais tarde, em 1744, realiza sólidos estudos na Universidade de Leyde. O tio dispõe de uma nobreza recente adquirida sob a Regência, em 1722, graças à sua fortuna comercial pari-

OS UTILITARISTAS FRANCESES

siense. Ao morrer, em 1753, lega seus bens e sua partícula ao filósofo, então com trinta anos.

No dia 3 de fevereiro de 1750, com vinte e seis anos, o barão se casa com Basile Geneviève Suzanne d'Aine, sua parente de segundo e terceiro graus. Para esse casamento oficial e dentro das regras cristãs, ele obtém a derrogação do papa. Em 26 de junho de 1753, ei-lo pai de família. Depois viúvo no ano seguinte, em 27 de agosto de 1754. Sua mulher morre aos vinte e cinco anos, deixando-o num sofrimento que ele tenta conjurar por meio de uma longa viagem. Ele de fato parte, mas não para muito longe, nem por muito tempo, e depois volta para casa.

Dois anos depois, casa-se com a irmã da primeira mulher. Ela lhe dará duas filhas e um filho. Ela sobreviverá trinta e um anos à morte de seu marido. Cerca de cinco meses depois da morte dele em 1789, ela vende as pinturas, a biblioteca, o gabinete de história natural e se encerra num retiro que nada perturbará. Em 1820, quando é ela que morre, o fiel amigo Naigeon traz ao conhecimento do público a lista dos escritos do barão publicados sob pseudônimo durante sua vida. Sua vida filosófica começa a sair ao ar livre.

Até onde se sabe, pois a biografia de D'Holbach não abunda em detalhes, sua vida amorosa e sentimental é clássica. Em toda a sua obra, ele celebra o casamento, o contrato afetivo e amoroso entre os esposos, escreve severas linhas contra o adultério – "a invasão dos direitos de um outro que destrói a união dos esposos" –, louva os méritos da família. *Éthocratie* [Etocracia] esclarece sua posição: ele deseja que as leis proíbam os casamentos precoces, práticas para unir fortunas, mas prejudiciais para a felici-

216

dade dos indivíduos; ele aspira a uma legislação que proíba as disparidades sociais grandes demais entre as famílias dos casados; ele deseja uma rarefação do celibato, propício à libertinagem, ao vício, aos costumes depravados, mas também socialmente improdutivo; ao mesmo tempo, defende uma simplificação do divórcio, útil para desfazer as más uniões e constituir novas, mais propícias ao pleno desenvolvimento. Em outro texto, numa argumentação dedicada aos padres, ele milita a favor do casamento deles e da possibilidade de eles fundarem uma família. A Revolução Francesa se lembrará disso…

Portanto, nada nesse paragão de ateu radical trai o libertino, o debochado, como foram tantos na nobreza francesa da época. Quando, em *Système de la nature*, ele teoriza como Pierre Bayle, o ateu virtuoso, pinta um espécie de autorretrato. Somente os adversários do ateísmo e do materialismo creem que a negação de Deus torna a moral impossível: a vida e a obra do barão mostram o inverso.

Atribuem-lhe um mau caráter – sinal, geralmente, de um real caráter aos olhos de quem sofre da falta de um; dizem-no mal-humorado; destacam seus destemperos; demoram-se falando de suas cismas e de sua rudeza; falam de suas mudanças de humor; insistem na sua impaciência em jogos; notam que ele não muda facilmente de opinião –, um vício segundo os cata-ventos.

Temperamental ou homem de caráter? Depressivo ou sensível? Destemperado ou firme nas suas posições? Mau jogador ou concentrado no que está fazendo? Psicorrígido ou fiel a si próprio? Esse espírito forte, tal como se fala de um álcool forte, não tergiversa, defende suas ideias e nunca variou sobre

OS UTILITARISTAS FRANCESES

suas opções essenciais: ele é ateu, materialista, sensualista, empirista, utilitarista, não se serve de rodeios e não compõe com seus adversários. O inimigo ideal para os fanáticos e os supersticiosos de todas as Igrejas.

2

*Sinagoga e Padaria.* D'Holbach trabalha feito um mouro. É um monstro filosófico. Milhares de páginas lidas, milhares escritas, milhares traduzidas, milhares editadas. Nada de meias medidas: se ele escreve para a *Enciclopédia,* não é como o caquético abade Yvon, trucidador dos ateus em três verbetes, mas durante oito anos, para quase quatrocentos textos sobre temas exclusivamente científicos, geológicos, mineralógicos, metalúrgicos – fósseis, geleiras, mar, montanha, terremotos, minas etc.

Se ele traduz, edita e publica textos deístas, panteístas, ateus ou científicos, é também em grande escala: treze volumes de memórias e obras científicas alemãs. Entre esses livros austeros, uma *Art de la verrerie* [Arte da vidraria], um *Traité du souffre* [Tratado do enxofre], uma *Introduction à la minéralogie* [Introdução à mineralogia], uma *Pyritologie* [Piritologia]... Amigo muito íntimo de Diderot – os universitários se matam até hoje para isolar o que, na prosa do barão, compete ao filho de cuteleiro... –, eles trabalham juntos durante quinze anos nesse projeto emblemático do século das Luzes.

O salão do barão funciona como personagem conceitual: lugar filosófico e conceito em si mesmo. A fortuna do anfitrião permite um local de alto nível cultural, de lautas refeições, de vinhos finos, de café

218

de qualidade e de conversações entre os mais inteligentes da Europa. Imaginem, com efeito, num mesmo espaço, o palacete da rua Royale-Saint-Roch, Voltaire e Rousseau, Diderot e D'Alembert, Condorcet, Helvétius e Beccaria, Hume e Buffon, Adam Smith e Morellet, Grimm e Galiani, e tantos outros redatores da *Enciclopédia*. No campo, em Grandval, o filósofo também recebe.

Ainda que, na expressão tão precisa de Galiani, nesse salão D'Holbach só deseje ser o "primeiro *maître d'hôtel* da filosofia", ele foi bem mais que um anfitrião magnífico, cristalizando o que a Europa tinha, então, de mais magníficas e radicais potencialidades. Todos sabem que o barão escreve livros sob pseudônimo; ora, naquelas tardes, debatem-se os temas deles – ateísmo, materialismo, deísmo, sensualismo, empirismo etc. –, mas todos fingem ignorar o que sabem dele. Protegem-no, a prudência se impõe, a vida corre risco caso se pense fora dos caminhos demarcados pelo poder e pela Igreja católica.

D'Holbach recebe entre dez e quinze pessoas, duas vezes por semana, na rua Royale-Saint-Roch, às quintas e domingos, das catorze às dezenove ou vinte horas. O resto da semana, o barão também convida, mas em reuniões mais restritas. De manhã, trabalha, à tarde, caminha pelos campos com este ou aquele, à noite, é visto nos espetáculos – cuja imoralidade ele condena em *Éthocratie*! – ou em jantares de obrigações mundanas.

Grimm – segundo outros, Diderot – chama esse salão de a "Sinagoga". Às vezes, um faz uma exposição que todos escutam e depois comentam, outras vezes, um espetáculo de alto nível opõe dois protagonistas, mas sempre com elegância, respeitando o decoro e as regras das boas maneiras. Diderot fala de arte, de filosofia, de literatura; Raynal, de comércio nas colônias; Darcet, de geologia; Rousseau, de música; Beccaria, direito, penas e punição; Smith, economia, moral e estética.

Dever-se-ia ver, na justa oratória argumentada, nas brilhantes habilidades intelectuais, na qualidade filosófica de primeiríssima qualidade, na argumentação de tipo talmúdico, na reunião discreta do que chamaram a "cambada holbachiana", algumas das razões desse estranho apelido: a "Sinagoga"? Quem sabe...

Em contrapartida, sabe-se por que essa "Sinagoga" também é chamada de "Padaria"... Com efeito, o barão publica em 1761 *Le Christianisme dévoilé, Examen des principes et des effets de la religion chrétienne* [Exame dos princípios e dos efeitos da religião cristã], sob o pseudônimo de... Boulanger [Padeiro]. Boulanger também serve de testa de ferro de editor. Esse mesmo patronímico também denomina um escritor real, engenheiro do Departamento de Obras e enciclopedista, cujos manuscritos o barão publicou. Bons motivos para ficar enrolando na "Padaria"...

Sinagoga ou padaria, cambada holbachiana ou salão da Europa, a rua Royale-Saint-Roch magnetiza a inteligência iluminista e irradia para além da época pré-revolucionária. Pois nesses locais – salão D'Holbach, salão Helvétius – cruzam-se figuras originais que logo irão irrigar a corrente dos Ideólogos. Uma constelação de nomes – Cabanis, Destutt de Tracy, Volney, Pinel, Garat-Say... –, uma contradição na época de Bonaparte e, depois, de Napoleão – que acaba por tornar a vida deles dura –, uma prática da educação nacional e pública, um trabalho com a linguagem, uma reflexão sobre o nascimento das ideias, um sensualismo materialista ativo, são algumas das pistas deixadas por essa sensibilidade filosófica na virada do século XVIII para o século XIX.

Em companhia do marquês autor das *Memórias sobre a instrução pública*, encontramos também Cabanis no salão do barão d'Holbach, Cabanis que publicou em 1802 um *Rapport du physique et du moral de l'homme* [Relações entre o físico e o moral do homem], Volney assinando um ensaio *Sobre a faculdade de pensar*, dois textos que mostram como se pode ser um excelente discípulo integrando e depois superando os mestres, inscrevendo, como uma dívida, a obra à qual devemos a nossa na história geral das ideias.

D'Holbach morre em 21 de janeiro de 1789, exatamente quatro anos antes da decapitação de Luís XVI, às vésperas dos Estados-Gerais, com a idade de setenta anos – é enterrado na igreja Saint-Roch onde Diderot, seu amigo tão caro, o precedeu em cinco anos. D'Holbach sobreviveu intelectualmente e em parte em Condorcet e na primeira geração dos Ideólogos. Ele, que só respeitava esse tipo de imortalidade e ria daquela, fictícia, dos deícolas e cristícolas, teria gostado de durar mais e continuar servindo o bem público e a vitalidade da filosofia francesa.

## 3

*A obra do monstro.* Da massa de trabalho desenvolvida por D'Holbach, deixemos a obra científica para os epistemólogos e nos detenhamos nos textos filosóficos. Na enorme quantidade de livros impressos, podemos sem grande prejuízo isolar três tempos teóricos com sua temática própria: a desconstrução do cristianismo, a elaboração de um materialismo sensualista e ateu, a proposição de uma política eudemonista e utilitarista. O conjunto constitui o programa mais vasto de uma filosofia das Luzes digna desse nome – em outras palavras, de combate contra as superstições religiosas, filosóficas, idealistas, espiritualistas e metafísicas.

Primeiro tempo: a *desconstrução da religião* em geral e do cristianismo em particular. As hostilidades começam com *Le Christianisme dévoilé* em 1761 (antedatado de 4 de maio de 1758). Segue-se, em 1767, com a colaboração do amigo Naigeon, uma *Théologie portative, ou Dictionnaire abrégé de la religion chrétienne* [Teologia portátil, ou Dicionário resumido da religião cristã], uma espécie de catecismo apresentado de forma abecedária com ironia. Por exemplo, no verbete "Papagaios": "Animais muito úteis para a Igreja e que, sem nenhuma malícia, repetem com bastante fidelidade tudo o que quiserem lhes ensinar. *Ver Catecismo, Cristão e Educação.*" Ele volta à carga, de espada em punho, com *La Contagion sacrée, ou Histoire naturelle de superstition* [O contágio sagrado, ou História natural da superstição] em 1768, textos sobre o judaísmo, os preconceitos, a vida e os escritos de são Paulo, uma *Histoire critique de Jésus-Christ, ou Analyse raisonnée des Évangiles* [História crítica de Jesus Cristo, ou Análise comentada dos Evangelhos] em 1770, no mesmo ano um *Tableau des saints* [Quadro dos santos]. Além de uma série de salvas ininterruptas descarregadas em menos de dez anos...

Segundo tempo: a elaboração do *materialismo ateu.* A obra-mestra desse ciclo? *Système de la nature, ou Des lois du monde physique et du monde moral* [O sistema da natureza, ou Das leis do mundo físico e do mundo moral] (1770), em dois volumes de 366 e 408 páginas. Sob o nome de Mirabaud. Esse calhamaço está muito bem escrito, sem vocabulário da corporação, com definições claras, demonstrações límpidas, mas com uma construção deplorável, inúmeras repetições, palavras escritas no correr da pena ou da conversação, como em Helvétius. Parece o diário de bordo dos debates do salão da rua Royale-Saint-Roch ou das trocas com Diderot nos passeios pelo campo perto de Paris.

Um texto breve, direto, sem digressões, bem construído – duzentos e seis parágrafos breves e numerados –, portanto, provavelmente, não escrito por D'Holbach, propõe, em 1772, a síntese desse monstro filosófico que é o *Système* com o título *Le Bon Sens, ou Idées naturelles opossées aux idées surnaturelles* [O bom-senso, ou Ideias naturais opostas às ideias sobrenaturais]. Por muito tempo conhecido pelo título *Le Bon Sens du curé Meslier*, embora não haja nem menção ao padre vermelho, durante certo período esse livro foi tido como sendo de Diderot, mas ninguém mais defende essa ideia. De Naigeon? É possível.

Enfim, terceiro tempo: a *política eudemonista e utilitarista*. A obra central? O *Système social, ou Principes naturels de la morale et de la politique, avec un examen de l'influence du gouvernement sur les moeurs* [Sistema social, ou Princípios naturais da moral e da política, com um exame da influência do governo sobre os costumes] (1773), três volumes com um total de quase seiscentas páginas... Ao que podemos acrescentar a *Politique naturelle, ou Discours sur les vrais principes du gouvernement* [Política natural, ou Discurso sobre os verdadeiros princípios do governo], dois volumes, mais de quinhentas páginas... Três anos depois, D'Holbach publica *La Morale universelle, ou Les devoirs de l'homme fondés sur sa nature* [A moral universal, ou Os deveres do homem fundamentados em sua natureza] (1776), três volumes, quase mil e duzentas páginas... Para irmos mais rápido, dispomos de uma síntese intitulada *L'Éthocratie, ou Le gouvernement fondé sur la morale* [A etocracia, ou O governo fundamentado na moral] (1776), um texto breve, já que é inferior a trezentas páginas...

Eu disse monstro? Acho que sim, pois nesse período que vai de 1761 a 1776 – quinze anos apenas... – D'Holbach publica cerca de 6.500 páginas... O que não o impede, ao mesmo tempo, de traduzir o *De natura rerum* de Lucrécio (1768), publicando a obra em uma tiragem luxuosa em bom papel com grandes margens e em uma edição popular, e depois também realizar uma versão francesa do *Tratado da natureza humana* de Hobbes em 1772. Sem falar da tradução de outras obras filosóficas deístas, teístas, panteístas inglesas de ao menos uns trinta *opus*...

4

*O* **opus magnum.** Nessa torrente de escritos, um livro sobressai e concentra quase todos: o *Système de la nature*. Sucesso considerável e imediato. Prova disso, a proliferação de libelos e panfletos de autores de segunda desejosos de obter alguma fama com seu grande ressentimento. O abade Bergier, cujo patronímico subsistiu somente por causa de seu parasitismo, um escrevinhador que põe no mundo mais de quinhentas páginas, outro que ultrapassa as mil, suam para impedir o sucesso do livro. Apesar de seu alto custo, o *opus magnum* tem dez reedições sucessivas. É claro que a Assembleia do clero da França toma o poder político que, de comum acordo, e obediente, apresenta denúncia ao Parlamento, que condena a obra à fogueira, bem como *La Contagion sacrée*, *Le Christianisme dévoilé* e um livro de Woolston editado pelo barão, *Discurso sobre os milagres*.

Voltaire (esse querido Voltaire que confessa, numa carta a Saurin datada de 10 de novembro de 1770, aderir plenamente a este verso: "Se Deus não existisse, haveria que inventá-lo") redige vinte e seis páginas intituladas *Dieu, réponse au Système de la nature* [Deus, resposta ao Sistema da natureza] para fazer valer sua habitual quinquilharia deísta. Esclareçamos de passagem que os deístas também levam uma bela reprimenda no livro de D'Holbach, pois ele faz dessa posição sobre Deus uma espécie de "aborto" filosófico, já que os deístas fizeram quase todo o trabalho sem conseguir se livrar de um Deus que se tornou francamente inútil…

O velhinho de Ferney está com a faca e o queijo na mão para zombar de D'Holbach, pego em flagrante delito de professar a geração espontânea no início do *Sistema*, quando ele afirma que a fermentação da farinha gera o nascimento dos vermes e que, portanto, graças a um processo químico, passa-se da matéria inanimada à matéria viva. Trata-se, é verdade, de um erro científico, mas Deus como causa do vivo não parece muito mais esperto! De qualquer maneira, um erro científico (de D'Holbach) parece preferível a uma tolice teológica (ainda que seja de Voltaire).

## 5

*O arauto da ateologia*. Examinemos, pois, sucessivamente os três tempos que constituem os eixos dessa obra. E, para começar, a desconstrução do cristianismo. Se é Meslier quem estabelece as referências da exegese ateia, é D'Holbach quem a desenvolve de forma sistemática, dedicando obras específicas a questões precisas: Jesus, são Paulo, a religião, o cristianismo. Em vários momentos ele alfineta os "deícolas", palavra tão cara ao padre de Etrépigny.

Também aí, o monstro que D'Holbach é mobiliza um trabalho de leitura considerável dos textos bíblicos, que ele conhece melhor que a maioria das pessoas da Igreja. De passagem, ele deixa claro que os cristãos, muitas vezes, ignoram as narrativas fundadoras de sua mitologia e creem menos por dedução intelectual ou convicção conceitual do que por puro e simples hábito, tradição familiar e nacional.

O método dessa exegese é simples: ler o Antigo e o Novo Testamento assim como os *Anais* de Tácito ou a *Guerra das Gálias* de César... Nem mais, nem menos. Depois, pena na mão, razão ativada, voltando as costas para a lógica do psitacismo da Igreja, pode-se comparar, confrontar, ler um versículo à luz de outro, submeter ao fogo crítico as proposições das obras destinadas a um povo simples, quando não débil, que tem de ser convencido e convertido com a ajuda de um maravilhoso ao qual esse tipo de público é sensível.

Se, ao ler Tácito, descobre-se que num capítulo ele dá uma versão, mais adiante, outra, e em outro local uma terceira, todas elas contraditórias, tem-se motivos para concluir que suas palavras não são fiáveis. Se ele relata um fato que contraria as leis mais elementares do bom-senso e lhe dão crédito, pensa--se com razão que ele deixou de falar sério. Assim sendo, se a leitura dos Evangelhos permite descobrir múltiplas versões ou narrativas extravagantes, deve--se tirar as mesmas conclusões e afirmar que o Novo Testamento vive de aproximações maravilhosas, que ele contém contradições e fábulas em quantidade.

D'Holbach parte de um princípio simples e toma os cristãos ao pé da letra. Segundo eles, a Bíblia é um livro sagrado inspirado pelo Espírito Santo. Certo. Assim sendo, é difícil imaginar o Espírito Santo submetido à lei da pobre razão humana, tropeçando em erros factuais, ou vencido por lamentáveis argumentos humanos. Para um cristão, o Espírito Santo mantém uma relação direta com a verdade, ele ignora o erro, punição da inteligência terrestre!

Aceitemos o augúrio: por inspiração do Espírito Santo, a Bíblia exprime a verdade. Correlato obrigatório: se encontramos um erro, uma imprecisão, uma contradição, não duas, dez ou cem, mas *uma*, então o livro não procede do milagre sobrenatural, mas da redação muito trivial de homens de carne e osso. Ora, D'Holbach aponta uma quantidade incrível de erros em cada narrativa... Portanto, conclusão obrigatória, Deus não tem nada a ver com a escrita dessa história. A Bíblia provém do relato de indivíduos do mesmo calibre que Tácito, Tito Lívio ou Suetônio. Livro feito pelos homens para outros homens.

Em sua *Histoire critique de Jésus-Christ, ou Analyse raisonnée des Évangiles* (1770), D'Holbach se diverte muito e repertoria uma quantidade de erros avalizados por qualquer leitor de boa-fé. Certos versículos

227

OS UTILITARISTAS FRANCESES

invalidam outros; narrações contradizem outros relatos de uma mesma história; ele aponta "equívocos", "fábulas", "mentiras indignas", "sofismas", "alegorias", "leis ridículas", "contradições" e conclui: os Evangelhos? Um "romance oriental" ou, mais adiante, um "romance platônico"... *Ite, missa est.*

6

*As provas documentais.* Numa análise rigorosa, D'Holbach acerta as contas com todos os pilares do edifício cristão. A cada qual as devidas honras: Deus. Todas as qualidades a ele atribuídas o aniquilam. O barão redige longas páginas para examiná-las uma por uma: magnânimo e vingativo, elevado e colérico, bom e irado, justo e impiedoso, doce e guerreiro, perdoador e rancoroso etc., e prova que não se pode, sem flagrante ilogismo, ser ao mesmo tempo uma coisa e seu contrário. Deus? Uma incrível coleção de qualidades contraditórias, portanto uma impossibilidade lógica.

Jesus? Um "charlatão da Judeia", mentiroso e trapaceiro, que engana seu mundo, se faz passar por mágico, cria a ficção de um Profeta, calca sua ação sobre o que anuncia o Antigo Testamento para que o povinho, seu público, acredite que ele é a encarnação do Messias esperado. Fabulista, anuncia profecias, nenhuma das quais se realizou. A mais famosa delas? Uma morte na cruz destinada a salvar a humanidade, a expiar os pecados do mundo, a reparar o pecado original. Ora, a crucificação de fato ocorreu, mas o mal ainda circula pelo planeta...

A revelação? Todas as religiões se dizem reveladas, todas pretendem provir diretamente de Deus e de sua palavra autorizada. Nenhuma escapa à regra. Os milagres? Eles abundam nos relatos da Antiguidade. Mas como crer que haja algo na natureza que escape às leis da natureza? Tudo o que acontece só pode se realizar conforme a sua ordem. O sobrenatural supõe uma extrapolação intelectual destituída de fundamento. A transubstanciação? Uma banal "idolatria do pão" – Meslier ronda... Os sacramentos? "Cerimônias pueris e ridículas."

Fiel à sua leitura racionalista, ao procedimento anunciado no subtítulo de uma "análise comentada", D'Holbach confronta a narrativa do famoso "romance oriental" com as narrativas orientais incluídas na literatura não sagrada. Ou seja, ele vai buscar as fontes pagãs da religião cristã, as reciclagens católicas de práticas oriundas das religiões antigas. O método comparatista faz estragos e rebaixa a religião cristã à categoria de crença entre centenas de outras desde que o mundo é mundo. O cristianismo? Uma religião entre múltiplas...

A água benta? Uma mudança de nome para a velha água lustral. O batismo? Uma prática tomada do culto de mitra tauróctono. A ressurreição? Uma ideia babilônica. O purgatório? Uma fantasia de Platão, ler e reler *Fédon*. A eucaristia? Uma teurgia oriental. Os anjos? O Diabo? A encarnação? Antigas mitologias vindas do Oriente. Conclusão: o cristianismo é um assunto humano; ele obedece às mesmas leis que *todas* as religiões; procede da história dos homens e não do querer de Deus.

## 7

**Genealogia de Deus.** De onde vem Deus? E as religiões? D'Holbach propõe uma genealogia clara. Os homens os inventam porque não querem morrer: não lhes convém a ideia de ter de desaparecer completamente do planeta, reciclados numa outra disposição de matéria no grande todo da natureza. Por denegação dessa evidência existencial, os humanos inventam para si uma parte imortal, a alma, dotada das mesmas qualidades que o tal Deus: imortal, eterna, incorruptível, imaterial, ela faz a ligação com o mundo sobrenatural e garante uma sobrevivência possível para toda a eternidade. A religião se apropria das condições de possibilidade dessa eternidade fornecendo-lhe um modo de uso que garante ao clero plenos poderes sobre os homens assim circunscritos.

D'Holbach expõe uma segunda genealogia de Deus. Além da *denegação da morte*, aponta também a *denegação da insciência*: os homens não aceitam não saber, não suportam uma pergunta sem resposta e preferem uma solução falsa a uma pergunta em suspenso. O orgulho do crente se satisfaz com uma fábula religiosa: para qualquer questão filosófica formulada (De onde vem o mundo? Para onde ele vai? Quem somos? Qual é o nosso destino? Quais são as lógicas da realidade? De onde vem a matéria? O mundo foi criado ou existe desde sempre? Que fazer com a própria existência? Etc.), o deícola responde sempre a mesma coisa: desejo de Deus, poder de Deus, vontade de Deus, projeto de Deus, caminho de Deus, mistério de Deus, potência de Deus. A ignorância da natureza e de suas leis produz Deus.

O barão mostra claramente que a religião vê o dia quando, em nome de Deus, inventam-se leis capazes de conduzir todos à sua salvação, ou seja, à vida eterna. O inferno, o purgatório, o paraíso funcionam como ameaças ou recompensas infligidas ou distribuídas pelos eclesiásticos em consideração da obediência, não a Deus, mas ao clero, que eles invocam afirmando serem os depositários da palavra, dos desígnios e da lei divina.

É assim que se passa das denegações da morte e da insciência a Deus, que de Deus se chega à religião, e, depois, é dessa maneira que se realiza o deslizamento da religião para a política, para a monarquia e, muitas vezes, para o despotismo e para a tirania. A teologia, pura ciência de palavras, funciona como auxiliar do poder temporal. Entende-se por que, para assegurar seu poder, ela luta com unhas e dentes contra a razão dos filósofos, que visam não a submissão do povo, mas a sua felicidade.

## 8

***Uma máquina de guerra anticristã.*** D'Holbach azeita a sua máquina de guerra anticristã ocupando-se também da história dos primeiros tempos da Igreja. Como essa pequena seita, como tantas que existiam naquela época, se transforma numa religião universal? De que maneira aquele "charlatão da Judeia" conseguiu dominar um imenso império? E durante tanto tempo?

A Igreja dá sua versão oficial, que serve até hoje! Os tempos estavam prontos para a chegada do Messias; ele chegou, se instalou e a transição com o paganismo se deu suavemente, naturalmente. D'Holbach mostra o inverso: a violência, a brutalidade, as perseguições cristãs foram necessárias, mas, antes disso, foi preciso a conversão cínica e oportunista de Constantino, e ainda, antes disso, a loucura furiosa do primeiro cristão brutal: Paulo de Tarso.

O filósofo capta bem a natureza de Paulo – um "possesso" – e lhe dedica uma obra em 1770, *Examen critique de la vie et des écrtis de saint Paul* [Exame crítico da vida e dos escritos de são Paulo]. Bate na mesma tecla com uma *Dissertation sur saint Pierre* [Dissertação sobre são Pedro], sempre com o pseudônimo de Boulanger. A paixão do décimo terceiro apóstolo por espalhar a palavra de Cristo, somada à conversão do imperador Constantino aos princípios dessa pequena religião sectária, o trabalho dos vários concílios, sobretudo o de Niceia, para estabelecer um *corpus* ideológico e fixar politicamente o cristianismo, tudo isso completado por sua aliança com o poder temporal e com a totalidade dos poderes de Estado, eis a explicação do devir planetário dessa seita. Uma religião é uma seita que deu certo.

Contra a hipótese de um Espírito Santo que seguraria a pena dos diversos autores dos textos ditos sagrados, D'Holbach emite uma hipótese cheia de potencialidades para qualquer pesquisa histórica futura sobre o tema: ele afirma a existência de uma "fraude pia" organizada pelo poder para extrair, do *corpus* das dezenas de evangelhos, os quatro que constituem uma imagem definitiva da Igreja católica apostólica romana. Um Espírito Santo? Não, homens, humanos, muito humanos, demasiado humanos.

## 9

*O comércio da culpa.* O funcionamento do cristianismo supõe a obediência, a submissão, a docilidade: ele não tolera seus antípodas, a saber, a filosofia, a reflexão e a análise. Ora, quando pomos para funcionar as armas tradicionais do pensamento, descobrimos que essa religião propõe objetivos inatingíveis, realmente inumanos, francamente associais. De fato: como perdoar os que nos ofendem? Quem pode amar seus inimigos? Deve-se detestar a carne e odiar os desejos a tal ponto?

Muito estranhamente, essa religião condena o suicídio, proíbe dispor da própria vida sob pretexto de que ela pertence a Deus, o único a poder dispor dela, mas, ao mesmo tempo, ela convida a "um suicídio lento", nos detalhes da vida cotidiana, pela renúncia às pequenas alegrias da existência, aquelas que cada um pode ter sem prejudicar nem a si nem aos outros. Se Deus existisse, como poderia ele ter prazer nessa automutilação radical e permanente? Que seria uma divindade que dotasse os homens do poder de gozar, mas o proibisse formalmente?

D'Holbach também ataca a religião cristã demonstrando que algumas de suas práticas têm por única função garantir a dominação da consciência dos homens, portanto a dominação de seu corpo e de sua vida. É o caso da confissão auricular, que, sob pretexto de ouvir as faltas, os pecados e as vilanias de cada um para absolvê-los por um mecanismo simples de contrição mecânica – duas ou três preces bastam e um eventual arrependimento sincero... –, possibilita que o padre disponha de informações úteis sobre o pecador assim desnudado.

OS UTILITARISTAS FRANCESES

O mesmo pode ser dito da extrema-unção, sacramento que permite, à beira da morte, acertar-se consigo mesmo para merecer o céu. Também é possível, acenando com as penas eternas do inferno, extorquir alguma moeda sonante e estrebuchante em troca de indulgências, que são uma espécie de seguro de vida para a eternidade. Mesma observação no tocante ao purgatório, local de hesitação entre o paraíso e o inferno, hesitação capaz de conjuração ou de desaparecimento com orações e missas de ação de graças. Pagas.

Portanto, a religião se apoia no medo da morte, explora o terror, o medo do além, ela gera culpa criando, sem erro, uma angústia ante a perpétua distância entre o que se faz e o que se deveria fazer, entre a lei cristã e a vida cotidiana. A impossibilidade de ter uma prática plenamente cristã, visto que essa ética se situa muito acima dos meios de que os humanos dispõem, gera um estado de espírito culpado, útil para que o clero governe os homens, junto com os reis e os príncipes.

10

***Maria mulher da vida.*** A Igreja mostra uma Maria virgem que dá à luz graças ao Espírito Santo, sem a ajuda de um genitor, apesar de seu marido José. O filósofo, por sua vez, faz uma leitura muito imanente dessa ficção e afirma que, na ausência de seu marido, a visita não de um anjo, mas de um provável jovem rapaz, um soldado de passagem talvez, é a causa de sua maternidade. Com efeito, qual a necessidade, para um nascimento excepcional, de que a gravidez dure nove meses, ou seja, o tempo normal para o

termo de uma moça seduzida por um desconhecido? Para salvar as aparências e dissimular um banal
adultério, a invenção de um anjo e de uma concepção aspérmica recorre à fábula e ao maravilhoso.

Essa criança normal, de carne e osso, se toma mais
tarde pelo Messias. Toda a sua história é vivida para
dar a impressão de que ele é mesmo aquele que se
esperava. Assim, o futuro de Jesus está escrito no
passado dos textos veterotestamentários, pois o presente de Cristo tem de revelar a realização da profe-
cia. Espertos, Jesus e seus próximos elaboram um
plano levando em conta as Escrituras e depois se
empenham para fazer crer que a existência de Cristo, seus atos, seus feitos e gestos, suas palavras realizam a Lei.

Todos os episódios biográficos da vida de Jesus
não dependem do princípio messiânico e sim da tra-
paça. O falso Messias transfigura cenas triviais em
momentos de seu projeto pretensamente divino. É
o caso do famoso episódio de um Jesus expulsando
os mercadores do templo: a fim de restaurar a pureza do local maculado pelo comércio e devolver a
dignidade ao recinto sagrado conspurcado pelo negócio, diz a versão oficial da Igreja. De jeito nenhum,
recrimina o barão: a finalidade era criar desordem e
tirar proveito do banzé para embolsar, de passagem,
algum dinheiro útil para subvencionar a comunidade dos apóstolos – não dá para multiplicar os pães e
os peixes todos os dias!

Portanto, ao trabalho exegético do filósofo soma-
-se uma dessacralização do maravilhoso. D'Holbach
destrói as fábulas, abate os mitos, faz justiça com as
histórias abracadabrantes e propõe, em troca, sua
leitura racional. Ele pratica o famoso "bom-senso"

tantas vezes solicitado para dissipar a fumaça produzida pela alegoria. A vida de Jesus é um tecido de inépcias. O uso correto de sua razão, num espírito herdado de Descartes, basta para desmontar as engrenagens desse "romance" escrito para autorreferir os miseráveis da época, os excluídos, os despossuídos, sempre mais sensíveis que o filósofo aos discursos feéricos e ao pensamento mágico.

## 11

*Contra a pulsão de morte cristã.* Para terminar a desconstrução dessa religião, D'Holbach sublinha seu caráter associal, quando não antissocial. Nos primeiros tempos do cristianismo, o discurso severo convida a renunciar a todos os bens deste mundo, a recusar o corpo, a se afastar da realidade, a fugir do mundo aqui de baixo para ganhar o além. Ora, não se pode construir uma civilização sobre esse holocausto do mundo. A tentação do deserto pode até servir para os monges que a isso se destinam, mas *quid* dos cristãos construtores do Império? Os Padres da Igreja esforçam-se para tornar compatível essa ascese radical com a prática do mundo.

Mas, no momento em que D'Holbach publica seu *Système de la nature*, ainda restam fortes traços desses elogios da renúncia ao mundo sempre prejudiciais para a saúde de uma sociedade, para o dinamismo de uma demografia, para a excelência de uma política, para a prosperidade econômica e comercial de uma nação – em outras palavras: para a felicidade de um país. Uma religião que louva os méritos desse perpétuo "suicídio lento" não dá em coisa muito boa para o Estado.

Naturalmente, o homem se dirige para a sua felicidade; ora, culturalmente, a religião o convida para o contrário. Essa torção existencial produz um descontentamento profundo. Queremos satisfazer nossos desejos, e a Igreja nos prega as macerações, a dor salvadora, os sofrimentos que redimem. A prece ajoelha, ela transforma o homem em sujeito submetido que solicita a benevolência, ela o transfigura em lamentável títere.

Vejamos o *jejum*: ele debilita as forças vivas de um país, ele emascula e cansa os trabalhadores que têm de poder dispor de todos os seus recursos e de todas as suas forças para ativar a máquina social, trabalhar nos campos ou nas manufaturas. Como pensar a prosperidade de uma nação se as forças vivas que a constituem têm fome?

O mesmo pode ser dito da *caridade*: ela impede a justiça. Essa virtude cristã avaliza a ordem social: os pobres de um lado, os ricos do outro. A ordem social é Deus quem quer, pois tudo provém d'Ele, afirma são Paulo. De tempos em tempos, para expiar um pouco ou ganhar um pedaço de paraíso, o rico dá ao pobre, mas isso quando está nas nuvens e conforme lhe aprouver. Quanto à justiça, ela exige que cada um receba o que lhe é devido. E a sociedade deve muito aos pobres.

Idem para a *esperança*: ao reportar para o amanhã uma ordem justa que nunca chega, ao remeter para um além fictício a hipótese de uma existência feliz e tranquila, impede-se o reino da justiça dos homens neste mundo aqui de baixo. Proíbe-se qualquer reivindicação social, impede-se qualquer progresso político, avaliza-se o estado de coisas. Os além-mundos sorridentes vendidos pelos padres matam a possibilidade de um mundo feliz aqui e agora.

Uma palavra também sobre a moral sexual, e mais particularmente sobre a *virgindade*, a promoção da *continência* ou do *celibato*, propostas que, em caso de observância ao pé da letra, reduziriam a presença humana e depois eliminariam totalmente os seres vivos da superfície da Terra. Ora, uma demografia que permita a renovação das forças vivas de um país é necessária para que exista uma prosperidade econômica, condição necessária para realizar a felicidade dos povos.

Em seguida, prosseguindo, D'Holbach ataca a moral cristã da *não violência*, que obriga a amar os inimigos, a perdoar os outros, a oferecer a outra face, que proíbe o ofício das armas, tornando precária qualquer soberania nacional. Sem soldados, sem polícia, sem exército, era o que Helvétius também pensava, fica-se à disposição do mais violento, do mais brutal. Rapidamente, a lei da selva triunfa. A nação que adota esse princípio é logo devorada e depois digerida...

Para terminar, a crítica cristã do *dinheiro*, o elogio da pobreza e do despojamento, o convite para se desfazer de todos os bens, é de fato uma ética praticável pelos que ouvem Jesus, destituídos de tudo e a quem se prega a excelência de seu estado de miséria! Mas, uma vez mais, se a máxima fosse universalizada e todos renunciassem a ter, o que aconteceria? Retorno ao estado de natureza, em que todos acabam vivendo como animais...

Todas essas proposições são socialmente contraprodutivas. Elas generalizam a pauperização, enquanto os nobres, a corte, o rei e seus próximos, assim como o clero, a começar pelos monges, zombam dessas lições cristãs dadas ao outro e vivem no luxo, na devassidão, nos gastos suntuosos. Dois pesos e duas medidas: uma moral ascética para a maioria dos súditos submissos e um imoralismo cínico para os pregadores de virtudes cristãs, eis a explicação do estado de miséria da época.

Para resolver esse problema, a solução parece simples: a *ignorância* das leis da natureza é causa da invenção de Deus e depois da religião, particularmente sob sua forma católica; logo, o *conhecimento* das leis da natureza produzirá a destruição de Deus e, portanto, da religião, inclusive da sua forma cristã. A desconstrução do cristianismo, primeiro tempo do edifício holbachiano, vê-se acrescida de um segundo tempo, a saber, a elaboração do materialismo ateu.

12

**Verdade do materialismo.** O *Système de la nature* propõe a exposição mais completa da teoria materialista no século XVIII. Da constituição da matéria ao movimento dos planetas, do infinitamente pequeno ao infinitamente grande, do "nisus" ativo nos cristais ao colapso dos terremotos, passando pela necessidade que governa o mundo, pela negação do livre-arbítrio e suas consequências, todos os desenvolvimentos do "sistema fatalista" nele se encontram. Inclusive eventuais contradições, até mesmo as aporias de semelhante proposição.

Proposição básica: só existe a natureza, não existe nada além dela, e ela é material. Excluída, portanto, qualquer possibilidade sobrenatural de um além da natureza. D'Holbach não retoma o atomismo mecanicista epicurista, não há nenhum clinâmen nele, nenhuma teoria poética da organização de partículas, mas uma qualidade energética: o movimento da matéria está nela mesma, seu tropismo natural consiste em perseverar em seu ser. Para significar essa potência de ser no ser, o filósofo recorre ao conceito de "nisus".

Em *Investigações sobre o entendimento humano*, de Hume, esse termo caracteriza o esforço muscular de que temos consciência. A etimologia remete à "ação de se apoiar", ao "movimento feito com esforço". Essa energia não pode ser conhecida ou concebida, pode apenas ser constatada. D'Holbach confere ao conceito sua acepção materialista. No *Système de la nature* (I, cap. 2) o "nisus" se define pelos "esforços contínuos que fazem uns sobre os outros corpos, que parecem, por outro lado, desfrutar do repouso". Um tipo de movimento browniano invisível, gerador do ser da matéria.

Portanto, esse *nisus* possibilita o ser da matéria, sua evolução, seus movimentos, suas formas, suas mudanças, suas disposições, suas combinações. O ser do mineral, o do vegetal, do animal ou do humano são todos percorridos por essa força que causa a homeostase da natureza: ser e perseverar no seu ser. Portanto, a causa do que é não está em outro lugar, fora, menos ainda no sobrenatural de uma causa incausada, Deus, mas dentro, no próprio coração da matéria. A metafísica e a teologia dão lugar à física e às ciências experimentais.

A matéria existe desde sempre, ela nunca foi criada, ela é eterna, imortal e em perpétuo movimento. Assim sendo, como tal, ela está no tempo, mas sua essência permanece inacessível. Em contrapartida, sua organização, suas formas estão sujeitas a modificações. A matéria vive, suas organizações morrem. Essa lei vale, evidentemente, para os homens também, pois eles não são o topo ou o coroamento da natureza, e sim fragmentos dela. A leitura do mundo realizada por D'Holbach é radicalmente imanente, ela conjura qualquer transcendência.

O monismo materialista defende, portanto, uma única matéria diversamente modificada. A alma existe, é claro, mas não como os platônicos e os cristãos acreditam, como substância imaterial, imortal, incorpórea, eterna. No contrapé dos "romances metafísicos de Leibniz, de Descartes, de Malebranche", o autor do *Système de la nature* chama de "alma" uma parte do corpo. A prova disso é que todas as afecções da carne afetam a alma, como a embriaguez, a febre, a doença...

D'Holbach concede ao cérebro um papel capital: "essa víscera é a verdadeira sede do sentimento". A partir dos efeitos inexplicados produzidos pelo encéfalo (as ideias, o pensamento, o conceito, a reflexão etc.), alguns deduzem uma alma imaterial, um espírito inapreensível. A ignorância da causalidade neuronal explica a criação de uma alma autônoma de antimatéria. Na ignorância em que se encontra a ciência da época sobre os mecanismos do homem neuronal, D'Holbach não poderia se exprimir mais e melhor.

Eis o que diz o filósofo: o cérebro, víscera, é o lugar das sensações e das percepções organizadas, logo, do pensamento; o tato, o paladar, o olfato, a visão, a audição, a reflexão, a memória, a imaginação, o juízo, a vontade, são essas as suas modificações; ele é exclusivamente matéria; nele, a natureza da organização determina o humano ou o animal, a inteligência ou a tolice; exercer em maior ou em menor medida sua reflexão determina o tamanho do órgão. Nenhuma ideia inata, é evidente, como é que se poderia encontrar no cérebro uma coisa pre-existente a qualquer informação vinda de fora?

## 13

*Desejo de usufruir, necessidade de se conservar.* Puros fragmentos da natureza, os homens obedecem às leis que regulam o grande todo. Primeira delas: todo homem quer o prazer e busca fugir do desprazer; o que o conduz? A satisfação de suas vontades, o inte-resse. Segunda lei: tudo o que é, portanto os ho-mens também, tende a perseverar em seu ser; o úni-co movimento consiste em prorrogar seu ser e em durar. Assim sendo, cada qual resiste ao que ataca e põe em perigo sua existência. Desejo de usufruir, necessidade de se conservar, são esses os princípios da máquina humana.

Temos, então, as leis da natureza como material útil para fundar uma moral. Não há nenhuma ne-cessidade de fundações teológicas e de muros reli-giosos para construir um edifício moral. As fábulas cristãs supõem um corpo separado de uma alma, duas substâncias irredutíveis, a existência de um mundo sobrenatural, leis promulgadas por Deus; a moral natural, por seu lado, compõe com um corpo material, um monismo energético, um real redutí-vel ao sensível, leis imanentes provenientes da obser-vação psicológica, sociológica e antropológica.

O *nisus* obriga a uma lógica: tudo procede de uma causa, nenhuma manifestação, na condição de efei-to, acontece sem uma razão que a inteligência possa

D'HOLBACH

isolar, apreender e compreender. A necessidade reina integralmente. O livre-arbítrio é uma ilusão, uma ficção. O determinismo triunfa. Uma perpétua mudança, uma nova organização, e isso continuamente, acarretam o movimento do mundo e dos fatos singulares.

O que somos depende de um *temperamento* explicado pela genética, pelos pais, pela vida intrauterina, por uma educação, aprendizagens, pela alimentação, pelo ar, pelo clima, por influências diversas, pelos educadores. Todos procedemos de construções afetivas, sensíveis, mentais, intelectuais, conceituais, estruturais. No universo, tudo está ligado: um pequeno movimento aqui gera, ali, uma imensa catástrofe. O mundo existe como resultante permanente de causalidades, algumas das quais conhecemos e cuja maioria ignoramos.

Na natureza, não existem nem a ordem nem a desordem. Tudo deve ocorrer. O que advém não pode não advir. O homem acredita ser livre para agir conforme a sua vontade, pensar o que quer, fazer o que bem lhe parece, mas não é assim: seu pensamento e sua ação decorrem de causas anteriores que desembocam em tal tipo de ideia ou tal ação e não em outra. "Nós agimos necessariamente." O encadeamento de todas as coisas na natureza abrange o homem, sua vida e sua obra. D'Holbach chama essa visão trágica do mundo de "o sistema fatalista".

14

**Uma teoria dos motivos.** Se nós não escolhemos, como é que as coisas se dão? Em virtude de uma teoria chamada teoria dos *motivos*. Ao cérebro do

OS UTILITARISTAS FRANCESES

sujeito afluem vários deles na forma de sugestões de pensamentos ou de ações contraditórias: fazer isto, aquilo, ou outra coisa, pensar isto, aquilo ou outra coisa. *A priori*, todas essas proposições parecem equivalentes. Em virtude das leis da natureza, o motivo com condições de produzir a maior satisfação ou de acarretar a menor insatisfação, aquele que proporciona mais prazer ou menos desprazer, torna-se preponderante e determina o pensamento ou a ação. Os outros motivos desaparecem... Quando dois motivos equivalentes se opõem em forças semelhantes e em impulsos equipotentes, estamos na posição do indivíduo que delibera antes de decidir. No fim da contenda, um dos motivos prevalece. Duvidar é experimentar em si o trabalho dos motivos.

Para poder ser livre, seria preciso poder escolher sem motivo. Coisa inconcebível na configuração materialista do barão. O desejo está por toda parte, ele nos quer, não se pode ir contra a sua força, nem lutar contra a sua potência. Ninguém é amo de si, pois ele é nosso amo. A necessidade, o determinismo, o fatalismo, são três modos de nomear a lei natural da qual ninguém escapa.

D'Holbach confessa ignorar os detalhes do mecanismo da necessidade. As causalidades reinam, é certo, mas quais? Quando? Por quê? Ainda não se sabe. Aliás, sabe-se muito pouco. Por que o asceta virtuoso e o libertino homicida? O que justifica um Barão moralizador e um Marquês sádico? O *Système de la nature* expõe "pequenas causas" também chamadas: "átomos", "causas insensíveis", "circunstâncias fugidias", "móveis precários" e outras microcausalidades produtoras de efeitos consideráveis.

D'HOLBACH

Mais vale, porém, confessar sua ignorância, com toda a humildade materialista, do que propor explicações mágicas produzidas pelo orgulho dos crentes. A loucura do louco não é vontade de Deus, impenetrável e certa, mas uma perturbação do cérebro, um desarranjo dos humores, um acidente na matéria. Quais? Nos avanços até então feitos pela ciência, nenhuma conclusão é possível, mas o reconhecimento de limites para a razão é melhor que o desarrazoado.

D'Holbach sabe que o livre-arbítrio é uma invenção cristã destinada a tornar o homem responsável e, portanto, obrigado a responder por todas as suas ações, tanto pelo bem como pelo mal. Não lhe escapa que, dotado de liberdade, cada um tem de prestar contas a quem pedir de por que preferiu o vício à virtude, o crime à amabilidade. Justifica-se assim uma pena terrestre ou celeste, um aprisionamento, uma cabeça cortada, uma vida eterna ou uma danação até o fim dos tempos. Portanto, o sistema *fatalista* (materialista) contradiz radicalmente a doutrina (cristã) da *responsabilidade*.

Apesar disso, em *Système de la nature*, mas também nas obras políticas, como a *Éthocratie*, pode-se ler uma defesa da punição, um elogio da pena, uma justificação do princípio da decisão de justiça, e até a aprovação filosófica da pena de morte... Ninguém escolhe ser vítima ou carrasco, ninguém quis o vício em vez da virtude, todos obedecem às leis da natureza e à necessidade que faz de cada um santo ou criminoso, a virtude holbachiana e o vício sadiano procedem de um jogo cego de motivos, de causalidades sombrias que não incluem a ficção do livre-arbítrio, e, mesmo assim, D'Holbach justifica a execução de um homem?...

## 15

*Consequencialismo e utilitarismo.* D'Holbach transpõe as leis da natureza válidas para o homem para a totalidade da sociedade. Assim, passa-se imperceptivelmente da ética para a política: a política e a ética não são dois mundos separados, mas dois modos diferentes de se ocupar de um mesmo mundo. A lei que quer que perseveremos em nosso ser e que visemos o máximo de satisfações possíveis aplica-se, por certo, ao indivíduo, mas também à sociedade, que busca igualmente durar de forma eudemonista.

Ora, o bem-estar da maioria é superior ao bem-estar de um só. Essa é uma regra política que permite resolver o problema do bem e do mal tanto no terreno do particular quanto no do universal. Essas duas instâncias não existem na qualidade de ídolos maiúsculos, no absoluto de um céu platônico das ideias. Deus não estabelece os valores decidindo de uma vez por todas, de forma arbitrária, que uma coisa é boa e a outra, não. Um exemplo.

A sexualidade? Uma coisa ruim em si, dizem os cristãos. D'Holbach retorque: não, em si não, mas relativamente à situação. A sexualidade de quem com quem? Quando? Por quê? Segundo que projetos? Em virtude de que contratos? Respondamos primeiro a essa série de perguntas e depois decidamos sobre o coeficiente ético. D'Holbach estabelece as bases do consequencialismo: bem e mal, belo e feio, vício e virtude, justo e injusto não podem ser ditos de maneira absoluta, apenas relativamente ao contexto, em particular às consequências induzidas em termos de *utilidade* individual ou coletiva. É útil o que possibilita o ser, a duração e a satisfação de ser.

Voltemos, pois, à questão da pena de morte. Um criminoso obedece aos motivos que o determinam ao crime; ele está submetido à necessidade; causas múltiplas o levam a cometer, um dia, o gesto homicida – pais perversos, uma época brutal, uma educação falha, uma infância infeliz, uma fisiologia débil e outras "pequenas causas" teoricamente indicadas pelo filósofo.

Assim sendo, poder-se-ia concluir pela responsabilidade de um pai, de uma mãe, de um educador, de um professor, de um ator social importante – um padre, um coletor de impostos reais, um príncipe, um rei etc. –, e, em seguida, punir essa raça desgraçada. O criminoso, joguete dos "móveis precários" ou das "circunstâncias fugidias", não deveria ser submetido ao machado do carrasco. Em contrapartida, a coorte das pessoas que poderia ter evitado essa série de causalidades que culminaram num efeito nocivo deveria prestar contas ao carrasco. Contudo, D'Holbach legitima a pena de morte para o criminoso...

Em virtude de quais critérios? Da *utilidade social*. A recompensa e a pena devem existir numa sociedade para indicar publicamente que se é grato ao servidor da Nação, da Pátria, de seu país e que, simultaneamente, recrimina-se o outro por seu roubo, seus delitos, seu crime, suas vilanias nocivas ao ser e à duração do social bem como à sua felicidade. O primeiro contribui com suas ações altruístas para a perenidade e a excelência da sociedade; o segundo, com seus delitos, destrói o edifício comunitário.

## 16

*Contra a pena de morte, exceto...* Assim, em *Éthocratie,* D'Holbach propõe uma doutrina das penas bastante brutal. É certo que, como amigo e interlocutor de Beccaria – autor em 1764 do excelente tratado *Dos delitos e das penas* –, o barão recusa a tortura – ao contrário de Diderot... –, ele recusa *teoricamente* os tratamentos desumanos e degradantes, proíbe o sofrimento e a brutalidade dos castigos, mas não hesita em se contradizer algumas linhas mais adiante...

Defende, pois, o princípio dos trabalhos forçados, penosos e perigosos. Por que se privar da potencial utilidade social do delinquente condenando-o à prisão perpétua? Não há nenhuma necessidade de sustentar o desocupado entre quatro muros – a detenção custa caro para a coletividade... – quando se poderia recrutá-lo para ocupar os postos mais expostos e mais perigosos num canteiro de obras em que se constroem estradas, abrem-se canais, tornam-se trechos d'água navegáveis, ali mesmo onde, generoso e magnânimo, o barão recruta os pobres, reais desocupados e, portanto, delinquentes em potencial...

Melhor ainda, ou pior, D'Holbach muda de registro e, numa quase invisível nota de pé de página do capítulo doze da mesma *Éthocratie,* varia as possibilidades espetaculares do suplício: regicidas, parricidas, envenenadores poderiam sofrer publicamente esmagamento sob um bloco de pedra, estrangulamento seguido de decepamento em regra etc. Pode--se imaginar a rispidez das discussões com Beccaria, que frequentava seu salão...

Para moderar um pouco a brutalidade da posição do filósofo sobre esse tema, detenhamo-nos na leitura de *uma* frase do *Système de la nature* (I, cap. 12). Ela mereceria um desenvolvimento mais amplo, pois, no meio das seiscentas páginas, corre o risco de passar despercebida... Com ela, ele indica que uma sociedade tem o direito de punir *se e somente se* ela fez tudo o que estava em seu poder para impedir ou modificar os motivos que conduzem habitualmente um indivíduo ao vício.

Singeleza? Ingenuidade? Candura? O barão bem poderia desconfiar que, independentemente do grau de perfeição de uma sociedade, ela não pode ter feito o máximo da *prevenção* que justificasse e legitimasse semelhante *repressão*... Justificar a pena de morte faz o diabo do livre-arbítrio entrar pela janela quando o filósofo acreditava tê-lo posto da porta para fora... O machado do carrasco se apoia num tipo de clinâmen muito pouco presente no espírito iluminista!

## 17

**Um clinâmen providencial.** De fato, a afirmação metafísica de que a necessidade rege a conduta do mundo, de que o determinismo faz a lci, dc que os homens não dispõem de um livre-arbítrio, de que suas ações procedem de motivos que os transformam em marionetes da fatalidade e, *ao mesmo tempo,* de que os homens podem ser recompensados ou punidos por atos que escapam à sua vontade, simplesmente porque esses atos fortalecem ou fragilizam o edifício social, é um estranho paradoxo. Esse argumento da utilidade constitui um estranho clinâmen providencial!

O barão, que não é bobo, prevê o ataque e faz a sua alegação, que, no entanto, parece bem fraca.

Leiamos: "Embora eu não ignore que é da essência do fogo queimar, não me considero dispensado de envidar todos os meus esforços para deter um incêndio." Ou seja: tudo é necessário, até mesmo o desejo de tornar menos necessário o necessário. Ou então: o determinismo comanda tudo, inclusive lutar contra o determinismo. O argumento convence?

É sempre equivocado pensar por analogia e evocar um incêndio quando um exemplo bem mais preciso conviria melhor – um homicídio extraído da crônica real dos fatos cotidianos, por exemplo. Pois, examinemos essa alegoria, ela supõe um fogo (metafórico) e um bombeiro (filosófico), um fenômeno (físico) e um juízo (metafísico), ou seja, a cada vez duas instâncias francamente heterogêneas! Ao passo que o criminoso e seu juiz pertencem a um mesmo mundo – instâncias homogêneas... – e ligam-se a uma submissão parecida, a uma mesma necessidade cega e desconectada de toda moral.

D'Holbach peca ali onde todos os filósofos afirmadores dos plenos poderes da necessidade tropeçam – entre tantos outros, os estoicos, Espinosa, mais tarde Schopenhauer, grande reciclador da teoria dos motivos, Nietzsche, consumador de Schopenhauer etc... –: como, se não disponho do livre-arbítrio, ser estoico em vez de espinosista, schopenhaueriano e não nietzschiano? Se não tenho escolha, como posso me tornar adepto de um e não do outro? Para voltar a D'Holbach: se estou totalmente submetido ao reino da necessidade, como vou proceder para, tomando um exemplo ao acaso, cessar de ser cristão se tenho fé...

Assim, lemos no mesmo *Système de la nature*: a vida dos homens é "uma longa sequência de movimentos necessários" (I, cap. 6), e mais adiante: "Cada qual pode fazer para si um temperamento" (I, cap. 9). Então: não somos livres para sermos diferentes do que somos, *e* somos livres para nos fazermos diferentes? Para evitar o habitual enclausuramento induzido pela radicalidade de uma posição metafísica puramente determinista, D'Holbach reintroduz seu clinâmen, um puro postulado da razão prática que podemos traduzir assim: somos totalmente determinados, exceto no que escapa ao determinismo. Qual seja?

Hábil, o barão fornece o modo de usar esse temperamento que cada um pode fazer para si. Basta agir sobre as causas. *Grosso modo*, intervir sobre os motivos que, por isso, deixam de ser todo-poderosos. Pois quem pode obstar a potência de um motivo, senão um motivo maior ainda? Certo, mas vindo de onde? De uma inteligência, de uma razão, de uma faculdade cognitiva que, *de fato*, torna-se mais poderosa que o primeiro dos motivos. D'Holbach postula a força de uma razão bem conduzida à guisa de motivo capaz de invalidar os outros motivos. Em outras palavras: a razão age como antídoto contra o determinismo, que cessa, então, de ser tão radical quanto centenas de fórmulas fazem crer na obra completa. Mas por que ele não o exprimiu claramente numa única fórmula em mais de seis mil páginas? Tal precaução, na falta de desenvolvimentos mais precisos, teria permitido superar a contradição e desfazer a aporia.

Agir sobre as causas supõe conhecer a natureza e "corrigi-la" – a palavra é do barão. Os motivos agem, portanto, mas é possível agir sobre os motivos. Boa notícia, pois, caso contrário, nenhuma filosofia seria possível já que toda filosofia propõe sempre um dever ser como remédio para o ser. O ser idealista,

251

espiritualista, cristão, deísta, mas também o ser monárquico, temos aí uma quantidade de motivos passíveis de correção. Determinismo, sim, fatalismo, com certeza, necessidade, claro, mas o materialismo utilitarista, o eudemonismo social e o ateísmo virtuoso fornecem novos motivos!

### 18

***Modo de usar um temperamento.*** Está entendido que a necessidade triunfa, mas, digamo-lo numa fórmula epicurista, não há nenhuma necessidade de se submeter à necessidade caso seja possível dela se libertar... E, de fato, é possível se emancipar dela um pouco com a educação, o hábito, a coerção, as leis. Aí reencontramos o postulado iluminista: a confiança nos instrumentos políticos (no sentido nobre do termo: a ciência e a arte da cidade) para mudar radicalmente o mundo.

Terceiro tempo, portanto: uma *política eudemonista*. Por natureza, os homens não são nem bons nem maus, nem viciosos nem virtuosos. Culturalmente falando, eles se tornam isto ou aquilo em função de critérios éticos previamente estabelecidos. A moral teológica fornece os seus, todos os conhecem, eles decorrem do Decálogo. A moral natural propõe outros, evidentemente, baseados na utilidade eudemonista para o indivíduo e na utilidade social para a comunidade. Embora exista efetivamente um determinismo biológico, uma necessidade fisiológica, esclareçamos que há também um determinismo sociológico. D'Holbach não distingue tão claramente os dois registros, o que, no entanto, teria contribuído para esclarecer suas proposições.

O registro da sociedade define mais claramente o domínio da política. O *Système de la nature* contém passagens explicitamente políticas, pois o barão não separa nitidamente ambos os mundos. Nas linhas inaugurais da *Éthocratie*, ele chega até a defender a ideia de que ética e política se confundem. A formação do indivíduo é a formação da sociedade, e vice-versa. A instrução, a educação de uma pessoa contribui para a edificação da coletividade. A escola atua como célula básica do Estado. O professor ativa a primeira engrenagem da máquina comunitária.

Como o indivíduo quer a sua felicidade, a sociedade deve visar o mesmo objetivo. A felicidade de todos; na falta desta, a da maioria. Portanto, o soberano bem em política não é o poder, a conquista, o império, a dominação, a colonização, a submissão dos súditos, a sujeição dos cidadãos, mas a paz, a prosperidade, a felicidade de estarem juntos, a liberdade, a igualdade, a propriedade, a segurança. O materialismo (filosófico) desemboca num hedonismo (ético) que se desdobra em eudemonismo (político).

Como o cérebro é a unidade básica da subjetividade, a víscera dos sentimentos e, portanto, do pensamento, ou seja, dos comportamentos induzidos, uma política digna desse nome começa propondo, defendendo e criando uma "educação nacional" em mãos de educadores que não ensinam as fábulas da religião cristã, mas sim as verdades da filosofia natural. Ao impregnar o cérebro com verdadeiros princípios, ao esclarecer a inteligência com leis justas, ao formatar a consciência com boas regras, criam-se hábitos, age-se sobre os motivos com novos motivos que determinam que os indivíduos desejem a felicidade e não a infelicidade. Portanto, sociedades radiosas e não miseráveis.

O povo deve, pois, ser esclarecido, mas o príncipe também. D'Holbach não convida à revolução pelas armas, à abolição da monarquia e menos ainda a ataques a pessoas, ele é, como seu amigo Helvétius, um reformista radical. No sentido marxista do termo, ele quer mudar profundamente as coisas transformando-as pela *raiz*. Educar a maioria das pessoas, por certo, mas também o futuro rei ou o rei em exercício. O envio da *Éthocratie* a Luís XVI é testemunho disso. D'Holbach acredita na monarquia esclarecida, no rei voltado para a felicidade de seus súditos, desejoso da prosperidade de seu reino.


### 19

***Princípios de etocracia.*** Boas leis fazem bons indivíduos; bons indivíduos fazem boas leis; boas leis e bons indivíduos fazem uma boa sociedade. O rei deve firmar um contrato moral com todos os seus súditos. E a lei governa o rei, que a ela deve se submeter, pois ele é o instrumento das leis naturais que supõem o ser, a duração e a serenidade da comunidade nacional, e toda a sua legitimidade decorre desse contrato com o direito natural. Ele age na interface com as leis da natureza e seu povo, como intérprete daquelas para este. O rei deve amar seu povo.

Na época em que o barão publica sua *Éthocratie* (1776), a corte reina, com suas intrigas, seu confisco dos bens nacionais, sua ignorância do bem público, sua preocupação imoral em enriquecer sua casta. A nobreza, arrogante e pretensiosa, sangra até a última gota os camponeses por meio do direito de caça e de um número considerável de taxas e impostos. Ela se movimenta num luxo detestável, e o enriquecimento de uns poucos é pago com o empobrecimento do restante da sociedade. O rei deve desconsiderar essa parte ínfima de seus súditos e recuperar o senso do povo.

Para tanto, deve escolher, fora da nobreza, representantes do povo, dignos, morais, esclarecidos, animados pelo bem público, e constituir um "Conselho dos Representantes da Nação" capaz de se reunir independentemente do rei. Esse Conselho faz, discute, corrige e ab-roga as leis, informado pelos ensinamentos utilitaristas e hedonistas da filosofia materialista. O rei encarna, então, o Nome do direito natural.

A Nação, e não mais o capricho do monarca ou seu desejo, decide sobre as guerras que devem ser declaradas, considerando apenas o bem dos súditos, ou seja, a integridade da comunidade nacional e não a conquista ou a extensão do império. Ela fixa o imposto e estabelece as despesas públicas necessárias. Esse conselho representa as forças vivas do povo, que, por sua vez, dispõe do direito de revogar seus eleitos em caso de ruptura de contrato de representação ou de traição de sua confiança.

As leis têm como propósito a liberdade, a propriedade, a segurança. *Liberdade* de empreender, de publicar, de escrever, de zombar, de exercer a sátira, de cultivar a terra, de comerciar; *propriedade* para a maioria: a concentração das riquezas nas mãos de uns poucos deve dar lugar a uma distribuição mais equitativa; para isso, o barão almeja o fim das grandes propriedades fundiárias em prol de uma redivisão em pequenos lotes para meeiros, capaz de possibilitar uma vida decente para a maioria.

OS UTILITARISTAS FRANCESES

D'Holbach não prega o comunismo, o socialismo, a coletivização dos bens ou das terras como Meslier ou Morelly. Não almeja um igualitarismo radical, e chega até a defender a permanência de uma desigualdade natural, sem excessos, útil para a concorrência, para a emulação, para o desejo de enriquecer, todos estes motores do liberalismo dos fisiocratas de que ele compartilha; *segurança* por fim, para que cada qual possa dispor livremente, sem medo nem angústia, de si, de sua pessoa e de seus bens.

Severo com a nobreza, D'Holbach deseja que ela assuma a parte que lhe cabe de taxas e impostos. Pois, no momento em que ele escreve seu projeto de "governo baseado na moral", subtítulo da *Éthocratie*, o barão constata que o imposto repousa sobre os indivíduos que nada têm, poupando aqueles que tudo têm. Uns se esbaldam no luxo, no dinheiro, no ócio, na opulência e na abundância, enquanto os outros trabalham, sofrem, carecem de pão e muitas vezes de trabalho.

Ora, seria dever dos nobres não tanto dispor de direitos quanto reconhecer para si deveres. Sobretudo aqueles de fazer o bem, ou seja, criar empregos, contribuir para a prosperidade da Nação por meio do comércio e da agricultura, pagar impostos sobre o luxo, dividir suas riquezas para que o dinheiro desses novos rendimentos seja reinjetado na máquina social tendo como destinatários os mais despossuídos. Pois os pobres, os desocupados, os desempregados se movimentam num mundo em que só lhes restam o roubo, a rapina ou a delinquência para sobreviver. Participar desse esforço de justiça social cria, ao mesmo tempo, a paz social, a felicidade comum, a equidade geral e a justiça coletiva.

256

## 20

*A comida do padre?* A lei também deve fixar os direitos e deveres da religião estabelecida. O primeiro período de D'Holbach é violentamente anticristão. A *Éthocratie* não propõe pôr fogo nas igrejas, violentar as freiras ou crucificar padres. Nela não encontramos o convite para as aventuras de uma descristianização brutal. Em contrapartida, o barão anseia por um combate leal entre defensores da moral teológica e adeptos da moral natural, entre furiosos pelo sobrenatural e amantes da razão, entre superstição e reflexão. Suas armas? A persuasão, a retórica, a educação, a instrução, a filosofia, o raciocínio, a história e o bom-senso.

Nada de ser o fanático do ateísmo, pois o fanatismo é sempre ruim. Nenhuma necessidade de praticar a intolerância em relação àqueles que não toleram que se pense diferente deles. Aliás, o materialismo convida *sempre* à tolerância: quem conhece o mecanismo da natureza não se ergue contra a necessidade, não se zanga ante o inelutável, sabe que o que é o é necessariamente e que, assim, recriminar seria em vão. De fato, ateísmo e materialismo, fatalismo e necessidade são escolas de tolerância.

A submissão dos padres à autoridade civil é o bastante. Contra o fanatismo cristão e a intolerância religiosa, D'Holbach promove a moral e a virtude, a filosofia e as leis da natureza. No mesmo espírito de Jean Meslier, o barão não proíbe os padres de existirem, mas pede que se tornem "instrutores da juventude", "pregadores da virtude", "propagadores da moral", ou seja, filósofos que ensinam as leis da natureza e aquilo a que elas obrigam. E, cereja libidinal sobre o bolo de casamento, D'Holbach milita até a favor do casamento deles.

Em contrapartida, os monastérios serão fechados. Com efeito, para que servem esse locais onde homens e mulheres vivem como parasitas, tirando proveito do trabalho dos pobres taxados e tributados, levando uma vida luxuosa e confortável numa espécie de castelo no qual a prece, ou seja, a inatividade e a inutilidade social, lhes serve de anteparo? Aliás, nesses locais, as mulheres são enclausuradas por motivos que nada têm a ver com a religião. Os monges trabalharão como todo o mundo, contribuirão para as riquezas nacionais, e os bens da Igreja, confiscados, serão distribuídos nos lares mais necessitados do reino. Que outra coisa dirá a Constituição Civil do clero em 1790?

21

***O ateu virtuoso.*** Constatemos, portanto, que um mundo sem Deus não é um mundo sem virtude, sem deveres, sem preocupação com o outro. O ateísmo, no terreno da moral individual ou da ética coletiva, propõe, ao contrário, um novo código cultural e filosófico para uma intersubjetividade hedonista e eudemonista. Um mundo com Deus, este sim é um mundo de intolerância, de fanatismo, de guerras, de crimes, de fogueiras, de Inquisição. Há quase dois milênios cristãos, a história é testemunha...

Como pode D'Holbach, que fustiga o adultério, proíbe na *Éthocratie* o jogo, as festas, os festins, os espetáculos, o teatro, a ópera, a dança, recrimina o ócio, pai de todos os vícios, ataca a preguiça da nobreza, como pode esse homem passar para a história das ideias como um paragão de vício, um monstro que justifica os piores crimes, um protótipo de imoralidade? Senão porque não o leram, porque criticam *a priori* o ateísmo associando-o *de facto* à ausência de moralidade.

Ora, negar a existência de Deus não significa negar a existência do outro. Ou melhor: é na verdade o fato de crer em Deus que costuma geralmente dispensar de crer no homem! Obcecados por Deus e sua religião, os devotos, os fanáticos e os supersticiosos não têm o homem em grande conta. O ateu, em contraposição, se baseia nessa riqueza, pois sabe ser a única...

O bem e o mal cristãos não definem por si sós o vício e a virtude. A versão católica não é a única. Bom e mau também existem no utilitarista defensor de uma moral imanente pelos homens, para os homens e sua felicidade terrestre. Por não se apoiar no além e em suas ficções e por não ter motivos para mentir (para si) com essas fábulas, o ateu *deve* agir aqui e agora em favor de um paraíso neste mundo.

Para retomar a temática do ateu virtuoso tão cara ao Pierre Bayle dos *Pensées sur la comète* [Pensamentos sobre o cometa], D'Holbach começa se perguntando quem é ateu. Pois a palavra serve muitas vezes, e já faz tempo, para caracterizar falsamente aquele que crê em Deus, mas não nas regras, de maneira desviante ou heterodoxa. O ateu é "um homem que destrói quimeras nocivas ao gênero humano para devolver os homens à natureza, à experiência, à razão". Agora as coisas estão ditas com clareza. Portanto, ateu não é um insulto, mas o epíteto que denomina todo trabalho filosófico digno desse nome...

Assim sendo, existem ateus virtuosos e, evidentemente, ateus viciosos! Mas o fato de ser uma coisa ou outra não tem nada a ver com o ateísmo. Nesse assunto, vícios e virtudes procedem do temperamento, o que supõe, como vimos, organizações de matéria e causalidades múltiplas, mas nada que tenha qualquer relação direta com a negação de Deus. Assim como não existe ateu fadado ao vício, porque um suporia o outro, não existe religioso virtuoso, a fé conferindo a virtude de imediato...

No espírito polêmico que a época impõe, D'Holbach inverte a perspectiva habitual e faz do religioso o verdadeiro ímpio – argumento epicurista –, pois este último faz do Deus que ele adora uma quimera – definição real da impiedade. Melhor ainda: o *Système de la nature* transforma todos os teólogos em ateus, pois eles defendem uma ideia de Deus que se desfaz tão logo se começa a raciocinar a partir de suas definições, de tão incoerentes, contraditórias e extravagantes que elas são.

Paradoxalmente, essa impiedade dos religiosos é associada a uma piedade do ateu, pois ser piedoso é "ser útil para seus semelhantes e trabalhar para o bem-estar deles". Eis como, com definições confeccionadas *a posteriori* para servirem à argumentação, acaba-se fazendo as palavras dizerem o que queremos. D'Holbach, que tantas vezes esgrimiu contra a teologia e a metafísica, puras ciências de palavras, mostra que, em caso de necessidade, também ele sabe torcer os pares significantes/significados e brilhar na sofística! O ateísmo não necessita de retóricas de má-fé, deixemos isso para os crentes.

D'Holbach constata que a quantidade de pessoas sem Deus na França de sua época é pequena, pois o ateísmo supõe reflexão, leituras, meditação, um longo tempo estudando a natureza, o comércio dos livros, conversações entre pessoas habilitadas para realizar essas trocas intelectuais de alto nível. Portanto, tempo, dinheiro, lazer, coisas pouco difundidas na população. Evidentemente, a gente do povo está excluída desse proceder filosófico. O ateísmo provém da inteligência e da reflexão, da dedução e da cultura. Em contrapartida, a fé supõe o hábito, a entrega às tradições, a facilidade intelectual.

Além disso, essa posição minoritária traz a marca de uma coragem existencial: o ateu olha para o real de frente e compõe com a rudeza trágica do materialismo fatalista. O crente, por sua vez, se anestesia com fábulas, se atordoa com ficções e se nina com ilusões. Posição falsa, é certo, mas bem mais confortável do ponto de vista humano. O ateu trabalha para as gerações futuras e o porvir da humanidade.

Entende-se, então, a fúria das pessoas religiosas contra os ateus, que rasgam o véu das ilusões, denunciam o projeto de sujeição das consciências e dos corpos coextensivo à criação de deuses e de religiões. O tamanho da braveza deles é proporcional à extensão de seu delito. Um ateu quer homens livres; um crente os deseja submetidos, obedientes, dóceis.

Só o ateísmo torna possível um hedonismo para si, para os outros e para a comunidade, toda a comunidade. O materialismo também o possibilita. O utilitarismo, o sensualismo, o empirismo contribuem para o mesmo edifício ético e político. O imperativo categórico do barão pode ser resumido em poucas palavras: "aprende a arte de viver feliz". Em outros

OS UTILITARISTAS FRANCESES

termos, ainda mais breves: "Usufrui e faz usufruir."
O conjunto do sistema holbachiano, as mais de seis
mil páginas de sua obra de filósofo vão dar nessa
clareira que logo mais será ocupada por alguns atores da Revolução Francesa...

TERCEIRO TEMPO

# A libertinagem feudal

# I

# SADE

## *e "os prazeres da crueldade"*

1

**Grande senhor, homem mau.** A etimologia dispõe as coisas de maneira bizarra, pois, antes do século XVII, data em que a palavra cai em desuso, o adjetivo *sade* em francês qualifica uma coisa que tem *gosto, sabor.* No sentido figurado, ele significa *sábio, virtuoso.* A forma popular vai dar paradoxalmente em *sage* [sábio]... Naquela época, as pessoas recorrem a esse vocábulo para qualificar o *saboroso,* o *agradável* ao falar de coisas, mas também o *encantador* e o *gracioso* quando se trata de pessoas. Diante dessas considerações, o mínimo que se pode dizer é que o marquês de Sade parece, antes, *maussade* [*mau+sade* = maçante, grosseiro]...

Para o quidam, o marquês cheira a enxofre. Seu nome acompanha o demoníaco, o satânico, o infernal, a crueldade. Para completar o quadro, se alguns conhecem o nome do escritor, todo o mundo co-

A LIBERTINAGEM FEUDAL

nhece o substantivo *sadismo* que dele procede; poucos realmente leram *Os 120 dias de Sodoma*, livro que considero um grande romance fascista, se me permitem o anacronismo. Homem de letras e filósofo, delinquente sexual e relacional, marquês oportunista, encarnação do feudalismo mais intratável, revolucionário durante a Revolução, sem escrúpulos, ele goza de uma fascinação rara e difícil de explicar no mundinho das letras em que se pode contar nos dedos de uma mão os nomes daqueles que, lúcidos, lançam sobre o homem e a obra um olhar clarividente: Raymond Queneau, Albert Camus, Max Horkheimer, Theodor W. Adorno, Hannah Arendt, ou seja, antifascistas notórios...

2

***Duplicidade, cinismo e oportunismo.*** O marquês de Sade (2 de junho de 1740-2 de dezembro de 1814), Donatien Alphonse François para os íntimos, torna-se conde com a morte do pai em 30 de janeiro de 1767. Mas conserva seu título de marquês a vida toda. Em seu tempo, o conde, seu pai, foi detido por azaração homossexual nas Tulherias e sua morte mergulha o filho marquês num estado de real aflição. Evitemos uma psicanálise de botequim, sem deixar de assinalar um ódio desmesurado pela mãe. A misoginia radical de Sade, a assimilação de todas as mulheres a "cadelas", a associação do sexo e seios delas ao mais execrável, o nojo sistematicamente professado da gravidez e do parto, a relação entre ato sexual da mãe e procriação como horror ontológico, tudo isso mostra um marquês para quem a árvore genealógica tortura a ponto não de ele mesmo se abster de procriar, mas de desejar depois de sua morte um enterro sem túmulo localizável, sob um carvalho – por causa das glandes? –, a fim de não deixar nenhum vestígio de sua passagem e de voltar ao nada a que ele aspira com todo o seu ser.

A vida de Sade tem uma entrada clássica: família da alta nobreza francesa, estudos com os jesuítas no colégio Louis-le-Grand, alferes no regimento do rei, porta-bandeira no regimento do conde de Provence, capitão no de cavalaria de Bourgogne, incendiário no campo de batalha da guerra dos Sete Anos, casamento com Renée Pélagie de Montreuil, uma esposa fácil de levar, histórias de adultério, em particular com a cunhada, mas também com uma grande quantidade de atrizes e um número não menos considerável de mulheres levianas ou profissionais do sexo. Um filho, dois filhos, uma filha.

Num diário de viagem escrito numa temporada passada na Itália, o marquês se choca com a constatação do quanto a homossexualidade floresce em Roma – ele mesmo pratica os amores sodomitas; deplora a prostituição em toda parte – e se arruína na locação de mulheres fáceis; fica indignado diante dos flagelantes em Nápoles – e goza com fustigações infligidas sem o consentimento dos protagonistas. Por outro lado, esse grande senhor mau se regozija de ter obtido uma audiência papal...

O sangue azul mostra uma fidelidade impecável à monarquia e um oportunismo exacerbado durante a Revolução Francesa, em que faz de tudo para salvar a cabeça. Em 1791, deseja alistar-se na Guarda Real. Varennes modera seus ardores, ele se radicaliza para completar, redige um *Français, encore un effort si vous voulez être républicains* [Franceses, mais um esforço se quiserdes ser republicanos] virtuoso, cívico e politicamente correto, renuncia à sua partícula, passa a se chamar Louis (!) Sade, entra para a seção de Piques, galga os escalões e se torna secretário da seção. Embora vestisse uma boina vermelha, arengasse na tribuna, apostasse alto no terreno revolucionário, seu zelo não bastou para dissimular sua clemência para com seus pares aristocratas.

3

**Delinquente sexual e relacional.** Um personagem da *Histoire de Juliette* reivindica uma opção filosófica que bem poderia ser o imperativo categórico do marquês: "Faz aos outros o que não queres que te façam." Pode-se não gostar de são Paulo sem por isso acreditar que a pura e simples inversão dos valores basta para constituir uma moral revolucionária. Essa ética de predador não propõe nada muito original, pois ela formula a moral feudal: forte com os fracos, fraco com os fortes.

O marquês paga as suas vítimas, compra as mulheres, utiliza seu lacaio para atrair presas nos bairros populares, propõe grandes somas de dinheiro, aborda vítimas do sistema para as coagir a várias orgias conhecidas da polícia – que protege os nobres. Somente alguns casos vêm a público, embora a justiça não pudesse não ter funcionado tamanha a quantidade de estroinices do predador. Três *crimes* sexuais – chamemo-los pelo nome que lhes cabe e qualifiquemo-los conforme a ordem jurídica – mancham de sangue real, e não metafórico ou literário, a biografia do marquês.

4

***Os crimes do filósofo.*** Primeiro crime: caso Jeanne Testard. Na noite de 18 para 19 de outubro de 1763 – Sade está com vinte e três anos –, o marquês pega na rua uma jovem operária desempregada, grávida. Oferece-lhe dois luíses para que ela o siga – uma fortuna –, leva-a para uma casa alugada, prende-a. Depois de ter se certificado da religião cristã da moça, Sade arrota blasfêmias, goza contando histórias sacrílegas – masturbação num cálice, introdução de hóstias consagradas no sexo de mulheres. Num cômodo com paredes cobertas de objetos religiosos, de imagens sagradas e de gravuras licenciosas, ele convida sua presa a esquentar no fogo um azorrague de fio de ferro, a fustigá-lo, e lhe promete a mesma coisa em troca.

Diante de sua recusa, sua cólera cresce, ele quebra um crucifixo, manipula seus órgãos genitais sobre os pedaços caídos no chão, exige que ela os pisoteie, ameaça-a de morte, enquanto lhe mostra duas pistolas e segura sua espada na mão. Ante sua resistência, ele passa a noite lendo-lhe versos licenciosos e a liberta pela manhã... Deixemos de lado o delírio, a teatralização das fantasias do marquês, e retenhamos apenas a coação sexual sob ameaça de morte.

Segundo crime: caso Rose Keller. Domingo de Páscoa, 3 de abril de 1768, Sade está com vinte e oito anos, Rose com trinta e seis. Ela é tecelã, viúva, desempregada e mendiga. O ideal para triunfar como amo tendo por talento um único escudo. Um fiacre os conduz a Arcueil. Durante o trajeto, Sade simula sono. Ela acompanha o predador para realizar tarefas domésticas.

Assim que chegam na casa, o marquês tranca Rose Keller, pede que se dispa, ameaça matá-la e enterrar seu cadáver no jardim se ela não obtemperar. Ela se despe parcialmente, ele termina o serviço, joga-a sobre uma cama, amarra-a pelo ventre, imobiliza-a com um travesseiro sobre a nuca e a açoita violentamente. Ela grita, ele a faz calar sob a ameaça de uma faca, promete-lhe a morte, bate sete ou oito vezes, para, verte cera derretida nas feridas, recomeça e inflige uma dezena de cortes e entalhes feitos com canivete. Ela quer se confessar antes de morrer, ele ironiza e propõe escutar seus pecados. Ele acaba gozando emitindo gritos assustadores e urros animalescos. Sade lhe dá de comer, a tranca, ela foge da casa com a ajuda de lençóis trançados. Os mesmos motivos que antes são alegados contra ele: sequestro, coação sexual, ameaça de morte, violência física, agressões e ferimentos.

Terceiro crime: Marselha, 27 de junho de 1772, Sade está com trinta e dois anos. O valete do marquês, Latour, apanhou quatro moças na rua para uma noitada libertina. Elas têm entre dezoito e vinte e três anos. Sade obriga duas delas a engolir drágeas de cantárida perfumadas com anis, também chamadas de "pastilhas Richelieu": esse fármaco à base de moscas com virtudes afrodisíacas reduzidas a pó deve ser ingerido em pequenas porções. Mal dosadas, elas são perigosas, mortais até. Corretamente utilizadas, têm virtudes carminativas. Ora, Sade adora o peido na cara – para dizê-lo com as palavras de Rabelais [*pet en gueule*] –, sobretudo quando (provavelmente) eles exalam a agradável fragrância anisada de sua charneca natal... As duas vítimas, entupidas de drágeas, intoxicadas, vivem dois dias entre a vida e a morte.

Às outras, Sade oferece dinheiro – um luís – por relações sexuais sodomitas. Na época, as práticas *a tergo* eram punidas com a morte... Recusa das senhoritas. O marquês pede para baterem nele com um azorrague guarnecido de alfinetes entortados. Enquanto recebe os golpes, mantém uma contabilidade com o canivete no pano da chaminé: não menos de oitocentos... Depois, é a vez de ele bater. Simultaneamente, ele sodomiza seu valete enquanto o masturba, idem com as mulheres não consentintes. Mesmos motivos para os crimes, acrescidos de tentativa de envenenamento...

## 5

*A impunidade do aristocrata.* Com relação ao caso Testard: teoricamente ele corre o risco de sofrer a pena de morte, mas, graças ao apoio dos familiares, que têm livre acesso ao rei, ele obtém clemência real dos magistrados e a cumplicidade da polícia, que faz o processo desaparecer – inquéritos e depoimentos de testemunhas. Após três semanas de prisão, o marquês escapa da fogueira e é notificado de uma prisão domiciliar no castelo de seus sogros em Echauffour dans l'Orne.

Com relação ao caso Keller: a família abafa o caso comprando o silêncio da querelante. Mas evitar o escândalo é impossível. Mais uma vez, nada de pena de morte, cinco meses de prisão abrandados por visitas, e depois uma prisão domiciliar no seu castelo de Lacoste. Na mesma época, um infeliz pode passar o resto da vida nas galeras pela posse de uma obra que critique a religião cristã...

## A LIBERTINAGEM FEUDAL

Em relação ao caso de Marselha: Sade e seu valete, fugitivos na Itália, são condenados à morte por contumácia. O marquês é decapitado, seu cúmplice garrotado, os dois malfeitores queimados, mas somente a efígie deles em papel machê! Mais tarde, é feita a simulação de uma detenção, já estando combinada a fuga. O dinheiro reduz a polícia e os guardas ao silêncio. De volta para casa, Sade escapa da descarga de uma arma de fogo de um pai de família que veio vingar a honra perdida de sua filha: o marquês dá queixa! Novos simulacros de detenção, nova fuga. Silêncio dos poderes de Sua Majestade.

Graças a cartas régias, a família de sua mulher obtém a prisão de Sade para pôr fim à sua perpétua devassidão, a seus crimes sexuais recorrentes, a suas orgias que vão às vias de fato com parceiras não consentintes. Por isso, ele passa trinta anos de sua vida na prisão, não sem dormir ainda, com o assentimento da mãe fartamente paga, com uma jovenzinha de treze anos entregue na sua cela.

Naquele tempo, ele tem sessenta e oito anos e vive há quase um quarto de século na prisão com uma mulher com menos da metade da idade dele que lhe dá um filho. Quando ele morre, em 2 de dezembro de 1814 no asilo de Charenton, um frenólogo examina seu crânio. Com verve, o homem de ciência deduz um sujeito que praticou a bondade e o fervor religioso, provavelmente um padre da Igreja...

Uma vez informados dessa biografia detestável, podemos concluir que estamos bem longe do filósofo libertador da sexualidade, do arauto que rompe correntes, do paragão de anarquista louvado pelos surrealistas, vítima do arbítrio do poder real, venerado como uma lenda pela modernidade literária e filosófica do século XX. É só um baderneirozinho pertencente à brigada responsável pelos bons costumes. Um herói libertário? Não me venham com essa!

6

*A algolagnia de um doente.* Examinemos a hipótese de Maurice Heine, o primeiro biógrafo de Sade, e de Gilbert Lely, o herdeiro dessa tradição monomaníaca sobre o marquês: o castelão de Lacoste sofre de uma afecção psicossomática, a *algolagnia*. A saber? Sade goza sofrendo, goza de sofrer e goza de fazer sofrer. Fisiológica, psicológica e ontologicamente, o marquês só pode ter prazer com uma dor que ele inflige ou se inflige. O marquês faz de necessidade virtude...

De onde vem essa configuração existencial? Ninguém sabe. Os biógrafos destacam um episódio de uma violência inaudita, extremamente espetacular, numa brincadeira que acaba mal com um colega de sangue principesco com o dobro de sua idade. Ele tem quatro anos. A violência da altercação surpreende os adultos. Mas a cena parece menos fundadora do que sintomática de um caráter já formado.

O próprio Sade o assinala em *La Nouvelle Justine*: o que determina um ser em seus gostos mais fundamentais se dá no ventre da mãe, independentemente de todo querer humano. Diante disso, a educação, a instrução, a cultura, a vontade dos homens nada podem posteriormente: o indivíduo para quem o prazer e o sofrimento são indissociáveis não tem nenhuma responsabilidade nessa particularidade de seu ser. A natureza reina como senhora absoluta...

Portanto, Sade era sádico. É o mínimo que se pode dizer! A palavra *sadismo* data de 1834, e aparece no *Dictionnaire* [Dicionário] de Boiste somente vinte anos depois da morte do marquês. Devemos ao psiquiatra Krafft-Ebing o estatuto médico conferido a esse termo em 1891 em *Pychopathia sexualis*, ele significa: "aberração pavorosa da devassidão; sistema monstruoso e antissocial que revolta a natureza". Dali em diante, o epíteto caracteriza todo gozo experimentado no sofrimento infligido. Assim sendo, a obra não é sublimação, catarse, teatralização, distanciamento, purificação, teoria, como afirmam todos os defensores da religião do texto dos anos estruturalistas, mas confissão, memória, autoanálise ou mesmo autojustificação filosófica.

É verdade, e sabemos disso desde a magistral análise feita por Nietzsche no prefácio de *A gaia ciência*, que todo pensamento é uma autobiografia, a confissão de seu autor: todos pensam com suas impotências, suas falhas, suas feridas. No entanto, evitemos silenciar sobre o projeto de escrita de si visível na obra. A denegação do sujeito criador de sua vida e de sua obra, o ódio ao autor assimilável a um *eu* claro e a um *ego* identificável, o desprezo escancarado pela biografia do filósofo, tudo isso encerra no culto exclusivo do texto. Para poder praticar essa religião do puro signo, os turiferários descartam a biografia.

7

*Os companheiros de estrada do feudalismo.* Assim sendo, e num estranho e espantoso paradoxo, os biógrafos, filósofos, ensaístas, escritores que comungam em Sade abordam os crimes sexuais do marquês na qualidade de cúmplices dos representantes da arbitrariedade feudal da época. Encontrar Maurice Heine, Gilbert Lely, Jean-Jacques Pauvert, Jean-Jacques Brochier, Annie Le Brun, Raymond Jean, Béatrice Didier, Chantal Thomas, Michel Delon, mas também Paulhan, Bataille, Lacan, Klossowski, Blanchot, Foucault, Deleuze, Barthes, Sollers – perdoem-me pelos que deixei de fora... – do lado dos defensores do despotismo monarquista de antes da Revolução Francesa é algo que não cessa de espantar...

Diante dos crimes de direito comum, das agressões sexuais, dos estupros, golpes e machucados, ameaças de morte, sequestros, tentativa de envenenamento, provavelmente bem mais recorrentes que as três únicas pontas que emergiram do *iceberg* sádico, esses companheiros de estrada pós-modernos do feudalismo medieval rivalizam em justificações e em sofistarias que demonstram um talento de rétor, mas de maneira alguma a humanidade dos autores. Sartre destacava com razão filosófica uma singular denegação da história nessa geração – história tanto do indivíduo como da época.

Florilégio de casuística: as protagonistas dessas três aventuras eram *tão somente* prostitutas, mulheres venais atraídas pelo dinheiro; o depoimento das vítimas não vale nada, ele está sob suspeita, pois não se pode ser juiz e parte; a qualidade social delas age contra elas, pensem bem: viúva, desempregadas, operárias, mãe solteira, mendigas, para não dizer... mulheres; enfim, como todas são pobres, será fácil entender que elas tenham feito o marquês refém para chantageá-lo... Devem estar de brincadeira!

Ademais: o zé-povinho tem a língua afiada, comenta, aumenta, exagera, encontra nisso uma excelente oportunidade – ainda não se diz demagógica e populista... – para derrubar um figurão, um poderoso, um marquês; como, então, não entender: esse caso decorre do ressentimento popular; ou ainda: as mulheres eram consentintes, velha lenga-lenga dos advogados de defesa *homens* e outras gentes ditas de justiça – além do mais, elas aceitaram dinheiro; e mais adiante: Sade não fez mais do que faziam os outros nobres naquela época, então por que lhe causar aborrecimentos? Por fim: não houve morte de homem, estão reclamando de quê?! É verdade, mas as ossadas encontradas no jardim do marquês e cuja proveniência ele jamais explicou, a não ser pela suposta brincadeira de mau gosto de um cúmplice, essa é uma peça que raramente entrou no seu dossiê... Assim sendo, o que ocorreu não ocorreu. Em outros tempos, isso se chamará *negacionismo*.

Mais forte: diante da negação dos *fatos*, eis um florilégio das *interpretações* de uma meia dúzia dos homens de letras citados acima: "ninharias", "drama psicossexual menor", "fato corriqueiro não condenável", um "corretivo", uma "brincadeira", um "divertimento composto de figuras múltiplas com elementos das artes cênicas", uma "história de balas", uma "farsa", uma "excepcional aventura galante", "casos aumentados pelos boatos", uma "fantasia coletiva", "rumores", um "movimento de opinião pública", "contos", "fabulações".

Um deles chega até a afirmar que os cinco minutos de "dores reais" – quanta generosidade! – de Rose Keller "não distavam muito do que deveria ser a visita a um dentista do século XVIII"! A palma vai para Roland Barthes, que, em 1971, em *Sade, Fourier, Loyola*, fala, sério, do "princípio de delicadeza que parece sempre ter presidido a atividade sádica do marquês". Ah, a *belle époque* estruturalista...

Em sua *Présentation de Sacher-Masoch* (1967) [*Sacher-Masoch – O frio e o cruel*, 2009], Gilles Deleuze retoma a tese de Georges Bataille: o marquês de Sade é uma *vítima...* (*L'Histoire de la folie à l'âge classique* (1961) [*A história da loucura*, 2004] de Michel Foucault vai no mesmo sentido...) A prova? Sua *linguagem* é a de uma vítima, pois "só as vítimas podem descrever as torturas; os algozes empregam necessariamente a linguagem hipócrita da ordem e do poder estabelecidos". Fechem-se as cortinas. Conhecemos um Deleuze mais inspirado e, sobretudo, usando argumentos menos especiosos... Paremos por aí.

8

*Carpa filósofa, coelho aristocrata.* *Considero Sade filósofo o paragão da feudalidade pré-revolucionária.* Na sua vida, com certeza, mas também na sua obra, em toda a sua obra, sem exceção. O fascínio da geração estruturalista, enceguecida por sua ridícula recusa do indivíduo, sua ojeriza ao autor, seu culto religioso do texto exclusivamente, sua denegação da história e, portanto, do contexto, fez com que comungasse numa religião da linguagem nociva para a inteligência. Fechemos esses parênteses e leiamos Sade novamente.

Sade concentra em si duas qualidades capazes de se anular: a nobreza reivindicada, a aristocracia usada como um viático, o sangue nobre vivido como sinal de superioridade da raça dos senhores, a defesa com unhas e dentes dos valores da feudalidade

A LIBERTINAGEM FEUDAL

medieval, a posição conservadora ou até reacionária em política (evitem sucumbir ao oportunismo dos textos de ocasião de Sade, chamados de revolucionários...) *e* a filosofia de um ateu detrator da religião cristã e da moral do ideal ascético, o materialista trágico oferecendo sacrifício ao determinismo radical e fatalista, o metafísico sombrio negador do livre-arbítrio, o conceitualizador de uma ontologia desesperadamente *isolista*, o discípulo das Luzes, leitor assumido de La Mettrie, Helvétius e D'Holbach e doido por eles. O fruto teratológico do assustador casamento de uma carpa esclarecida com um coelho feudal. Um filósofo oximórico.

9

*As coletas do filósofo.* Sade filósofo? Houve quem dissesse isso, mas muitas vezes contentando-se em ver nele um leitor interessado dos materialistas e dos ateus franceses. Sade se comporta com os filósofos tal como se comporta com o mundo, com os outros, com as pessoas: como animal carnívoro que estraçalha conforme suas necessidades, por capricho, baseado no princípio de seu bem-querer. O feudal coleta seu dízimo entre os autores materialistas da época – ao que ele acrescenta considerações sobre o estado de natureza ou o relativismo das leis, que comprovam uma leitura atenta de Rousseau e do autor de *O espírito das leis.*

Em nome de D'Holbach, o marquês confessa que está disposto a ser seu sequaz até o martírio... Não é preciso tanto! Tanto mais que, para ele, o sentido do sacrifício nunca vai além do que o próprio interesse ordena. Evidentemente, ele adere plenamente às teses do barão: a excelência das paixões, sem as quais nada de bom se realiza; o interesse como motor de todas as ações humanas; a utilidade promovida a regra de toda ação boa; a radical imanência do mundo; a materialidade integral do real; a crítica dos valores, das virtudes e da visão cristã do mundo; o universo assimilável a uma imensa máquina percorrida por uma energia que produz a homeostase do todo; o determinismo, o fatalismo e a inexistência do livre-arbítrio.

Suas posições filosóficas acham-se, mais particularmente, em *A filosofia na alcova* e em *La Nouvelle Justine*. Afinal, entre dois minetes, irrumações, fustigações, pedicações, sodomizações, ejaculações, é preciso descansar. Por isso, são declamadas tiradas filosóficas que o marquês solta feito cabelo na sopa: um trecho sobre a materialidade da alma, uma filípica contra Deus, um sermão para demonstrar a inanidade da família, do casamento e do engendramento, um discurso provando a inexistência do bem e do mal, uma diatribe contra todo dever, uma defesa da natureza, e a ginástica libidinal é retomada entre dois peidos, três barros e torrentes de porra.

Ora, quando o marquês fala de martírio, não nos fiemos na sua palavra! Pois ele larga D'Holbach com muita frequência, sobretudo no essencial. Sobre o *ser* do mundo, La Mettrie, Helvétius e D'Holbach quase não diferem: a leitura imanente deles do real difere num número muito reduzido de pontos. Em contrapartida, sobre o *dever ser* produzido considerando essa antropologia materialista trágica, Sade não segue muita gente, exceto La Mettrie – de quem ele representa a face negra, a fórmula infernal.

A LIBERTINAGEM FEUDAL

Primeiro Helvétius: Sade adere, portanto, ao esmiuçamento ontológico do autor de *Do espírito* e *De l'homme*. Mas ele recusa o senhor de Voré que, apesar da onipotência do determinismo, acredita na possibilidade de uma mudança radical pela educação. Sade recusa essa ficção otimista que contradiz a lógica fatalista: nós obedecemos à fatalidade, o ventre da mãe decide todos os destinos, a educação, a instrução, a pedagogia não mudam nada.

Assim sendo, a preocupação de Helvétius com o povo, com os miseráveis, com as vítimas do sistema feudal, seu desejo de tornar a vida dos humilhados e oprimidos mais leve, tudo isso parece a Sade um efeito das virtudes cristãs de piedade, compaixão, caridade, benevolência de que *A filosofia na alcova* faz picadinho – são todos entraves à força dos fortes.

Em seguida, D'Holbach: a leitura ateia, materialista e utilitarista do mundo passa. Mas não a definição do ideal utilitarista: qual seja, a paz, a prosperidade, a ordem e a harmonia social. O *Système de la nature* de que Sade gosta continua em *Morale universelle, Politique naturelle* ou *Éthocratie*, obras nas quais o barão estimula um pacto social constituído pela renúncia ao egocentrismo de cada um com o propósito de constituir uma comunidade hedonista.

Para Sade é o inverso: inimigo das leis, detesta qualquer cerceamento, odeia a sociedade, só acredita no poder destrutivo do indivíduo forte que D'Holbach deseja neutralizar na construção de uma sociedade ataráxica, não pode subscrever ao otimismo social do barão, a seu grande projeto político visando a maior felicidade da maioria. Sade quer o prazer mais violento para si, custe o que custar à comunidade.

## 10

**Sade, La Mettrie satânico.** Materialista, sim, ateu, com certeza, mas certamente não holista ou progressista como Helvétius ou D'Holbach. A comunidade? É o inimigo número um do marquês, preocupado com as prerrogativas de sua estirpe na nobreza. Mártir pela causa holbachiana? Um momento, isso não passava de uma piada sob a pena do feudal. Fazer causa comum com o populacho? E o que mais vão querer?...

Nessa etapa da análise podemos entender os motivos pelos quais La Mettrie foi tão maltratado por Helvétius e D'Holbach. Numa nota do *Système de la nature*, D'Holbach acusa La Mettrie de ter "pensado sobre os costumes como um verdadeiro frenético", ou seja, de ter negado a possibilidade de qualquer moral e, portanto, de qualquer política, com seu sistema ultrafatalista.

Encontramos efetivamente na obra do médico de Saint-Malo um desenvolvimento fatalista e pessimista na devida forma. Essa visão de mundo seduz Sade, mas, ao mesmo tempo, desagrada os otimistas da razão que são Helvétius e D'Holbach, inábeis e pouco convincentes quando tentam fazer coexistir um determinismo integral e a possibilidade de agir sobre o curso do mundo...

A partir daí, La Mettrie funciona como filósofo emblemático do marquês. O autor de *L'Anti-Sénèque* e de *O Homem-Máquina* compartilha com Helvétius e D'Holbach a mesma negação do livre-arbítrio, um elogio semelhante das paixões, um incentivo parecido a seguir a natureza, uma idêntica leitura imanente do mundo, mas La Mettrie se separa deles pela radicalidade de seu fatalismo. Se o determinismo é, ele é total; se ele é total, não pode ser inflectido; assim sendo, resta apenas entregar-se ao destino; donde a impossibilidade de outra ordem das coisas. Helvétius e D'Holbach tergiversam, retorcem, convencem medianamente; La Mettrie e Sade, não: o real é o que é, não pode ser diferente. Posição radicalmente trágica – e teórica, pois a sequência prova que também Sade gera suas aporias...

Duas posições ontológicas fortes e na contracorrente distinguem os dois compadres: o amoralismo e o solipsismo, que adotam a forma da crítica do remorso e da celebração do *isolismo* – o único neologismo forjado por Sade. La Mettrie tira disso uma arte da volúpia alegre, uma libertinagem solar, um hedonismo radiante, nas próprias palavras: uma *Arte de usufruir*; Sade conclui com uma metafísica trágica, uma erótica cruel, uma metafísica glacial. Pulsão de vida contra pulsão de morte, compleição feliz no médico, natureza taciturna no marquês... Frente diurna e verso noturno da mesma medalha.

11

**As lógicas do fatalismo.** O ateísmo e o materialismo de Sade copiam sem originalidade o dos mestres reconhecidos por ele: Deus? Uma ficção. A religião? Uma invenção para subjugar o povo. A moral cristã? Uma construção antinatural. A matéria? A única realidade, imortal em seu ser, mortal em seus arranjos. A alma? Uma extensão mortal, constituída de átomos. Bem e mal? Fábulas. Bom e mau? Têm como parâmetro o útil. O conhecimento? Ele se dá por meio dos sentidos. A morte? Nada a temer: após o trespasse vem o nada. O corpo? Uma máquina atravessada por energia. Um vade-mécum da tradição filosófica radical.

Por outro lado, Sade se detém na proposição lamettriana: como a natureza organiza, preside, decide, quer, todos obedecem à conformação que não escolheram. O feio e o belo, o elegante e o acanhado, o imbecil e o gênio, o algoz e a vítima, o amo e o escravo, o forte e o fraco, o grande e o pequeno, o poderoso e o raquítico, o radiante e o melancólico, nenhum deles jamais teve escolha. Assim sendo, por que condenar, julgar, conceder recompensas ou distribuir reprimendas? Em vez de julgar, tenhamos lástima da vítima da natureza...

Extrapolando: a algolagnia do marquês decorre, portanto, de um processo intrauterino que emprega o "curso dos liquores", trabalha as "fibras", modifica a "acridez do sangue", influencia os "espíritos animais", organiza singularmente os "átomos elétricos", mas absolutamente não decorre de um querer livre ou de uma escolha deliberada que pressuponham uma faculdade de autodeterminação sem causas prévias. Por isso, tenhamos lástima do inocente que, para gozar, necessita do sofrimento, mas não o condenemos.

De fato, o remorso de nada serve: inútil para impedir o que ocorrerá de qualquer maneira ou mesmo para fazer com que o que ocorreu não tenha ocorrido, ele não traz nenhuma vantagem e acrescenta negatividade à negatividade, mal ao mal. A crueldade existe na natureza, pode ser vista permanentemente por quem sabe observá-la: crimes, homicídios, assassinatos, morte. Contra ela, ninguém pode fazer nada.

# 12

***O isolismo não é um humanismo.*** Sade não abusa do vocabulário filosófico – ao contrário do registro pornográfico. Portanto, o único conceito criado por ele merece um exame. Tanto mais que ele concentra a especificidade do pensamento sadiano, se não sádico. Denominei-o *isolismo*. O termo aparece três vezes na obra: *Les Infortunes de la vertu* [Os infortúnios da virtude] (1787), *Aline et Valcour* (1795) e *La Nouvelle Justine* (1797). Ele possibilita uma variação sobre o solipsismo.

O isolismo supõe que a materialidade de um ser limitado à sua corporeidade o define como um fragmento cego para o todo, incapaz de se comunicar com outrem, de entrar em contato com ele. Cada qual vive seu destino como mônada solitária e cega.

A expansão da sua força, da sua potência, da sua crueldade, é essa a verdade de todo ser. Todos obedecem a essa lei. Assim sendo, o estado de natureza se caracteriza pelo estado de guerra de todos contra todos. Para além do bem e do mal, é a crueldade que faz a lei. O mundo me pertence, o outro é propriedade minha, minha potência ignora os limites: devo o que posso e posso o que quero, mas quero o que a natureza me impõe. Esse círculo infernal define o isolismo, o sistema dessa visão trágica do mundo.

O isolismo corta o mundo em duas instâncias: fortes e fracos, amos e escravos, libertinos e sentimentais, predadores e vítimas, lobos e cães, aristocratas e populacho, criminosos e sacrificados, estupradores e estuprados, assassinos e assassinados, ricos e pobres, isto é, Sade e o resto do mundo. Parte da humanidade existe para sofrer a lei da outra, e esse estado de coisas convém, pois não é possível que seja diferente.

Em *La Nouvelle Justine*, Sade justifica a ditadura da aristocracia sobre o populacho, louva os méritos do cristianismo e da monarquia aos quais, segundo ele, devemos a grandeza e a prosperidade da França. Adepto da "mais exorbitante das tiranias", fornece receitas: obrigar os pobres a matarem seus filhos; praticar uma eugenia brutal em grande escala; suprimir os "seres secundários"; abolir a assistência social; fechar os asilos para os pobres; proibir a mendicância; suprimir a caridade; punir a esmola; impor pesados impostos aos camponeses; acelerar a pauperização; proibir os casamentos desiguais; transformar as execuções capitais em espetáculos públicos; organizar uma escassez imensa de víveres com a ajuda de malversações comerciais; enforcar e passar os mendigos no sabre; agir como déspota. A palavra de ordem? "Sejamos desumanos e bárbaros." A fórmula de Sade não é Liberdade, Igualdade, Fraternidade, mas Fatalidade, Desigualdade, Crueldade. Nos antípodas do republicano...

A leitura estruturalista, pela sua denegação da história, considera o texto uma palavra revelada e ativa a exegese de modo onanista. A partir daí, essas considerações sobre a excelência da tirania feudal exercida sobre o povo são tidas como ficção dentro da ficção, uma performance textual, uma construção de linguagem. E exibem o *Français, encore un effort si vous voulez être républicains*: e a prova, dizem os bobocas, é que nesse panfleto ele condena a pena de morte...

Isso implica esquecer que com esse texto de circunstância (retocado depois do Termidor – assim como o será *Aline et Valcour,* democratizado e revolucionado...) Sade tenta ganhar os revolucionários apostando alto na festa popular, na virtude republicana, na religião cívica, na meritocracia dos talentos, no altruísmo justiceiro – assim como ele simula profissões de fé revolucionárias na sua correspondência, pois, conforme ele mesmo confidenciou, sabe que ela é aberta e lida...

Mas esse texto, e o conjunto das tomadas de posição feitas sob o manto da seção de Piques, tão inscritos no contexto histórico, têm um só objetivo: salvar a pele do marquês, que corre o risco de ser guilhotinado. Pois o fundo do pensamento de Sade, aquilo que sua vida demonstra de ponta a ponta, assim como sua obra, brutal, sem concessões, absoluta, fora da perspectiva oportunista, é a defesa furiosa, encarniçada, do ideal feudal. *Os 120 dias de Sodoma* são uma ilustração dessa radicalidade a ponto de, não obstante o anacronismo, ser possível falar desse livro como sendo um grande romance fascista...

13

**120 dias fascistas.** Considero esse romance o cúmulo da abjeção política. Esse texto inacabado contém todos os ingredientes do que constitui o regime totalitário, que posteriormente virá a constituir o fascismo. Claro que esse termo corresponde a uma *existência* histórica passível de datação: depois da Primeira Guerra Mundial, na Itália, a palavra se forma a partir dos *fascio* dos lictores do exército de Mussolini; mas podemos extrapolar e utilizá-la de maneira *essencialista* para qualificar qualquer arranjo intersubjetivo no qual a violência mais brutal faz a lei – e, por conseguinte, toda configuração coletiva decorrente desse mesmo regime de poder. Nesse sentido, os *120 dias de Sodoma* quintessenciam essa utopia *política*.

Nesse romance filosófico detestável, Sade monta todo o cenário do que define o fascismo: controle policial de um território delimitado, isolado e protegido do exterior; extraterritorialidade jurídica dos sujeitos encerrados; submissão ao capricho e ao arbítrio; constituição da lei pela palavra do amo; reino da violência pura; dominação de uma casta que reivindica sua superioridade; constituição correlativa de uma categoria do domínio da sub-humanidade; ódio às mulheres; marcação dos corpos; vexações generalizadas; punições sexuais; animalização dos humanos; redução do ser às nudezas existenciais; iminência perpétua da morte.

14

***O campo da morte.*** A *razia*: milícias gordamente pagas varrem a província em busca de vítimas selecionadas por suas qualidades sexuais c sua linhagem de boa raça. A *deportação*: as vítimas são raptadas com brutalidade, matando-se às vezes aquelas ou aqueles que se interpõem e protegem seus filhos. O *campo*: um castelo para além do Reno, na Floresta Negra, no alto de uma montanha, longe de tudo, inacessível, cercado de ravinas e precipícios, arames farpados naturais. A *polícia*: uma milícia de aldeões constituída de criminosos comuns – ladrões e contrabandistas. A *penitenciária*: ponte levadiça erguida, fechamento, confinamento, ruptura total de relações com o exterior. A *sub-humanidade*: as mulheres,

## A LIBERTINAGEM FEUDAL

úteis apenas para dar prazer aos homens, cadelas a serem tratadas como animais – elas são "de uma outra espécie" e de forma nenhuma nossos semelhantes. A *raça dos senhores*: um Duque, um Bispo, um Presidente, um Libertino, todos eles peças da máquina feudal e do desenrolar desses 120 dias. A *nudez*: despidas, examinadas, os poderosos se asseguram da virgindade de suas presas. A *seleção*: no fim da inspeção, uma divisão entre "recebidas" e "devolvidas". As *insígnias*: cada uma arvora uma fita de uma cor que significa o pertencimento dos orifícios a este ou aquele – cor de rosa, verde, preto, amarelo, lilás, violeta. A *tatuagem*: marca a ferro quente de um número. O *uniforme*: cada um dispõe de uma roupa com tecido e cor significativos, com um corte que permite uma copulação súbita, imediata, brutal. O *regulamento*: minudencioso, escrupuloso, niquento, não deixa nada ao acaso, ou seja, emprego do tempo, horários, horas de refeições, cardápios, datas de festas, repousos, ritos, quantidade, forma e disposição dos objetos, deslocamentos, panóplias, desenrolar das orgias, cronograma minuto a minuto, cenografia. A *tosa*: é uma das vexações e das outras punições infligidas em caso de descumprimento do regulamento, que proíbe formalmente a risada, a sexualidade livre, a manifestação de piedade ou de religiosidade. Plenos poderes para os caprichos dos senhores, a vida dos escravos não tem nenhum valor. No desfecho desses 120 dias: o *registro* da contabilidade dos mortos. "Tudo isso a sangue-frio", escreve o marquês. "Princípio de delicadeza", escreveu Roland Barthes...

## 15

***O hedonismo feudal.*** O libertino Durcet – forma invertida de *c'est dur* [é/está duro], no sentido moral e anatômico... – formula a Lei do campo: "nos satisfazer, não importa às expensas de quem". Em outra parte, a mesma coisa: "Fazer o mal me deixa de pau duro." E depois: "Que me importa o crime desde que eu me deleite." São essas as fórmulas do hedonismo feudal, noturno, atrelado à pulsão de morte, outro nome do isolismo tão caro ao marquês. Meu gozo custe o que custar, o resto do mundo que se dane. Gozo, logo sou; e, se sou, o mundo pode perfeitamente deixar de ser.

O que quer o herói de Sade? Excitar os "átomos elétricos", sentir o "comichão que eletriza", conhecer a "sacudida", descarregar, se esvaziar. O homem-máquina jamais foi reduzido a tal ponto à sua pura energia. La Mettrie, excedido em sua radicalidade, fornece o pretexto filosófico para a tragédia do sexo puro. Tudo aquilo que possibilita a ejaculação é o útil, o bem, o bom, o verdadeiro.

Desse modo, Sade celebra indistintamente as oportunidades de espalhar seu líquido seminal: voyeurismo, masturbação, minete, pedofilia, sodomização, pedicação, escatologia, irrumações, infanticídio, gerontofilia, exibicionismo, incesto, triolismo, coprofilia, felação, provocação, safismo, coprofagia, fustigação, ondinismo, fetichismo, torturas, etilismo, blasfêmia, zoofilia, necrofilia, necrofagia, canibalismo, execuções, homicídios etc.

A reunião de todas essas fórmulas básicas permite uma multiplicidade de combinações. O romance exibe um acúmulo de cenas tediosas, relatadas com a precisão das minutas de um auto da administração penitenciária. Catálogo de gravuras licenciosas, até mesmo variações sobre o tema da *Enciclopédia* que acumula, recolhe, sintetiza e propõe uma totalidade clínica *do que pode o sexo sem lei*. Friamente, sem estados d'alma, com a impassibilidade de um empregado de necrotério. Ou de um diretor ou administrador de campo de concentração.

## 16

*O que pode o sexo.* "Rápido" apanhado do que contêm esses *120 dias de Sodoma*, para dar uma longínqua ideia do tédio, da repetição, da farsa sinistra composta pelo marquês: ejacular no rosto de uma jovem; urinar sobre o sexo de um padre; engolir o catarro de uma velha; beber a urina de um acamado imundo; masturbar-se em cabelos, sobre um cu ou qualquer outro membro; arrombar um cu, uma boceta; dissimular um corpo, exceto uma parte; gozar com fedores – peidos, excrementos, suor; engolir uma decocção de cascão, de sujeira, de merda humana marinada em champanhe; comer as secreções fermentadas acumuladas entre os dedos do pé; tragar os arrotos de uma mulher que não para de produzi-los; idem com os peidos; beber o vômito de uma mulher entupida de eméticos; comer alimentos umedecidos no sexo de uma octogenária; lamber o ânus pustulento de um velho que nunca se lavou; beber o sangue menstrual; comer fetos abortados; deleitar-se com todo tipo de fezes humanas, quentes, frias, mornas, secas, umedecidas com urina, fermentadas, mofadas; beber enemas confeccionados com leite; contrafazer os gritos de uma criança;

deixar-se pôr fraldas; descabaçar com um cocô; açoitar com diversos objetos: chibatas embebidas em matéria fecal, em vinagre, chicote com correias de aço, azorragues com pontas encurvadas; friccionar as feridas com urina; "peidar num copo de vinho de champanhe"; ser amarrado a uma escada e depois ter os testículos traspassados por agulhas de ouro; idem com a glande, as nádegas; ser queimado com pinças, picado com uma sovela de sapateiro; introduzir um bastão com espinhos na uretra de um homem; queimar o sexo com a cera de uma vela; ter as articulações amarradas e ser estrangulado; "ter o buraco do cu costurado"; embeber os pelos com um líquido inflamável e pôr fogo; queimar o ânus com uma vela; brincar de peido na cara; blasfemar; tomar ducha de água fervendo; esfregar o corpo com cascalho incandescente; se masturbar sobre um caixão; profanar cemitérios e cadáveres; matar e sodomizar uma jovem um segundo depois do assassinato; ejacular assistindo a uma execução capital; simular um homicídio – prender num saco, costurá-lo, jogá--lo na água e resgatá-lo; queimar vivo o corpo de uma mulher; prender numa jaula de ferro sem possibilidade de se manter de pé ou de se sentar; encher uma mulher de ar pelo ânus com um fole de forja até estourar; sodomizar um peru, decapitá-lo no momento de ejaculação; idem com cães, gatos, bodes, cisnes, cabras; ser sodomizado por um cavalo, por um touro; enfiar uma cobra no ânus; prender num cercado; simular uma execução; crucificar; instalar num caixote de rarefazer oxigênio; fazer lavagens com óleo fervente; fazer uma mulher abortar; sangrá-la até desmaiar; confeccionar pudim com seu sangue e comê-lo; cauterizar as feridas com ferro incandescente; arrancar os dentes; aplicar marteladas; quebrar membros; enuclear, incisar, talhar, cortar os corpos; reduzir um homem ao estado de tronco e sodomizá-lo todos os dias durante um ano; jogar "num forno ardente"; organizar espetáculos de enforcamento; encher fossas de cadáveres. Paremos por aqui: Sade preenche quase quatrocentas páginas com os detalhes desses delírios – muitos dos quais foram praticados pela Milícia de Vichy, pela Gestapo alemã, pela soldadesca nazista e por todos os regimes fascistas.

## 17

*Salvar o quê?* A contragosto, Sade descreve o impasse em que se cai quando se afirma que a ética é impossível, impensável ou simplesmente inútil. Tampouco ele escapa das contradições do materialista fatalista, que afirma o reino da necessidade ao mesmo tempo que louva os méritos da organização voluntarista e escrupulosa, em que detalha um projeto que procede de um plano concertado e deliberado, de um pacto entre libertinos.

O castelo de Silling não é um produto *aleatório e necessário* da natureza ruim e malvada, cruel e criminosa, mas a criação *voluntarista e cultural* de um cérebro obsedado pela pulsão de morte. Todo fascismo procede de um medo da impotência – portanto, de uma impotência real... – conjurada pela potência sobreatuada. Se porventura existisse um sub-homem, não resta dúvida de que ele definiria o fascista.

Assim como existe um *fascismo* que extravasa as categorias da história, há um *feudalismo* que transcende os momentos e as épocas em que ele se encarna.

SADE

Sade é *o* filósofo da feudalidade, de todas as feudalidades: das de antes, durante e depois dele. Portanto, é claro, das de hoje. Donde o interesse da leitura: para conhecer os mecanismos do inimigo não se deve ignorar nada de seu funcionamento.

Além disso, ler ou reler alguns vigias antifascistas: em 1944, no seu *Dialética do esclarecimento*, Horkheimer e Adorno transformam o autor dos *Infortúnios da virtude* em emblemático pensador da burguesia, em precursor do "fascismo" e da "era totalitária"; em fevereiro de 1951, em *Origens do totalitarismo*, Hannah Arendt ressalta a fascinação pelas obras do marquês nos intelectuais de antes da guerra, ela mostra a importância desse dado na formação intelectual dos fascismos europeus; no mesmo ano, em *L'Homme révolté* [*O homem revoltado*], Camus compara a "república cercada de arame farpado" do marquês com os campos da morte; depois, em 1975, o último Foucault, recuperado de seu período estruturalista, autor de *Vigiar e punir* que finalmente abriu os olhos, afirma numa entrevista intitulada *Sade, sargento do sexo* que Sade "é um disciplinador". Enfim...

A única originalidade do marquês? Manifestar brutalmente a irrupção do sexo na filosofia. Nisso, ele pertence ao continente dos ultras das Luzes – mas somente nisso. Todavia, vítima de seu tempo, produto de sua época e, ademais, de um milênio de judeu cristianismo, a obra do marquês de Sade manifesta, de forma magistral, o retorno do recalcado cristão.

De fato, esse erotismo noturno, essa libido ruim, essa carne aviltada, esse prazer pela sânie, essas núpcias do sexo com a morte, esse perpétuo ódio à mulher, essa incapacidade para um prazer solar, lúdico,

293

## A LIBERTINAGEM FEUDAL

alegre, compartilhado, tudo isso é puro produto do cristianismo paulino, exemplo de um cérebro formatado pela neurose de Paulo de Tarso.

Franceses, mais um esforço se quiserdes realmente a descristianização e a possibilidade de um hedonismo que aposte na vida e volte as costas para as gnoses cristãs. A Revolução Francesa dá um passo nessa direção, minando a feudalidade pré-revolucionária. O triunfo da burguesia depois do Termidor cria novas feudalidades, as nossas. Donde a atualidade de novas Luzes – se possível, ultras...

# CONCLUSÃO
## As duas revoluções francesas

1

***"O ovo e a galinha" filosófico.*** Ao contrário da lenda fabricada pela historiografia dominante, os filósofos não produziram a Revolução Francesa. Pois, ao invés, foi, antes, a Revolução Francesa que os produziu – ao menos aqueles que aparecem no cartão-postal que habitualmente reúne Rousseau, Voltaire e a *Enciclopédia* de Diderot e D'Alembert.

A escrita da história *faz* a história: ela cria o principal acontecimento e depois decreta simultaneamente a anedota menor; ela promove o filósofo considerável, ela elimina o pensador dito de segunda linha; ela recupera Arouet, retratado nas cores fortes do arauto necessário, ela desconsidera um, esquece este, conspurca aquele e manda para o purgatório, ou mesmo para o inferno, todo aquele que não validar a hipótese de sua opção retilínea.

## 2

***Morte aos filósofos!*** Nenhum dos filósofos inscritos sob a bandeira da Revolução Francesa viveu seus acontecimentos. Todas as figuras tutelares de 1789 jazem seis pés sob a terra. O cadáver mais recente, D'Holbach, entregou a alma material em 21 de janeiro de 1789, ou seja, três dias antes da convocação dos Estados-Gerais pelo rei.

A sorte de Condorcet, filósofo emblemático das Luzes que, ele sim, foi contemporâneo da Revolução, nos informa sobre o que teriam vivido os filósofos que evocamos usando seus textos como testemunhos. Nesse caso, estar morto é prova de bom gosto! Condorcet, por exemplo, eleito pela Convenção, deseja uma República esclarecida por uma instrução nova a fim de realizar a democracia e uma autêntica soberania popular. Seu destino mostra a sorte que o pessoal político reserva aos pensadores em tempos revolucionários.

O filósofo está trabalhando no seu *Esboço de um quadro histórico dos progressos do espírito humano* quando o Comitê de Salvação Pública, ou seja, Robespierre e Saint-Just, o condena. Para escapar da guilhotina, ele se esconde. Em tais momentos, ele persiste em crer na necessidade de "expressar a razão popular". Otimista quanto ao desenlace final da humanidade, fiel à sua religião do progresso, devoto que é do homem no qual acredita, Condorcet escolhe a solução romana. Encontrado, detido, encarcerado, ele se mata para escapar da morte em 29 de março de 1794.

A anedota do busto de Helvétius destruído por Robespierre na sessão da Sociedade dos Jacobinos

CONCLUSÃO

na quarta-feira, 5 de dezembro de 1793, atesta no mesmo sentido. Acusado de simpatizar com os inimigos da Revolução (ele morreu em 1771!), o pretenso Incorruptível (na verdade o mais cínico demagogo oportunista e populista que jamais existiu) mostra sua singular concepção de *virtude*...

D'Holbach teria muito provavelmente feito parte de uma carroça para a guilhotina, ele, o filósofo ateu, materialista, inimigo de todas as religiões. Pois Robespierre execra o ateísmo. Prova disso é seu *Discours sur la liberté des cultes* [Discurso sobre a liberdade de culto] pronunciado em 1º Frimário Ano II: "O ateísmo é aristocrático; a ideia de um grande ser que zela pela inocência oprimida e pune o crime triunfante é totalmente popular." Enfurecido contra o "filosofismo", ele vomita os ateus acusados de todos os males: vendidos ao estrangeiro, imorais, sem honra, sem moral, sem escrúpulos. Ele escreve sem rodeios: "Se Deus não existisse, seria preciso inventá-lo." Temos aí uma citação extraída da *Épître à l'auteur du livre "Les trois imposteurs"* [Epístola ao autor do livro *Os três impostores*], datada de 1768.

Esse discurso pronunciado para os jacobinos no final de novembro de 1793 marca o fim de qualquer possibilidade de uma real revolução popular em benefício de sua fórmula burguesa, como Robespierre nos lembra: a Declaração dos Direitos do Homem, tábuas da lei dos liberais de todos os tempos, é promulgada em agosto de 1789 "em presença e sob os auspícios do Ser Supremo".

Nem falemos de Meslier, que Robespierre e os seus teriam humilhado, insultado, conspurcado, pulverizado, destruído, massacrado, cagado (o que Voltaire fez com seu assassinato de papel, mutilando seu pensamento e sua obra), de tanto que seu ateísmo, seu materialismo, seu ódio de todas as religiões, sua condenação da propriedade, sua invenção de um comunalismo libertário teriam chocado Robespierre, esse burguês deísta, liberal, que pôs o Terror a serviço dessa ideologia, o liberalismo. Pois a guilhotina nunca funcionou a favor do ateísmo, nem em seu nome. Em contrapartida, ela decapitou mais de um cidadão que se afirmou sem Deus ou assim foi suposto...

3

*O dionisismo da Revolução.* A (re)composição historiográfica talha cirurgicamente a Revolução Francesa para produzir uma forma apolínea com moderação, ordem, causalidades aparentes, equilíbrios, harmonias, jogos de forças, lógicas históricas. É fácil, conhecendo Termidor e suas consequências, fabricar a lenda da Revolução Francesa! O conhecimento do fim permite escrever mais facilmente o romance, desde que se evite tudo o que não entra nesse esquema cerceador.

Da convocação dos Estados-Gerais ao 18 Brumário, a história só é unívoca e linear para a historiografia dominante – na qual incluo a historiografia dominante dos dominados, ou seja, as histórias socialistas de Jean Jaurès ou comunistas de Mathiez, Soboul etc. Tanto em história como em outra parte, o apolinismo sempre triunfa em detrimento do dionisismo...

Moderada e ultra, filosófica e econômica, conservadora e radical, deísta e ateia, de direita e de esquerda, jacobina e federal, liberal e comunista, burguesa e popular, mesquinha e grande, pragmática e

CONCLUSÃO

ideológica, genial e estúpida, feminista e misógina, emancipadora e sujeitadora, urbana e rural, intelectual e fiscal, nessa Revolução tudo se expressa, se opõe, se enfrenta, se mistura.

4

**As duas Revoluções.** Quando talham na mixórdia dionisiana para fazer emergir um novo apolinismo, que vemos? Uma leitura que opõe a Revolução dos ganhadores à dos perdedores. Lógica de vencedores contra lógica de vencidos. A burguesia substituindo a nobreza, contra o povo, eterno espoliado das revoluções na história. Linha liberal, linha ultra.

A linha de força liberal triunfa com as ideias de Voltaire e a mão de Robespierre, dois plebeus animados pelo ressentimento. Ambos aspiram a substituir o poder feudal dos nobres pelo poder, comercial, dos mercadores, dos empreendedores, dos banqueiros, dos proprietários. A invenção da burguesia moderna se dá nesse período. O resultado da partida designa os perdedores: os chamados cidadãos passivos – em outras palavras, não proprietários, que não pagam impostos, incapazes de prover suas necessidades por seus próprios meios.

Nesse *campo liberal*, a Revolução Francesa tem a sua lenda: a convocação pelo rei dos Estados-Gerais; o desejo, ao menos até Varennes, de preservar a monarquia e de contrabalançar os plenos poderes da corte mediante uma constituição; a Declaração dos Direitos do Homem e do Cidadão na versão de 1789 que, no seu artigo 2, consagra a propriedade e a segurança como "direitos naturais imprescritíveis", e depois, no seu artigo 16, faz delas "um direito inviolável e sagrado", bem mais que a justiça ou a igualdade; é também a total liberdade para o comércio, a indústria, o negócio, a circulação das riquezas e dos bens; a lei Le Chapelier, que proíbe o sindicalismo; o artigo 10 que reconhece a liberdade de crença e de culto relativa à religião, tão prático para legitimar espiritualmente as novas formas do poder temporal.

Deus, propriedade, segurança, comércio, indústria, liberdade, são essas as palavras de ordem da nova elite que, com essa Revolução, passa a mão na Nação. A lenda da Revolução Francesa em Cinemascope pode começar: Luís XVI com o nariz enfiado nos seus mecanismos de fechaduras; Maria Antonieta e seus brioches; a tomada da Bastilha quase vazia naquele dia; o dito espirituoso das baionetas no juramento do Jeu de paume; Voltaire e Rousseau no pináculo; Robespierre e Saint-Just, arautos da virtude republicana; Danton, monstro invertido do Incorruptível; o bom Marat na sua banheira trucidado por Charlotte Corday, a perturbada; Termidor que detém o delírio da Viúva; e, logo em seguida, o pequeno Bonaparte, que junta e cola de volta os pedaços para a grande alegria dos proprietários, ou seja, os novos-ricos da Revolução Francesa que adquiriram os bens da Igreja com um punhado de *assignats* desvalorizados...

5

*A radicalidade revolucionária.* Em frente, no *campo ultra*, a Revolução Francesa mostra outra face: a abolição dos privilégios; a decapitação de Luís XVI; a taxação e a lei do preço máximo; o ateísmo descristianizado do Ano II; ela diz respeito aos "braços nus"

CONCLUSÃO

de Michelet, aos *sans-culottes* que reivindicam a "igualdade de usufruto", aos *Enragés* e seu manifesto de 25 de junho de 1793, aos padres vermelhos, a Jacques Roux – "o *enragé* dos 'Enragés'", escreve Michelet... – e Pierre Dolivier, a Sylvain Maréchal, seu *Dictionnaire des athées* [Dicionário dos ateus] e seu *Manifeste des égaux* [Manifesto dos iguais]; à Sociedade dos Republicanos Revolucionários fundada por Pauline Léon e Claire Lacombe; a Gracchus Babeuf e aos babouvistas de sua conjuração; todos eles atores enfiados na gaveta de segunda linha porque encarnam a Revolução Francesa dos perdedores: os igualitários, os amantes de justiça social, as feministas combatendo com os *Enragés*, os defensores de um programa econômico realmente social, porque socialista ou comunista.

Esse movimento pressupõe as ideias do *Testament* de Jean Meslier, ainda que os atores da Revolução Francesa ignorem toda a sua obra: ateísmo, comunalismo, feminismo, igualitarismo, justiça social, tudo isso numa perspectiva radical, em outras palavras, aplicada à raiz das coisas.

Ora, a raiz é a colusão do poder espiritual católico romano, mediante a Igreja e sua hierarquia, com o poder temporal da monarquia francesa. Mudar *realmente* as coisas é minar as fundações cristãs da realeza capetiana na perspectiva de um mundo pós-feudal, pós-cristão.

O Ano II experimenta essa radicalidade. Novo período, novos atos, novos pensamentos, novas palavras. O vocabulário da época vê surgir "déroiser" [desreizar], "déprêtriser" [despadrizar], "déféodaliser" [desfeudalizar], "défanatiser" [desfanatizar]. Os dicionários contemporâneos conservam "déchristianiser" [descristianizar]... Este último termo contém, aliás, os outros: acabar com o rei, os padres, a feudalidade e o fanatismo, reunidos no cristianismo...

A descristianização almeja a constituição civil do clero, a proscrição dos padres refratários, a supressão do culto, o fim das festas religiosas, a destruição dos símbolos católicos, a nacionalização dos bens do clero, a laicização do estado civil, uma legislação não religiosa sobre o batismo, o casamento e o divórcio, um calendário não cristão, uma onomástica pós-cristã, a morte concebida sem as fábulas religiosas, como um repouso e não como uma ameaça.

Ao todo, essa real e radical revolução dura de 5 de outubro de 1793 a 21 de novembro do mesmo ano, data do discurso de Robespierre que sufoca o movimento mandando a ala esquerda dos hebertistas e dos *Enragés* para o cadafalso, e colocando na dianteira da cena revolucionária esses berloques que são os Templos da Razão e as festas do Ser Supremo, durante as quais queima-se "o monstro do ateísmo" no Jardim Nacional. Menos de dois meses é muito pouco para se esperar um resultado tangível. A Revolução Francesa não terminou.

Ainda assim, o pouco de descristianização deve ter alegrado os manes de Meslier, Helvétius, D'Holbach, é claro, mas não os de Voltaire, Rousseau e, menos ainda, evidentemente, Robespierre, que fez de tudo para deter aquela revolução, restabelecendo a liberdade de culto naquela famosa sessão de 1º Frimário do Ano II. Naquele dia, os ultras perecem, os liberais ganham o direito de terminar seu golpe de Estado que leva a burguesia para o comando da máquina republicana. O Robespierre de Termidor encaminhava-se, aliás, nessa direção, como

CONCLUSÃO

mostram os manuscritos dos dias que precederam a sua detenção…

6

**Filosofia (burguesa) dos professores.** Os vencedores liberais e burgueses prestam rapidamente homenagem aos pensadores que possibilitaram essa reviravolta. Entende-se por que Voltaire, o filósofo emblemático dessa linha de força deísta, liberal e proprietária, em suma, burguesa, entra para o Panteão em plena Revolução Francesa, em 1791… Ele, que travestiu Meslier para desvitalizá-lo, que detestava La Mettrie, escrevia contra Helvétius, ridicularizava Maupertuis, zombava de D'Holbach, desprezava o povo, bajulava os poderosos, não roubou seu lugar nesse mausoléu dos importantes.

Para escrever a história (da filosofia) do ponto de vista dos vencedores, os burgueses dispõem de uma arma antiga, mas renovada por Bonaparte que se tornou Napoleão: a Universidade. Essa instituição, por muito tempo sob as ordens do idealismo cristão, põe-se a serviço do senhorio que agora a remunera: os liberais, os burgueses e seu espiritualismo, versão modernizada do cristianismo.

Sentindo tão de perto os efeitos da Revolução Francesa, os burgueses se lembram confusa mas certamente de que foram os filósofos que tornaram possível esse cataclismo. A periculosidade do século XVIII fica estigmatizada com o materialismo, o sensualismo, o empirismo, o deísmo, sem falar do ateísmo.

Na França, o uso da filosofia para fins contrarrevolucionários passa pela Universidade do século XIX. Para se opor ao espírito de 89 – não se falava

303

OS ULTRAS DAS LUZES

de "pensamento 89", mas seria possível... –, um obscuro professor encontra nisso um excelente meio de se tornar um funcionário importante por quem tudo passa. Seu nome? Victor Cousin.

Este último, filósofo mediocríssimo e, portanto, predestinado a se destacar na administração nacional da filosofia, autor de uma salada mista que entrou na história das ideias sob o nome de *ecletismo*, concentra nas suas mãos um poder importante no meio político-filosófico: ao intervir nos programas, no conteúdo do exame de conclusão do ensino médio, nos concursos para professores, no corpo de inspetores, na máquina administrativa, ele cria a *filosofia dos professores*, triunfante faz dois séculos. Sinal particular: ódio da vida cotidiana, desprezo do corpo, da carne, das emoções, das sensações e percepções, recusa do concreto, refúgio no idealismo, culto do espiritualismo, aparente dissociação entre disciplina e religião, na verdade, secularização laica do cristianismo, tudo isso apresentado sob as vestes de mago do idealismo alemão. Cousin inaugura a grande tradição francesa da germanofilia no mundo filosófico...

A filosofia dos professores se desenvolve feito uma patrística liberal. Nessa época, começa-se a redigir histórias da filosofia, pois se pressente, ou se entende, a importância para a história da escrita da história. Ou mesmo para a sua reescrita...

Os cursos de história da filosofia, de aparência neutra e objetiva, permitem que os funcionários de Estado da disciplina selecionem, conservem, guardem, celebrem filósofos, nomes, obras, e depois excluam e eliminem outros. Descartes contra Locke, Leibniz contra Gassendi, Kant contra Helvétius,

CONCLUSÃO

Hegel contra D'Holbach. Criam-se lendas, lançam-
-se anátemas. No seu *Cours de philosophie* [Curso de
filosofia], tomo primeiro, Cousin diz de La Mettrie
e D'Holbach: "são loucos"! Os amigos são inscritos
numa lista oficial, num programa, ao mesmo tempo
que os inimigos são silenciados.

## 7

***Clarezas inglesas contra brumas alemãs.*** Nem toda a
filosofia se reduz à celebração do Espírito Absoluto,
ao cristianismo transfigurado pelo Conceito, ou à
religião do Estado como a *Fenomenologia do espírito* e
os *Princípios da filosofia do direito* de Hegel ensinam. A
paixão pelo neologismo, a dialética absconsa, o gosto pela retórica e pela sofística dos escolásticos da
Idade Média revisitados por Iena não constituem o
horizonte intransponível da filosofia (coisa em que
a historiografia dominante acredita deploravelmen-
te). A salvação existe fora do idealismo alemão...

A Universidade não constitui o horizonte intrans-
ponível do pensamento depois da Revolução Fran-
cesa. Certo, Berlim, Tübingen, Iena, Heidelberg,
Friburgo; evidentemente, a Ciência da Lógica, a
Consciência de Si, o Espírito do Mundo, o Saber
Absoluto; muito bem, Kant, Hegel, Fichte, Schelling.
Mas afora isso? Nada? Nada de interessante? Nada
de importante?

Claro que sim. Pois o século XIX, quando não é
cúmplice do idealismo formulado em língua alemã,
é também o dos discípulos ingleses do utilitarismo
francês: o singular William Godwin, o não menos
extravagante Jeremy Bentham, o superdotado John
Stuart Mill, o discípulo Henry Sidgwick, mas também,

do outro lado do Atlântico, um pensamento americano encarnado na figura atípica de Henry David Thoreau ou de seu mestre, o transcendentalista epicurista Emerson. São oportunidades de mostrar que a filosofia fala outra língua além do grego de Platão ou do alemão de Kant, pois, se ela falou o francês de Helvétius ou de D'Holbach, também pode se exprimir na língua de Locke...

# BIBLIOGRAFIA

*A face oculta das Luzes.* Para entrar nesse século, cumpriria citar todo o excelente trabalho de Robert Darnton, que revolucionou o modo de apreender essa época. Citemos, entre outros livros, sobre a análise da condição do intelectual, da cultura burguesa, das práticas operárias do famoso massacre dos gatos, *Le Grand Massacre des chats. Attitudes et croyances dans l'ancienne France,* Robert Laffont, 1985 [*O grande massacre dos gatos e outros episódios da história cultural francesa,* Graal, 1988], sobre a parte antirracional, se não irracional, do chamado século das Luzes, *La Fin des Lumières. Le mesmérisme et la révolution,* Odile Jacob, 1995 [*O lado oculto da Revolução, Mesmer e o final do Iluminismo na França,* Companhia das Letras, 1988], sobre reflexões a respeito do preço do livro, seu custo, sua difusão, sua penetração nas campanhas, *Gens de lettres, gens du livre,* Odile Jacob, 1992, sobre uma enciclopédia a respeito da *Enciclopédia, L'aventure de* l'Encyclopédie*: 1775-1800, un best-seller au siècle des Lumières,* Seuil, 1992 [*O Iluminismo como negócio, história da publicação da Enciclopédia, 1775-1800,* Companhia das Letras, 1996]. Trabalho considerável e apaixonante. Uma obra para começar: *Pour les Lumières. Défense, illustration, méthode,* Presses Universitaires de Bordeaux, 2002.

OS ULTRAS DAS LUZES

Gosto do vigor, do engajamento e da determinação de Louis Sala-Molins. Sua análise e sua edição do *Code Noir* pela editora PUF são magistrais; a mesma força para denunciar a inaceitável razão colonial pode ser encontrada em *Les Misères des Lumières. Sous la Raison, l'outrage*, Robert Laffont, 1992. Ele vasculha a sombra das Luzes e mostra o quanto os chamados filósofos iluministas justificam e defendem a escravidão... Sala--Molins reivindica "a opção de ler a história das ideias e do direito do ponto de vista dos maltrapilhos, dos mortos de fome, dos escravos". Salutar, revigorante...

Pode-se ler *Qu'est-ce que les Lumières?* [*O que é o Esclarecimento?*] de Immanuel Kant em *La Philosophie de l'histoire*, tradução francesa de Piobetta, Aubier Montaigne, e o comentário de Michel Foucault num artigo epônimo, "Qu'est-ce que les Lumières?" ["O que são as Luzes", in *Ditos e Escritos II*, pp. 335-51], publicado em *Dits et Ecrits*, 1954-1988, Gallimard, tomo IV, pp. 562-78.

A face ultra do século XVIII pode ser encontrada em *Discours antireligieux français du dix-huitième siècle. Du Curé Meslier au marquis de Sade*, L'Harmattan, Presses de l'Université de Laval, 2003, excelente antologia apresentada, comentada sob a direção de Patrick Graille e Mladen Kozul; a face reacionária é visível no apaixonante compêndio de Didier Masseau, *Les Ennemis des philosophes. L'antiphilosophie au temps des Lumières*, Albin Michel, 2000: todos os golpes sujos dos católicos, da reação, dos conservadores para enfrentar o poder de fogo dos enciclopedistas e do assim denominado clã dos Filósofos.

Boa narração de *L'Affaire des Cacouacs* por Gerhardt Stenger, que apresenta e analisa três textos (um anônimo, um de Jacob Nicolas Moreau e outro de Odet Joseph Giry de Vaux, abade de Saint-Cyr) violentamente polêmicos, dirigidos na época contra os Filósofos. Segundo sua etimologia grega, "cacouac" significa "mau"... Publicações da Université de Saint-Etienne, 2004.

Um título e um subtítulo chamativos, *Philosophes sans Dieu. Textes athées clandestins du XVIII<sup>e</sup> siècle*, reunidos por Gianluca Mori e Alain Mothu pela seriíssima editora Honoré Champion, 2005, que edita, prefacia e publica textos de Dumarsais, Boulainvilliers, Fréret, Perelle e outros que, em geral, são textos deístas mas não ateus... Por outro lado, livro com um preço exorbitante.

BIBLIOGRAFIA

\* \* \*

***Genialidade de Meslier, padre ateu.*** Deve-se evitar o falso confeccionado por Voltaire e ir diretamente para o texto publicado em 1970 em três grossos volumes pela editora Anthropos com o título *Oeuvres de Jean Meslier. Mémoire des pensées et sentiments de Jean Meslier.* Nele se encontra a obra completa, com a carta aos padres e o *Anti-Fénelon.* Para abrir o primeiro volume, textos esclarecedores de André Desné, Jean Deprun, Albert Soboul sobre o homem, o filósofo, o político. No terceiro volume, notas anexas apaixonantes, entre as quais uma sobre o solipsismo no século XVIII... Textos, documentos relacionados com o dossiê Meslier. Edição fundamental com um único defeito: esgotada, ela é inencontrável. Disponível hoje, uma seleção de passagens em francês modernizada com o título: *Mémoire.* Autor: Padre Meslier, Exil, 2000. Trabalho bem-feito e útil. Prefácio sintético. Notícia de última hora: reedição do *Testament* pela editora Alive, 2007.

Maurice Dommanget escreveu sobre Meslier tudo o que se podia saber em matéria de informações biográficas. Vide *Le Curé Meslier. Athée, communiste et révolutionnaire sous Louis XIV,* Julliard, 1965. Os trabalhos sérios reconhecem abertamente sua dívida para com esse calhamaço de mais de quinhentas páginas. O autor fornece tudo o que os que vêm depois escrevem sobre a questão. Marc Bredel, na época jovem professor de filosofia – 34 anos em 1983 –, publicou pela editora Balland um *Jean Meslier l'enragé,* cujo subtítulo é *Prêtre athée et révolutionnaire sous Louis XIV.* Não há melhor maneira de deixar claro que se está escrevendo com Dommanget na mão, ou melhor, na mesa...

Elisabeth de Fontenay dedicou um capítulo – "La douleur des mouches et des araignées", pp. 489-96 – a Meslier e à sua ética da piedade em relação aos animais em *Le Silence des bêtes. La philosophie à l'épreuve de l'animalité,* Fayard. Ver também "Le coup de grâce", pp. 289-99, o capítulo sobre Malebranche, inimigo jurado do padre, que, no entanto, é apresentado como um "malebranchista de extrema-esquerda", no prefácio às *Oeuvres!*

\* \* \*

309

OS ULTRAS DAS LUZES

*La Mettrie, bufão trágico e filósofo.* Nenhuma biografia, no sentido clássico do termo, para esse filósofo extravagante, bufão, trágico, hedonista, trabalhador e desenvolto. Pierre Lemée escreveu até agora o melhor livro com seu *Julien Offray de La Mettrie. Médecin, philosophe, polémiste. Sa vie, son oeuvre*, edição do autor pela Imprimerie du Mortainais – que faliu antes da entrega completa dos volumes em 1954. Antes dele, Nérée Quépat, *Essai sur La Mettrie, sa vie et ses oeuvres*, Librairie des bibliophiles, 1873. Mais recentemente, Claude Morilhat, *La Mettrie. Un matérialisme radical*, PUF, 1997. Melhor síntese filosófica.

Encontramos um capítulo sobre La Mettrie (mas não sobre Meslier...) em Friedrich Albert Lange, *Histoire du matérialisme*, Coda, 2004. A mesma editora publicou as *Oeuvres philosophiques* em 2004, sem introdução ou prefácio, mas com notas. Edição mais manejável graças à modernização da ortografia e da pontuação que a da editora Fayard, *Œuvres philosophiques*, tomo I, e tomo II, 1987, sob a responsabilidade de Francine Markovits. Na mesma coleção encontra-se *Ouvrage de Pénélope ou Machiavel en médecine*, 2002. Raymond Boissier dedicou sua tese à apresentação de um texto de La Mettrie: *Un pamphlet médical au XVIIIᵉ siècle. La Politique du médecin de Machiavel de Julien Offray de La Mettrie*, 1931, edição do autor. Ler por fim a excelente introdução (e as notas) de Paul Laurent Assoun a *L'Homme--Machine*, com o estranho subtítulo: *L'antirobot*, provavelmente facécia de editor! Denoël Gonthier, 1981.

A revista *Corpus* dedicou seu número 5/6 a La Mettrie: há de tudo, do melhor e do pior... O melhor com Ann Thompson, "La Mettrie ou la machine infernale", o pior com John Falvey, "La politique textuelle du *Discours préliminaire*: l'anarchisme de La Mettrie". Este último faz de La Mettrie um "anarquista *avant la lettre*", p. 35, que teria produzido "um dos exemplos fornecidos pelo Iluminismo do surgimento de uma ideia mestra", a saber... a anarquia. Leiamos precisamente esse artigo: o anarquista em questão exorta "magistrados, ministros, legisladores (...) a continuarem a exercer sobre o povo um controle severo", manifestando, ademais, "um desprezo cínico pelos direitos do homem", assegurando aos poderosos a colaboração dos filósofos nessa empreitada; um pretenso anarquista

310

BIBLIOGRAFIA

faria melhor! Como muitos universitários de respeito, o sr. Falvey não esclarece que toma sua tese emprestada do sr. Starke, *Die politische Position La Mettrie's*, Neue Beiträge zur Literatur der Aufklärung, Berlim, 1964, p. 153. Segundo esse autor, La Mettrie ilustra a corrente "anarcoindividualista do movimento Iluminista"...

O pior também com Marian Skrzypek, "La Mettrie et la 'religion du médecin'", que atribui a La Mettrie as ideias de um interlocutor que o filósofo põe em cena (p. 66). Fora de contexto, a colocação faz crer que La Mettrie é ateu, o que a vulgata defende, é verdade. Mas com semelhante figurinha filosófica, deísta ainda por cima, as coisas são mais complicadas.

* * *

**Maupertuis, o lapão.** Biografia honesta de Michel Valentin, *Maupertuis. Un savant oublié*, La Découvrance (!), 1998 – autor bretão, médico, que celebra o compatriota numa editora também bretã... Encontramos muitas informações biográficas sobre Maupertuis em Elisabeth Badinter, *Les Passions intelectuelles*. Tomo 1: *Désirs de gloire* (1735-1751), tomo 2: *Exigence de dignité* (1751-1762) [*As paixões intelectuais*, 2 vols., Civilização Brasileira]. Autora severa com Helvétius e Maupertuis, que não merecem tanto, mas hagiográfica com Condorcet... Também devemos a ela um *Condorcet*, pela editora Fayard, com seu marido Robert Badinter. Lento, longo, indigesto, interminável, mas extremamente informado. Ler também, para ter uma ideia da ruindade de Voltaire, e não só com Maupertuis, o belíssimo livro de Jean Orieux, *Voltaire, ou la royauté de l'esprit*, Champs Flammarion, dois volumes. Várias passagens sobre o relacionamento polêmico entre os dois homens.

As *Actes de la journée Maupertuis* reúnem as intervenções de um colóquio realizado em Créteil em dezembro de 1973. Artigo interessante de Pierre Naudin, "Une arithmétique des plaisirs? Esquisse d'une réflexion sur la morale de Maupertuis", pp. 15-31. Intervenções também sobre o relacionamento com Dom Deschamps, Diderot, Montesquieu.

O *Essai de philosophie morale* publicado em 1749 em Berlim nunca foi reeditado...

OS ULTRAS DAS LUZES

\* \* \*

*Helvétius, o preceptor esquerdista.* *Le Bonheur* e *Epîtres sur les arts* e *Epître sur le plaisir* seguidos de uma troca de correspondência com Voltaire, em Londres, MDCCLXXVI, foram reeditados por Encre Marine. *De l'esprit* e *De l'homme*, dois volumes, foram reeditados por Fayard, o primeiro em 1988, os segundos no ano seguinte. Nenhuma edição crítica...

O estado da bibliografia sobre o filósofo é consternador: nada de muito fresco nem de realmente instigante... Em 1907, uma biografia intelectual de Albert Keim, Alcan: lírica, arrastada, lenta, longa, excessivamente longa – 720 páginas... –, intitulada *Helvétius, sa vie et son oeuvre*. Nenhuma perspectiva filosófica, apenas fatos, longas exposições que relatam as teses das publicações do filósofo... Não obstante, indispensável.

Mais viva, mais rápida, mas não mais fresca – 1911... –, *Helvétius*, uma seleção de textos e uma introdução de J. B. Séverac pela editora Louis Michaud. François Châtelet escreveu um prefácio a *De l'esprit* para a editora Marabout em 1973: exala um forte cheiro de encomenda e não convida a se entusiasmar por Helvétius...

Os comunistas se apropriam dele para suas Éditions sociales, com um prefácio de Guy Besse, *De l'esprit*, "Les classiques du peuple", 1968 – Helvétius até que se sai bem porque é o melhor crítico da feudalidade de seu tempo, mas não pode ser considerado gênio porque não é marxista-leninista! "Marx, Engels e Lênin entenderam que sua filosofia da felicidade e do interesse geral – apesar de suas fraquezas e inconsequências – anuncia as mais belas verdades do socialismo científico." Aplausos! Guy Besse foi um dos meus professores na Universidade de Caen. Nos seus cursos, a cada duas palavras ele massacrava Proudhon e elevava Marx às alturas.

Mesmo exercício de captação marxista-leninista, mas em 446 páginas, em Kh. Momdjian, *La Philosophie d'Helvétius*, edições de Moscou, 1959. Um admirável exercício de estilo stalinista: Helvétius ateu, materialista, crítico da sociedade de seu tempo, ponto a favor, mas, ponto contra, pensador burguês que defende a propriedade e passa ao largo do comunismo. Felizmente, veio Marx, e, melhor ainda, Vladimir Ilitch Ulianov. Espetáculo idêntico, na forma oral, de Althusser no excelente

## BIBLIOGRAFIA

*Anthologie sonore de la pensée française,* Frémeaux et Associés, CD1, "Helvétius révolutionnaire", entrevista com Serge Jouhet, RTF, 10 de fevereiro de 1962.

O tratamento dado a Helvétius nas Histórias mereceria um longo texto. Por exemplo, a *Histoire de la philosophie* de La Pléiade, monumento e instituição da edição francesa, evita dedicar-lhe um capítulo... Contentam-se com oito referências espalhadas anedoticamente pelo corpo de uma obra de mais de mil páginas. Jean Deprun, incumbido de redigir esse "Philosophie et problématique des Lumières" que negligencia Helvétius, dedica um capítulo inteiro aos "Anti-Iluminismo". Gerdil? Sim. Roche? Claro. Lignac? Evidentemente. Keranflech? Lógico. Bergier, Martines de Pasqually? Como evitá-los? Uma dezena de páginas para esses católicos vingativos. Helvétius? Insignificância filosófica...

Nada de melhor em Bréhier! Nas quase duas mil páginas de sua *Histoire de la philosophie* contam-se menos de duas sobre Helvétius, mas é o suficiente para dar uma mancada monumental. Segundo o eminente professor de filosofia, distinto sorbonista, diretor da *Revue philosophique, Do espírito* passa por ser um livro que "é a aplicação, em matéria intelectual, das teses que D'Holbach defendia em moral". Bem. Exceto que o primeiro livro de Helvétius é publicado em 1758 e que, naquela época, D'Holbach não escreveu nenhum livro de filosofia e se contentou em traduzir obras de mineralogia, de geologia, de piritologia, de metalurgia e outros temas científicos...

O primeiro livro impresso de D'Holbach, e, diga-se de passagem, não com seu nome, data de 1761. Trata-se do *Christianisme dévoilé*. Helvétius, o suposto copiador, já é vendido faz três anos em livrarias. Se é o caso de um inspirar o outro, não é aquele que se pensa... Custa crer no historiógrafo quando ele põe no mesmo saco filosófico La Mettrie, Helvétius e D'Holbach, distinguindo-os apenas pelo "elã maravilhoso do estilo"! Será que os leu realmente?

Pior ainda: uma obra recente de 2001 intitulada *Histoire raisonnée de la philosophie morale et politique* e com o sedutor subtítulo de *Le bonheur et l'utile* simplesmente nem sequer menciona o nome de Helvétius: inencontrável no sumário e no índice remissivo... Tomás de Aquino, Descartes e Kant são os mais ricamente dotados nessa coletânea de 750 páginas organizada por Alain Caillé. Lembremos que a felicidade e o útil ocupam o epicentro da filosofia de Helvétius... Não haveria núcleo mais duro!

Voltemos ao dicionário e examinemos o tomo cinco dos 10 volumes do *Grand Larousse Encyclopédique.* Verbete Helvétius: ali aprendemos que Claude Adrien era um filósofo materialista, radicalmente ateu, que colaborou com a *Enciclopédia.* Temos não menos de três erros em poucas linhas: esse ateu feroz é um deísta; esse filósofo materialista não trata, em parte alguma das mil e quinhentas páginas de sua obra completa, do átomo, da matéria, das partículas, conclui até que a matéria é bem mais da alçada das palavras vazias dos filósofos; enfim, esse enciclopedista nunca publicou um só texto, ainda que mínimo, no compêndio supervisionado por Diderot e D'Alembert!

Para os Ideólogos, uma única obra de referência, também ela antiga: François Picavet, *Les Idéologues. Essai sur l'histoire des idées et des théories scientifiques, philosophiques, religieuses, etc. en France depuis 1789*, 1891, Georg Olms Verlag, reimpressão 1972, 628 páginas. Mais recente, Laurent Clauzade, *L'Idéologie ou la révolution de l'analyse*, Tel Gallimard, 1998.

\* \* \*

**D'Holbach e a Padaria.** A obra completa existe graças à coragem de um editor – Jean-Pierre Jackson –, a quem devemos um excelente catálogo de filosofia – entre os quais Locke, Hume, Saint-Évremond, La Mettrie, Lange. *Œuvres philosophiques*, tomos 1, 2, 3, éditions Alive, tomo 4, éditions Coda. Duas mil páginas de filosofia radicalmente ateia, materialista e ultra. Tomo 1: *Le Christianisme dévoilé, La Contagion sacrée, Lettres à Eugénie, Théologie portative.* Tomo 2: *Essai sur les préjugés. Système de la nature. Histoire critique de Jésus-Christ.* Tomo 3: *Tableau des saints, Le Bon Sens, Politique naturelle, Éthocratie.* Tomo 4: *Système social, La Morale universelle, Catéchisme de la nature.*

Não existe, evidentemente, muita coisa sobre D'Holbach, a não ser Pierre Naville, *D'Holbach et la philosophie scientifique au XVII$^e$ siècle*, Gallimard. Um livro fragmentado em capítulos secos e heterogêneos – datado de 1943, atualizado em 1967. A data da primeira edição, durante a Ocupação, faz desse livro

## BIBLIOGRAFIA

um texto militante radical para quem souber lê-lo. Falta escrever uma biografia intelectual crítica da vida, da obra e do pensamento do barão. Uma obra sobre o Salão, a Padaria, a Sinagoga: René Hubert, *D'Holbach e ses amis*, André Delpuech éditeur.

\* \* \*

**Sade, vícios e virtudes.** É certo que Sade foi um pária, um maldito, um frequentador dos Infernos de biblioteca. Mas os turibulários apoiados na antiquíssima má reputação deveriam rever suas posições: as edições de bolso existem faz mais de um quarto de século e, consagração da instituição, Sade pode ser encontrado desde 1990 em três volumes na coleção La Pléiade. As *Oeuvres* contêm: tomo 1 – *Dialogue entre un prêtre et un moribond, Les 120 Journées de Sodome, Aline et Valcour*; tomo 2 – *Les Infortunes de la vertu, Justine ou les malheurs de la vertu, La Nouvelle Justine*; tomo 3 – *La Philosophie dans le boudoir, Histoire de Juliette*.

As biografias: Gilbert Lely é uma autoridade com *Vie du marquis de Sade*, Pauvert, 1965. Edição resumida em *Sade*, Idées Gallimard. Jean-Jacques Pauvert, editor de Sade, grande defensor perante Deus, mártir da causa sadiana, produziu um compêndio em três volumes: *Sade vivant*, tomo 1 – *Une innocence sauvage (1740-1777)*, tomo 2 – *"Tout ce qu'on peut concevoir dans ce genre-là…" (1777-1793)*, tomo 3 – *"Comme je me flatte que ma mémoire" (1793-1804)*, por Robert Laffont. Uma hagiografia de mais de mil e quinhentas páginas: o herói em toda a sua soberba, o algoz é uma vítima, as vítimas, algozes. Belo exemplo de má-fé e de cegueira. O contrário de um trabalho de historiador – que falta. Assim sendo, consideraremos negligenciável a série de outras biografias que se contentam em reformular Lely e Pauvert.

A cambada do povo das letras defensor do fascismo sadiano: Jean Paulhan, *Le Marquis de Sade et sa complice* (1945), ed. Complexe; Maurice Blanchot, *Lautréamont et Sade* (1949), Minuit, e *La Raison de Sade* (1963) in *Sade et Restif de la Bretonne*, ed. Complexe; Pierre Klossowski, *Sade mon prochain*, precedido de *Le Philosophe scélérat*, Seuil (1947 e 1967) [*Sade, meu próximo*, precedido de *O filósofo celerado*, Brasiliense, 1985]; Georges Bataille, *La Littérature et le Mal* (1957), Gallimard [*A literatura e o mal*, L&PM, 1989]; Michel Foucault, *Folie et Déraison. Histoire de la*

315

## OS ULTRAS DAS LUZES

*folie à l'âge classique* (1961), Plon [*História da loucura*, Perspectiva, 2004]; Lacan, *Kant avec Sade* (1963), republicado em *Écrits*, Seuil [*Kant com Sade*, in *Escritos*, Jorge Zahar]; Gilles Deleuze, *Présentation de Sacher-Masoch* (1967), Minuit [*Sacher-Masoch, o frio e o cruel*, Jorge Zahar]; Roland Barthes, *Sade, Fourier, Loyola* (1971), Seuil [*Sade, Fourier, Loyola*, WMF Martins Fontes, 2005]; Annie Le Brun, *Soudain, un bloc d'abîme, Sade* (1986), Pauvert; Sollers, *Sade contre l'Être Suprême*, precedido de *Sade dans le temps* (1996), Gallimard [*Sade contra o Ser Supremo*, precedido de *Sade no tempo*, Estação Liberdade, 2001]. Tamanho areópago sidera...

Os antifascistas: Raymond Queneau, "Lectures pour un front", in *Bâtons, chiffres et lettres* (1945), Gallimard; Max Horkheimer e Theodor W. Adorno, *La Dialectique de la raison* (1947), Gallimard [*Dialética do esclarecimento*, Jorge Zahar, 2006]; apenas uma nota em Hannah Arendt, *Les Origines du totalitarisme* (1951), Gallimard [*Origens do totalitarismo*, Companhia das Letras, 1998]; Albert Camus, um capítulo de *L'Homme révolté*, "La négation absolue: un homme de lettres" (1951), Gallimard [*O homem revoltado*, Record, 2003]. Um livro que não cumpre suas promessas sobre o tema: *Sade ou la tentation totalitaire* (2001), Honoré Champion, por Svein-Eirik Fauskeväg – bela ideia, mas que não bancou o desafio; o livro ainda está por escrever.

Simone de Beauvoir capta a parte feudal do marquês em *Faut-il brûler Sade?* (1955) ["Deve-se queimar Sade?", in Sade, *Novelas*, Difusão Europeia do Livro, 1961], mas não extrai disso todas as conclusões possíveis, decepcionando no final das contas, sobretudo considerando as belas intuições; Sartre analisa – brilhantemente – o sadismo, mas não Sade, em *O ser e o nada*. Em contrapartida, em *Crítica da razão dialética*, também Sartre se resigna à fábula de um Sade autenticamente revolucionário e não consegue concluir aquilo que, no entanto, sua magistral análise permite entrever: Sade pensador do fascismo quintessenciado...

\* \* \*

**Revolucionar a Revolução.** Toneladas de livros sobre o tema da Revolução Francesa, mas são poucos os que saem da vulgata.

# BIBLIOGRAFIA

Conservadora com Tocqueville, romântica com Michelet, socialista com Jaurès, comunista – robespierrista portanto... – com Mathiez ou Soboul, liberal com Furet, sem contar as obras temáticas sobre todos os assuntos relativos a essa época, as enciclopédias, os dicionários e livros de ocasião feitos para tornar rentável a pena durante as celebrações. Incluindo as biografias...

Donde o interesse de uma leitura realmente alternativa e radicalmente libertária com Daniel Guérin, *La Lutte de classes sous la Première République. Bourgeois et "bras nus" (1793-1797)*, dois volumes por Gallimard, 1946. Essas mais de oitocentas páginas deram lugar a uma síntese intitulada *Bourgeois et Bras nus (1793-1795)*, Idées Gallimard, 1973. Notável porque desmonta uma lenda e destrói os lugares-comuns. Do mesmo autor pode-se ler *La Révolution française et nous*, Maspero, 1976, para pensar esse período histórico tendo em vista a nossa modernidade. Ver também *Les Anarchistes et la Révolution française*, uma coletânea organizada por Gaetano Manfredonia, éditions du Monde libertaire, 1990.

Sobre algumas questões relativas aos ultras: Serge Bianchi, *La Révolution culturelle de l'an II. Elites et peuple*, Aubier. Maurice Dommanget, *1793. Les Enragés contre la vie chère suivi de Les curés rouges. Jacques Roux – Pierre Dolivier. Manifeste des enragés et des égaux*, ed. Spartacus. Do mesmo, pela mesma editora, *Babeuf et la conjuration des Égaux*. Por fim, texto inencontrável e muito interessante – isto explicando aquilo –, Patrick Kessel reuniu sob o título *Les Gauchistes de 89*, 10/18, um extraordinário compêndio de textos de desconhecidos que ocupavam a ultraesquerda durante a Revolução Francesa. Textos de Momoro, Roux, Maréchal, Lequinio, Varlet, Cloots e muitos outros ocultos pelo habitual cartão-postal da historiografia dominante.

\* \* \*

**Uma filosofia de ministro.** Victor Cousin é o protótipo do filósofo fracassado que faz uma carreira política com a ajuda da filosofia. Para se dar conta do que é uma carreira desse tipo, ler o compêndio de Patrice Venneren, *Victor Cousin. Le jeu de la philosophie et de l'État*, L'Harmattan. Ao que devemos acrescentar uma interessantíssima compilação dos textos dessa espécie de indivíduo, tanto mais próximo do poder quanto mais distante da filosofia: *La Philosophie saisie par l'Etat. Petits écrits sur l'enseignement philosophique en France (1789-1900)*, Aubier. Ler também, coligidas por Michel Espagne e Michael Werner, *Lettres d'Allemagne. Victor Cousin et les hégéliens*, ed. du Lérot. Ver também Eric Puisais, *La Naissance de l'hégélianisme français (1830-1870)*, L'Harmattan. Um excelente exemplo do funcionamento da máquina de destruir o pensamento alternativo pelos filósofos dominantes é minuciosamente exposto por Pierre F. Daled, *Le Matérialisme occulté et la Genèse du "sensualisme". Écrire l'histoire de la philosophie en France*, Vrin.

# CRONOLOGIA

| **A CONSTELAÇÃO HEDONISTA** | *A CONSTELAÇÃO IDEALISTA* |
|---|---|
| | *1694: nascimento de Voltaire.* |
| **1698: (7 jul.) nascimento de Maupertuis.** | |
| **1709: (19 dez.) nascimento de La Mettrie.** | |
| | *1710: Leibniz,* Teodiceia. |
| | *1710: Berkeley,* Tratado sobre os princípios do conhecimento humano. |
| | *1712: nascimento de Rousseau.* |
| **1713: nascimento de Diderot.** | *1713: Fénelon,* Démonstration de l'existence de Dieu. |
| | *1714: Leibniz,* A monadologia. |
| **1715: (jan.) nascimento de Helvétius.** | *1715: morte de Malebranche.* |
| | *1715: morte de Luís XIV. Regência.* |
| **1716: nascimento de Dom Deschamps.** | |
| | *1717: morte de Leibniz.* |

OS ULTRAS DAS LUZES

| **A CONSTELAÇÃO HEDONISTA** | *A CONSTELAÇÃO IDEALISTA* |
|---|---|
| 1719-1729: escrita das *Mémoires* do abade Meslier. | |
| **1723: (8 dez.) nascimento de D'Holbach.** | |
| | *1723: Luís XV no trono.* |
| | *1724: nascimento de Kant.* |
| **1729: (28 ou 29 jun.) morte de Jean Meslier.** | |
| | *1734:* Cartas filosóficas, *de Voltaire.* |
| **1740: nascimento de Sade.** | |
| 1745: *Histoire naturelle de l'âme*, de La Mettrie. | |
| 1748: *L'Homme-Machine* [*O Homem-Máquina*], *L'Homme-Plante* e *Discours sur le bonheur, ou L'Anti-Sénèque*, de La Mettrie. | |
| **1748: nascimento de Bentham.** | |
| 1749: em Berlim, *Essai de philosophie morale*, Maupertuis. Edição francesa em 1751. | |
| 1750: *Les Animaux plus que machines*, de La Mettrie. | *1750:* Discurso sobre as ciências e as artes, *de Rousseau.* |
| **1751: morte de La Mettrie.** | *1751:* Diatribe du Docteur Akakia *(contra Maupertuis), de Voltaire.* |
| | *1751: na* Enciclopédia *(verb. "Ateísmo"), o abade Yvon pede a pena de morte para os ateus.* |
| | *1754:* Discurso sobre a origem e os fundamentos da desigualdade entre os homens, *de Rousseau.* |
| 1755: Morelly, *Código da natureza*. | |

CRONOLOGIA

## *A CONSTELAÇÃO HEDONISTA*  *A CONSTELAÇÃO IDEALISTA*

**1756: nascimento de Godwin.**

*1756:* Poème sur le désastre de Lisbonne, *de Voltaire.*

*1757: declaração real que pune com a morte autores, editores, colportores de escritos hostis à religião.*

1758: *De l'esprit* [*Do espírito*], de Helvétius.

**1759: (27 jul.) morte de Maupertuis.**

*1759:* Cândido, *de Voltaire.*

*1759: condenação ao fogo de* Do espírito, *de Helvétius.*

1761: *Le Christianisme dévoilé*, de D'Holbach.

*1762: Calas rodado até a morte.*

*1762: Voltaire imprime e difunde um falso* Testament *de Jean Meslier.*
*1762:* O contrato social, Emílio *e* La Profession de foi du vicaire savoyard, *de Rousseau.*

**1764: Beccaria, Dos delitos e das penas.**

*1764:* Lettres écrites de la montagne, *de Rousseau.*
*1764:* Dicionário filosófico *(contra o ateísmo), de Voltaire.*

1766: *Lettre de Trasybulle à Leucippe*, de Fréret.

1768: caso Rose Keller/Sade.
1769: *Essai sur les préjugés*, de Dumarsais.
1769-1770: *Histoire critique de Jésus-Christ, L'Esprit du judaïsme, Examen critique de la vie et des ouvrages de Paul* e *Tableau des saints*, de D'Holbach.

321

OS ULTRAS DAS LUZES

## A CONSTELAÇÃO HEDONISTA | A CONSTELAÇÃO IDEALISTA

1770: *Système de la nature*, de D'Holbach.
1770: *Jordanus Brunus redivivus* (manuscrito clandestino).

1770: nascimento de Hegel.
1770: *Voltaire escreve contra D'Holbach:* Dieu, réponse ao Système de la nature.

**1771: (26 dez.) morte de Helvétius.**
1772: (post.) *De l'homme*, Helvétius.
1772: *Le Bon Sens*, de D'Holbach.
**1772: nascimento de Charles Fourier.**
1772: caso de Marselha/Sade.
1773: *Suplemento à viagem de Bougainville*, Diderot.

*1774: ascensão de Luís XVI ao trono.*

**1774: morte de Dom Deschamps.**
1775: (post.) *La Vérité ou le Vrai Système*, de Dom Deschamps.
1775: Diderot, *Réfutation* seguida da obra de Helvétius intitulada: *L'Homme*.

1778: morte de Rousseau e de Voltaire.
1781: (post.) *as* Confissões, *de Rousseau.*
1781: Crítica da razão pura, *de Kant.*

1782: *Diálogo entre um padre e um moribundo*, de Sade.

1782: (post.) Os devaneios do caminhante solitário, *de Rousseau.*

**1784: morte de Diderot.**

1784: O que é o esclarecimento? *e* Ideia de uma história universal de um ponto de vista cosmopolita, *de Kant.*
1785: Fundamentos da metafísica dos costumes, *de Kant.*

322

CRONOLOGIA

## *A CONSTELAÇÃO HEDONISTA*     *A CONSTELAÇÃO IDEALISTA*

1787: *Os infortúnios da virtude*, de
Sade.

*1788:* Crítica da razão prática, *de
Kant.*

**1789: (21 jan.) morte de
D'Holbach.**
1789: *Aline et Valcour*, de Sade.

*1789: Revolução Francesa.*

1789: *Uma introdução aos
princípios da moral e da
legislação*, de Bentham.

*1790:* Crítica da faculdade do juízo,
*de Kant.*

1791: *Justine ou Os infortúnios da
virtude*, de Sade.

*1792:* Sobre o mal radical na
natureza humana, *de Kant.*
*1793:* A religião nos limites da
simples razão, *de Kant.*

*21 de janeiro de 1793: execução de Luís XVI.*

1793: *Inquérito acerca da justiça
política*, de Godwin.

*20 Prairial Ano II (8 de junho de 1794): Festa do Ser Supremo.*

1794: *Esboço de um quadro
histórico dos progressos do
espírito humano*, de Condorcet.
1795: *A filosofia na alcova*, e *La
Nouvelle Justine* seguidos de
*L'Histoire de Juliette*, de Sade.

*1798:* Antropologia de um ponto de
vista pragmático, *de Kant.*
*1798:* A alma do mundo, *de
Schelling.*
*1798:* Sistema da ética, *de Fichte.*

323

OS ULTRAS DAS LUZES

| **A CONSTELAÇÃO HEDONISTA** | *A CONSTELAÇÃO IDEALISTA* |
|---|---|

*18 brumário Ano VII (10 nov. 1799): golpe de Estado de Bonaparte.*

*1800:* Sistema do idealismo transcendental, *de Fichte.*
*1802:* Fé e saber, *de Hegel.*
*1804: morte de Kant.*

*1804: Napoleão imperador.*

*1804:* Filosofia e religião, *de Schelling.*

**1806: nascimento de John Stuart Mill.**

*1807:* Fenomenologia do espírito, *de Hegel.*

1808: *Teoria dos quatro movimentos*, de Fourier.

*1812:* A ciência da lógica, *de Hegel.*

**1814: morte de Sade.**

1820: *O novo mundo industrial e societário*, de Fourier.

*1831: morte de Hegel.*

**1832: morte de Bentham.**
**1836: morte de Godwin.**
**1837: morte de Charles Fourier.**

# ÍNDICE REMISSIVO

**CIÊNCIAS**
abade Bergier, 18, 22, 224, 313
abade Odet Giry de Saint-Cyr, 18
Boyle, 15
e *Enciclopédia*, 35
Franz Anton Mesmer, 16
Franz Joseph Gall, 15
Huygens, 15
Lelarge de Lignac, 18
Newton, 15, 138, 139, 140, 141, 142, 146, 147, 151, 154, 182

**CORPO**
**alma**
animais, 109
imaterial, 33, 109, 177, 230, 241
imortal, 33, 35, 116, 158, 196, 230, 241
material, 29, 99, 109, 110, 177, 196, 241
monismo, 29, 80, 99, 110, 116, 117, 241, 242
mortal, 29, 30, 53, 241, 282

*amor a si*, 115

**celebrado**, 36

**cinco sentidos**, 186, 241

**ódio do corpo**, 35, 304

**paixões**, 36, 75, 147, 152, 185, 186, 189, 197, 201, 202, 203, 279, 281

**prazeres da alma**, 110, 159

**prazeres do corpo**, 110, 159

**sexualidade**
D'Holbach, 246
Meslier, 67, 68
moral cristã, 67, 68
Sade, 267, 269, 271, 272, 289, 290, 291, 292, 293

**ESTÉTICA**
**Boucher**, 130

**Fragonard**, 130

**Lancret**, 130

**Watteau**, 130

## OS ULTRAS DAS LUZES

**EUDEMONISMO**
infelicidade, 121, 127, 155, 156, 198, 213, 254
e política, 223, 252
felicidade
D'Holbach, 216, 230, 231, 232, 236, 238, 241, 247, 252, 254, 257, 258, 280, 313
Helvétius, 166, 167, 173, 199, 200, 202, 207, 208, 210, 212, 213
La Mettrie, 106, 107, 130, 131
Maupertuis, 136, 156, 161, 162
Meslier, 54, 55, 82, 89, 90
ultras, 36, 37

**FILÓSOFO**
papel, 99, 100

**FILÓSOFOS**

I) ANTIGUIDADE
Aristipo, 159
Aristóteles, 65
Diógenes de Sinope, 50, 93, 104, 148, 191
Diógenes Laércio, 77
Epicuro, 54, 56, 66, 75, 77, 153, 160, 187
Esopo, 61, 189
Flávio Josefo, 43
Hipócrates, 97, 98
Horácio, 23
Lucrécio, 35, 56, 172, 224
Marco Aurélio, 160
Orígenes, 177
Petrônio, 105
Platão, 14, 36, 99, 148, 159, 171, 186, 195, 197, 229, 306
Protágoras, 56
Sêneca, 43
Sócrates, 97, 98, 104

Tácito, 43, 60, 226, 227
Teofrasto, 189
Tito Lívio, 43, 227
Zenão, 160

II) RENASCIMENTO
Giordano Bruno, 31, 56
Rabelais, 270
Vanini, 31, 43, 56
Cristão epicuristas
Montaigne, 43, 50, 51, 53, 54, 71, 82, 88, 104, 186, 193

III) LIBERTINOS BARROCOS
Charron, 56
Espinosa, 26, 56, 62, 75, 77, 128, 154, 173, 250
Gassendi, 23, 75, 78, 82, 304
Saint-Évremond, 56, 131, 198, 314

IV) CLÁSSICOS
Bacon, 173, 182
Bayle, 29, 32, 217, 259
Condorcet, 19, 26, 27, 76, 169, 213, 219, 221, 296, 311
D'Alembert, 22, 26, 27, 33, 76, 143, 148, 149, 181, 219, 295, 314
Descartes, 14, 18, 29, 31, 42, 73, 76, 78, 99, 116, 138, 174, 186, 187, 236, 304
Diderot, 19, 20, 22, 26, 27, 33, 76, 169, 181, 219, 220, 223, 248, 295, 311
Fénelon, 43, 48, 83
Fichte, 305, 323
Hegel, 16, 34, 305
Hobbes, 182, 185, 224
Hume, 76, 170, 219, 240, 314
Kant, 19, 20, 23, 25, 34, 35, 89, 182, 195, 196, 197, 198, 200, 305, 306, 308

326

## ÍNDICE REMISSIVO

e Helvétius, 195, 196, 198, 199, 304

**La Boétie**, 43, 88, 193

**La Bruyère**, 43, 165

**La Rochefoucauld**, 165, 171, 189

**Leibniz**, 145, 147, 154, 157, 173, 178, 241, 304

**Locke**, 171, 182, 185, 186, 187, 304, 306

**Malebranche**, 43, 72, 73, 74, 174, 186, 241, 309

**Montesquieu**, 20, 26, 31, 138, 143, 182, 311

**Pascal**, 43, 186, 190

**Rousseau**, 20, 21, 22, 26, 27, 31, 56, 76, 170, 176, 181, 210, 211, 219, 220, 278, 295, 300, 302

**Schelling**, 305, 323

**Voltaire**, 14, 17, 19, 20, 22, 26, 27, 31, 32, 56, 76, 90, 91, 103, 135, 176, 182, 295, 297, 299, 300, 302, 303
e D'Holbach, 225
e Descartes, 139
e Meslier, 90, 91, 92, 93

**V) Ultras**

D'Holbach
caráter, 217
e a alma, 241
e a *Enciclopédia*, 33
e a felicidade, 216, 231, 236, 238, 247, 253, 254, 256, 259, 280
e a Igreja, 231
e a imanência, 241
e a justiça social, 256
e a lei, 254, 255
e a moral, 257
e a não violência, 238
e a natureza, 238, 239, 257
e a pena de morte, 247
e a política, 223, 246, 252, 253, 254

e a propriedade, 255
e a religião, 228, 226, 228, 229, 230, 231, 232, 233, 234, 236, 237, 238, 239, 257
e a sexualidade, 246
e a tolerância, 257
e a tortura, 248
e a utilidade social, 247
e as ciências, 33
e Deus, 227, 228, 229, 230, 231
e Diderot, 218
e Jesus, 228, 235, 236
e La Mettrie, 281
e Maria, 234
e o ateísmo, 176, 222, 258, 259, 260
e o casamento, 216, 217
e o clero, 217, 257, 258
e o consequencialismo, 246, 247
e o corpo, 241
e o desejo, 233, 237, 242, 244
e o determinismo, 243, 244, 249, 250, 251, 252, 281
e o dinheiro, 238
e o Índex, 27
e o livre-arbítrio, 239, 243, 245, 249, 250, 281
e o materialismo, 38, 222, 239, 240
e o prazer, 242, 244
e o trabalho, 218
e os dogmas, 233
e os textos bíblicos, 226, 227, 228, 232, 235
e Paulo de Tarso, 232
infância, 215
nascimento, 215
nobreza, 215
pseudônimo, 216, 220
seu salão, 218, 219, 220, 223
sua morte, 221, 296
sua obra, 221, 222, 224, 225
tradutor, 224
vida familiar, 216

# OS ULTRAS DAS LUZES

Helvétius
atacado, 180, 181, 182
deísta, 176
denegrido, 171, 172
e a amizade, 192
e a antropologia, 210
e a caridade, 194
e a cidade, 169
e a educação, 210, 211, 212
e a felicidade, 166, 167, 173,
200, 203, 207, 208, 210, 212,
213
e a imanência, 196
e a indústria, 168
e a justiça, 38
e a maçonaria, 209
e a metafísica, 196, 197
e a moral, 172, 173
e a política hedonista, 203
e a propriedade, 208
e a religião, 174, 175, 176,
179, 200, 201, 202, 203, 204
e a volúpia, 36
e as mulheres, 164, 166
e Descartes, 187
e Deus, 196
e Frederico II, 135, 182
e Hobbes, 185
e Jesus, 176
e La Mettrie, 281
e Locke, 185, 186, 187
e o amor, 192
e o casamento, 198
e o clero, 201, 202
e o consequencialismo, 199
e o corpo, 197, 198
e o dinheiro, 164, 165, 168,
207, 208
e o egoísmo, 190, 191
e o federalismo, 208
e o gozo, 192
e o idealismo, 194
e o materialismo, 177, 178
e o poder, 205, 207
e o reformismo, 206, 207
e o sensualismo, 174, 175, 185,
186, 187

e o utilitarismo, 185
e os filhos, 193, 194
e os salões, 76, 169, 170
e Voltaire, 167
formação, 163, 164, 165
hedonista, 188
homem de ação, 167
nascimento, 163
nominalista, 177
origem, 163
pensamento cínico, 189, 190,
191
retrato, 164
sua escrita, 183, 184
sua morte, 183, 185
sua obra, 172, 178, 183, 184,
185

Jean Meslier
campônio, 22
e a educação, 70
e a ética católica, 67
e a felicidade, 54, 55, 82, 89,
90
e a morte, 50
e a nobreza, 45, 54
e a política, 81, 82, 83, 88, 89
e a propriedade, 37, 89
e a religião, 37, 45, 46, 49, 53,
54, 55, 62, 65, 66, 67
e a revolução, 88, 89
e a servidão, 70
e a sexualidade, 67, 68
e as mulheres, 44, 47, 67, 69,
70
e as profecias, 63
e Descartes, 42
e Deus, 46, 56, 57, 58, 59, 62,
66
e Jesus, 63, 64, 67
e o ateísmo, 47, 56, 176
e o casamento, 67, 70
e o clero, 86
e o comunalismo, 47, 54, 82,
90
e o corpo, 67, 68
e o desejo, 59, 67, 79
e o dinheiro, 43

## ÍNDICE REMISSIVO

e o direito natural, 84
e o mal, 70, 71, 72, 74, 75, 80, 81
e o pecado, 80, 81
e o pensamento pós-cristão, 47, 55
e o povo, 47, 69, 83, 84
e o prazer, 36
e os animais, 70, 71, 72, 73, 74, 75
e os cartesianos, 72, 73
e os intelectuais, 86, 87
e os Mandamentos, 68
e os milagres, 62, 63
e os textos sagrados, 60, 61, 66
esquecido, 41
fontes, 43
formação, 42
infância, 42
inovador, 30, 34, 55, 56
materialista, 66, 75, 76, 77, 78, 79, 80
solitário, 43, 44, 49, 76, 78, 94
sua escrita, 51, 52, 53
sua morte, 50, 90
sua obra, 42, 48, 49, 50, 51, 52, 54, 90, 91, 92, 93, 94

La Mettrie
agnóstico, 114
cético, 114
concepção do homem, 118, 119, 120
deísta, 113, 114
e a felicidade, 106, 107, 129, 131
e a imanência, 281
e a máquina, 117, 118
e a mesa, 103
e a moral, 121
e a morte, 103, 131
e a punição, 123
e a religião, 111, 114, 115
e a ternura, 123
e a volúpia, 105, 106, 107
e as mulheres, 105, 130
e D'Holbach, 281
e Descartes, 99, 111

e Deus, 113, 114, 115
e Frederico II, 95, 98, 102, 103, 111, 135
e Helvétius, 281
e Maupertuis, 102
e o animal, 118, 119
e o autorretrato, 104, 105
e o corpo, 116, 117
e o determinismo, 100, 105, 106, 120, 121, 123, 124, 128, 281, 282
e o estoicismo, 129, 130
e o fatalismo, 282
e o gozo, 38
e o livre-arbítrio, 120, 122, 281
e o papel do filósofo, 99, 100
e o remorso, 121, 122, 123
e os médicos, 101
e os prazeres, 1129, 130, 131
errância, 102
esquecido, 96
formação, 97, 98
hápax existencial, 99
hedonista, 128, 129
materialista, 96, 99, 100, 116, 117, 119, 120
nascimento, 95, 96
origem, 96
panteísta, 115
pensamento pós-cristão, 113
pensamento trágico, 126, 127, 128
radical, 102
retrato, 95, 105
sua escrita, 107, 109
sua morte, 103, 104
sua obra, 101, 102, 108, 109
sua saúde, 98, 99

Maupertuis
caráter, 147
cientista, 136, 150, 151
cristão, 160
desacreditado, 141, 142, 145
e a edição, 152
e a felicidade, 137, 155, 156, 161, 162
e a religião, 144, 161

# OS ULTRAS DAS LUZES

e as mulheres, 141, 147, 144
e D'Alembert, 148, 149
e Deus, 158
e Frederico II, 142, 144, 146, 150
e La Mettrie, 102
e Newton, 138, 139, 140, 151
e o desejo, 135, 157, 158, 161
e o utilitarismo, 136, 151, 152
e os animais, 142, 143
e Voltaire, 146
expedições, 140
formação, 137, 138
nascimento, 137
pensamento trágico, 157
sua morte, 150
sua saúde, 143, 144, 146, 149

Sade
delinquente, 266, 268
e a alma, 282
e a aristocracia, 285
e a autobiografia, 274
e a crueldade, 265, 284, 290, 291, 292
e a educação, 280
e a monarquia, 267
e a moral, 282
e a morte, 282
e a natureza, 282
e a política, 37, 278
e a prostituição, 267
e a pulsão de morte, 282, 289, 292
e a religião, 269, 282
e a Revolução, 267, 268, 286
e a sexualidade, 267, 269, 271, 272, 289, 290, 291, 292, 293
e a tirania, 285
e a violência, 286, 287, 290, 291, 292
e as mulheres, 266, 267, 268, 269, 270, 271, 275, 287, 288, 290, 291, 292, 293
e D'Holbach, 93, 278, 280, 281
e Deus, 282
e Helvétius, 279, 280, 281
e La Mettrie, 279, 281, 282

e o materialismo, 278, 282
e o ateísmo, 282
e o bem comum, 37
e o corpo, 283
e o determinismo, 278, 279, 280
e o gozo, 273
e o isolismo, 284
e o livre-arbítrio, 279, 283
e o papa, 267
e o povo, 281
e o prazer, 36, 265, 273, 280, 288, 293
e o remorso, 282, 283
e o totalitarismo, 286, 287
e o utilitarismo, 280
etimologia de seu nome, 265
feudal, 126, 266, 268, 274, 277, 286, 289, 292, 293
minimizado, 276, 277
misógino, 266
oximórico, 278
sadismo, 274
seu nascimento, 266
seus crimes, 269, 270, 271
seus pais, 266
sua família, 267
sua formação, 267
sua morte, 267, 272
sua nobreza, 266
suas condenações, 271, 272

**VI) MODERNOS**

**Adorno**, 266, 293, 316

**Alain**, 198

**Althusser**, 174, 312

**Arendt**, 266, 293, 316

**Bakunin**, 82

**Bataille**, 275, 277, 315

**Bentham**, 136, 211, 305, 320, 323, 324

**Camus**, 266, 293, 316

**Deleuze**, 275, 277, 316

**Emerson**, 306

**Engels**, 82, 312

# ÍNDICE REMISSIVO

**Feuerbach**, 58

**Foucault**, 275, 277, 293, 308, 315

**Godwin**, 136, 305, 321, 323, 324

**Horkheimer**, 266, 293, 316

**Marx**, 34, 82, 312

**Mill**, 136, 305, 324

**Nietzsche**, 9, 190, 195, 250, 274

**Proudhon**, 82, 312

**Sartre**, 275, 316

**Schopenhauer**, 250

**Sidgwick**, 305

**Thoreau**, 88, 306

**VII) OBRAS CITADAS**

*A arte da vidraria*, D'Holbach, 218

*A arte de usufruir*, La Mettrie, 108, 130, 282

*A busca da verdade*, Malebranche, 72

*A Etocracia ou O governo fundado na moral*, D'Holbach, 216, 219, 224, 245, 248, 253, 254, 256, 257, 258, 280, 314

*A fábula das abelhas*, Mandeville, 215

*A Faculdade vingada*, La Mettrie, 101

*A felicidade*, Helvétius, 166, 312

*(A) Gaia ciência*, Nietzsche, 274

*A guerra das Gálias*, Júlio César, 226

*A história da loucura*, Foucault, 277

*A moral universal, ou Os deveres do homem fundamentados em sua natureza*, D'Holbach, 224, 314

*A obra de Penélope*, La Mettrie, 108

*A profissão de fé do vigário saboiano*, Rousseau, 21, 31

*A religião nos limites da simples razão*, Kant, 34, 196

*A República*, Platão, 14

*A riqueza das nações*, Adam Smith, 170, 215

*A Vida de Apolônio de Tiana*, Filóstrato, 62

*A volúpia*, La Mettrie, 108, 130

*A voz da perfectibilidade*, Fabre d'Églantine, 16

*Aline et Valcour*, Sade, 37, 284, 286

*Anais*, Tácito, 60, 226

*Antropologia de um ponto de vista pragmático*, Kant, 195, 197

*As Leis do movimento e do repouso deduzidas de um princípio metafísico*, Maupertuis, 145

*Cândido*, Voltaire, 146

*Características do homem*, Shaftesbury, 153

*Carta de Trasíbulo a Leucipo*, Nicolas Fréret, 29

*Cartas*, Epicuro, 77

*Cartas filosóficas*, Voltaire, 91, 139

*Cartas persas*, Montesquieu, 138

*Cartas sobre a arte de conservar a saúde e prolongar a vida*, La Mettrie, 102

*Catequismo do padre Meslier*, Sylvain Maréchal, 93

*Cinco memórias sobre a instrução pública*, Condorcet, 213

*Código da natureza*, Morelly, 37, 206

*Compêndio dos sistemas*, La Mettrie, 101, 108

*Concepções sobre o gênero humano*, Fabre d'Églantine, 16

*Contribuição à crítica da filosofia do direito de Hegel*, Marx, 34

*Crítica da razão prática*, Kant, 31, 182, 195

*Crítica da razão pura*, Kant, 31

# OS ULTRAS DAS LUZES

*Crítica dos Evangelhos sinópticos*,
Bruno Bauer, 63
*Curso de filosofia*, Victor
Cousin, 305
*Da natureza das coisas*,
Lucrécio, 35, 77, 224
*Da natureza humana*, Hobbes,
224
*Da vida feliz*, Sêneca, 129
*Das diferentes raças humanas*,
Kant, 19
*Das reações políticas*, Benjamin
Constant, 198
*Definição do conceito de raça
humana*, Kant, 19
*Demonstração da existência de
Deus*, Fénelon, 48
*Deus, resposta ao Sistema da
natureza*, Voltaire, 225
*Dialética do esclarecimento*,
Horkheimer, Adorno, 293
*Diálogo entre um padre e um
moribundo*, Sade, 93
*Diatribe du docteur Akakia*,
Voltaire, 146
*Dicionário*, Boiste, 274
*Dicionário dos ateus*, Sylvain
Maréchal, 301
*Dicionário filosófico*, Voltaire, 31
*Discurso da servidão voluntária*,
La Boétie, 88
*Discurso do método*, Descartes,
187
*Discurso preliminar*, La Mettrie,
99, 108, 111, 113, 126
*Discurso sobre a liberdade de
culto*, Robespierre, 297
*Discurso sobre a origem da
desigualdade entre os homens*,
Rousseau, 89
*Discurso sobre as ciências e as
artes*, Rousseau, 20
*Discurso sobre os milagres*,
Woolston, 225
*Dissertação física a respeito do
negro branco*, Maupertuis,
136, 150

*Dissertação sobre são Pedro*,
D'Holbach, 232
*Do espírito*, Helvétius, 136, 164,
166, 171, 172, 175, 177, 179,
182, 183, 185, 187, 188, 192,
193, 195, 196, 197, 205, 280,
312, 313
*Do homem*, Buffon, 19
*Do homem*, Helvétius, 166, 169,
171, 175, 176, 177, 179, 183,
184, 192, 196, 200, 210, 213,
280, 312
*Dos delitos e das penas*, Beccaria,
248
*Doutrina da virtude*, Kant, 198
*Doutrina do direito*, Kant, 198
*Elogio de la Mettrie*, Frederico II,
99
*Emílio*, Rousseau, 212
*Enciclopédia*, D'Alembert e
Diderot, 27, 31, 32, 33, 153,
169, 178, 218, 219, 290, 295,
307
*Ensaio acerca do entendimento
humano*, Locke, 187
*Ensaio de cosmologia*,
Maupertuis, 145, 149, 160
*Ensaio de filosofia moral*,
Maupertuis, 136, 144, 151,
154, 157, 158, 160
*Ensaio sobre a sociedade das
pessoas de letras e dos grandes,
sobre a reputação, sobre os
mecenas e sobre as recompensas
literárias*, D'Alembert, 148
*Ensaio sobre diversos temas de
literatura e de moral*, abade
Trublet, 153
*Ensaios*, Montaigne, 50, 51, 53,
104
*Epístola a meu espírito ou o
anônimo caçoado*, La Mettrie,
107
*Epístola à Srta. A.C.P. ou a
Máquina arrasada*, La
Mettrie, 106, 107, 120

# ÍNDICE REMISSIVO

*Epístola ao autor do livro "Os três impostores"*, Robespierre, 297

*Epístola sobre as artes*, Helvétius, 166, 312

*Epístola sobre o prazer*, Helvétius, 166, 167, 312

*Esboço de um quadro histórico dos progressos do espírito humano*, Condorcet, 213, 296

*Ethica more geometrico*, Espinosa, 154

*Exame crítico da vida e dos escritos de São Paulo*, D'Holbach, 232

*Exame dos princípios e dos efeitos de a religião cristã*, D'Holbach, 220

*Extratos dos sentimentos de Jean Meslier*, Voltaire, 92

*Fédon*, Platão, 229

*Fenomenologia do espírito*, Hegel, 16, 305

*Figura da terra*, Maupertuis, 150

*Filosofia na alcova*, Sade, 94, 279, 280

*Franceses, mais um esforço se quiserdes ser republicanos*, Sade, 267, 285

*Histoire de Juliette*, Sade, 268

*História crítica de Jesus Cristo, ou Análise comentada dos Evangelhos*, D'Holbach, 222, 227

*História do materialismo*, Friedrich Albert Lange, 96

*História natural da alma*, La Mettrie, 101, 102

*Homenzinho de rabo comprido*, La Mettrie, 108

*Introdução à minerologia*, D'Holbach, 218

*Investigações sobre o entendimento humano*, Hume, 240

*Jordanus Brunus redivivus*, anônimo, 29

*La Nouvelle Justine*, Sade, 273, 279, 284, 285

*Les Animaux plus que machines*, La Mettrie, 109, 118

*Livro da sabedoria eterna*, Emanuel Swedenborg, 16

*Manifesto dos iguais*, Sylvain Maréchal, 301

*Máximas*, La Rochefoucauld, 165

*Memórias*, Saint-Simon, 165

*Memórias sobre a instrução pública*, D'Holbach, 221

*Metafísica dos costumes*, Kant, 182, 196

*Meteoros*, Descartes, 138

*Nouvelles Libertés de penser*, anônimo, 30

*O Anti-Sêneca ou Discurso sobre a felicidade*, La Mettrie, 100, 104, 106, 108, 109, 113, 121, 129, 281

*O bom senso do padre Meslier*, D'Holbach, 93

*O contágio sagrado, ou História natural da superstição*, D'Holbach, 222, 225

*O contrato social*, Rousseau, 28

*O cristianismo desvelado*, D'Holbach, 33, 220, 222, 225, 313, 314

*O espírito das leis*, Montesquieu, 278

*O filósofo*, Dumarsais, 29

*O homem revoltado*, Albert Camus, 293, 316

*O homem-máquina*, La Mettrie, 96, 102, 106, 108, 109, 112, 113, 114, 116, 118, 122, 126, 281

*O homem-planta*, La Mettrie, 110, 118

*O sistema da natureza, ou Das leis do mundo físico e do mundo moral*, D'Holbach, 93, 136, 217, 222, 224, 225, 236, 239, 240, 241, 244, 245, 249, 250, 253, 260, 280, 281, 314

# OS ULTRAS DAS LUZES

*O Sistema social, ou Princípios naturais da moral e da política, com um exame da influência do governo sobre os costumes*, D'Holbach, 223, 314

*O tonel de Diógenes*, Sylvain Maréchal, 93

*Origem dos seres e das espécies*, Henri de Boulainvilliers, 29

*Origens do totalitarismo*, Hannah Arendt, 293, 316

*Os 120 dias de Sodoma*, Sade, 266, 286, 287, 290

*Os caracteres*, La Bruyère, 165

*Os infortúnios da virtude*, Sade, 284

*Pensamentos filosóficos*, Diderot, 33

*Pensamentos sobre o cometa*, Pierre Bayle, 259

*Política do médico de Maquiavel*, La Mettrie, 101, 108

*Política natural, ou Discurso sobre os verdadeiros princípios do governo*, D'Holbach, 223, 280

*Premier Mémoire sur les Cacouacs*, Jacob Nicolas Moreau, 18

*Princípios da filosofia do direito*, Hegel, 305

*Princípios da filosofia*, Descartes, 78

*Prolegômenos a toda metafísica futura que queira se apresentar como ciência*, Kant, 197

*Pychopathia sexualis*, Krafft-Ebing, 274

*Pyritologie*, D'Holbach, 218

*Quadro dos santos*, D'Holbach, 222

*Reflexões sobre a escravidão dos negros*, Condorcet, 19

*Reflexões sobre a existência da alma e sobre a existência de Deus*, anônimo, 30

*Reflexões sobre o ateísmo*, Tournemire, 48

*Regras para a orientação do espírito*, Descartes, 154

*Relações entre o físico e o moral do homem*, Cabanis, 221

*Resposta à pergunta: o que é o Esclarecimento?*, Kant, 19, 23

*Sacher-Masoch, o frio e o cruel*, Deleuze, 277, 316

*Sade, Fourier, Loyola*, Barthes, 276, 316

*Sistema de Epicuro*, La Mettrie, 105, 109

*Sobre a faculdade de pensar*, Volney, 221

*Sobre as provas da existência de Deus*, André Robert Peruelle 29

*Sobre um pretenso direito de mentir por humanidade*, Kant, 198

*Suplemento à viagem de Bougainville*, Diderot, 19

*Teologia portativa, ou Dicionário resumido da religião cristã*, D'Holbach, 222

*Teoria dos sentimentos morais*, Adam Smith, 215

*Testamento*, Jean Meslier, 30, 46, 47, 48, 50, 51, 52, 54, 55, 56, 75, 77, 82, 88, 90, 91, 93, 301, 309

*Testamento de Jean Meslier*, Rudolf Charles, 94

*Tratado da alma*, La Mettrie, 101, 106, 110

*Tratado da vertigem*, La Mettrie, 99, 105, 106

*Tratado da vida feliz por Sêneca com um Discurso do tradutor sobre o mesmo tema*, La Mettrie, 129

*Tratado do enxofre*, D'Holbach, 218

*Tratado do homem*, Descartes, 73

# ÍNDICE REMISSIVO

*Tratado matemático sobre a felicidade*, Stillingfleet, 153
*Vênus física*, Maupertuis, 150
*Vênus metafísica*, La Mettrie, 130
*Vidas, opiniões e sentenças dos filósofos ilustres*, Diógenes Laércio, 77
*Vigiar e punir*, Michel Foucault, 293
*Zadig*, Voltaire, 139

**VIII) BIOGRAFIA/AUTOBIOGRAFIA**

La Mettrie, 109

Maupertuis, 108

## HEDONISMO

cristão, 160, 161, 162

D'Holbach, 241, 244

desejo
D'Holbach, 232, 236, 241, 244
Maupertuis, 136, 157, 158, 162
Meslier, 58, 59, 67, 78
ultras, 35, 36

e utilitarismo, 136

Helvétius, 163, 187, 188, 189, 202

La Mettrie, 128, 130

moderno, 34

político, 81, 82

prazer
aritmético, 137, 152, 153, 154, 311
busca, 166
definição, 154, 155
medida, 155
ultras, 35, 36

Sade, 265, 273, 280, 288, 293

social, 54, 81, 89, 90

## HISTORIOGRAFIA

dominante, 17, 21, 33, 41, 136, 152, 160, 295, 298

equivocada, 96

o que ela é, 13, 14, 295, 298

personagem conceitual, 218

subalterna, 17, 33, 214, 299, 305

Universidade, 303, 305

## LIBERDADE

de expressão, 27

determinismo
D'Holbach, 242, 244, 249, 250, 251, 252, 253, 281
La Mettrie, 100, 105, 119, 120, 122, 123, 124, 125, 127, 128, 281, 282
Sade, 278, 279
teológico, 29
ultras, 28

liberalismo, 37, 170, 256, 298

livre-arbítrio
D'Holbach, 239, 243, 245, 249, 250, 281
La Mettrie, 120, 121, 122, 281
Maupertuis, 158
Sade, 278, 279
ultras, 28, 29, 30, 35

## LUZES/ILUMINISMO

definição, 23, 24, 25

filosóficas/o, 17, 18, 19

pensamento clandestino, 25, 26, 27, 28, 29, 30, 49, 102, 171, 308, 322

radicais, 21, 25, 26, 33, 34

salões, 18, 22, 25, 26, 27, 49, 76, 83, 141, 144, 146, 147, 169, 170, 171, 188, 198, 213, 214, 215, 218, 219, 220, 223, 248, 315

século das Luzes, 14, 15, 16, 307
emblemas, 19, 20, 21
invenção, 14

teológicas/o, 17

335

# OS ULTRAS DAS LUZES

**MATERIALISMO**

autônomo, 35

clinâmen, 66, 77, 128, 239, 249, 251

criticado, 22, 66

D'Holbach, 223, 239, 240

francês, 35, 77, 78, 79, 80, 97

Helvétius, 177, 178

imanência, 35, 36, 37, 70, 76, 100, 118, 128, 194, 196, 200, 234, 241, 259, 279, 281

matéria = Deus, 114, 115, 119

partículas, 35, 66, 77, 240, 314

Sade, 282

**MORAL**

bem, 26, 57, 86, 106, 119, 123, 125, 155, 156, 157, 159, 172, 174, 191, 193, 193, 196, 197, 199, 200, 209, 245, 246, 253, 259, 279, 282, 284

cólera, 41, 51, 55, 76, 87, 90, 145, 147, 184, 228

cristã, 53, 66, 67, 68, 192, 238, 282

imoralismo, 120, 239

mal, 57, 63, 70, 80, 81, 106, 119, 123, 125, 155, 156, 157, 172, 174, 191, 193, 196, 199, 200, 245, 246, 259, 279, 282, 283, 284, 289, 315

prudência, 26, 102, 108, 111, 112, 113, 157, 197, 219

punição, 32, 35, 85, 123, 211, 220, 245, 287, 288

remorso, 73, 107, 109, 121, 122, 127, 128, 194, 282, 283

ternura, 123, 124

tolerância, 20, 37, 176

**MORTE**

D'Holbach, 221, 296

Epicteto, 160

Epicuro, 160

Helvétius, 183, 185

La Mettrie, 103, 104, 131

Marco Aurélio, 160

Maupertuis, 150

Meslier, 50, 51, 90

pena de morte, 20, 33, 124, 170, 179, 213, 245, 247, 248, 249, 271, 285, 320

Sade, 267, 272, 283

suicídio, 129, 152, 160, 213, 233, 236

Zenão, 160

**MULHER**

Helvétius e as mulheres, 164, 166

inferior, 19, 23

Kant e as mulheres, 19, 23

La Mettrie e as mulheres, 105, 130

Maupertuis e as mulheres, 141, 143, 144

Meslier e as mulheres, 44, 47, 67, 69

misoginia, 266

ódio, 35, 293

Sade e as mulheres, 266, 267, 268, 269, 270, 271, 275, 287, 288, 290, 291, 293

**NATUREZA**

leis da natureza, 61, 84, 109, 149, 154, 158, 160, 161, 229, 239, 242, 244, 245, 246, 254, 257

**POLÍTICA**

e Jean Meslier, 81, 82, 83, 88, 89

336

# ÍNDICE REMISSIVO

**e religião**, 21, 22, 28, 29, 31, 32, 33, 85, 203, 204

**eudemonista**, 223, 252, 253, 254

**Frederico II**, 93, 95, 96, 98, 102, 111, 135, 142, 143, 144, 146, 148, 150, 157, 182

**monarquia**, 21, 27, 37

**república**, 28

**Revolução Francesa**, 14, 15, 19, 25, 28, 30, 47, 55, 82, 86, 90, 94, 130, 202, 212, 266, 295, 296, 298, 299
dos vencedores, 299, 300
dos vencidos, 299, 300, 301

**Robespierre**, 31, 213, 296, 297, 298, 299, 300, 302

**Saint-Just**, 296, 300

**RELIGIÃO**

**abade Yvon**, 31, 32, 33, 218, 320

**agnosticismo**, 56, 114

**além-mundo**, 14, 230, 234

**ateísmo**, 20, 27, 30, 31, 32, 33
avanços, 30, 37
criticado, 22, 297
D'Holbach, 176, 180, 222, 257, 258, 259, 260
definição, 175, 259
e reflexão, 261
Meslier, 46, 47, 55, 56
moral, 257, 258, 259, 260
nascimento, 29, 30
Sade, 282

**caridade**, 176, 190, 192, 194, 204, 237, 280, 285

**cristianismo hedonista**, 160, 161, 162

**deísmo**, 20, 22, 27, 30, 31, 33, 34, 56, 113, 114, 160, 176, 225, 303

**descristianização**, 31, 55, 257, 294, 302

**Deus**, 21, 22, 26, 27, 30, 31, 32,

34, 35, 36, 46, 56, 57, 58, 59, 62, 66, 67, 113, 114, 115, 196, 227, 228, 229, 230, 282

**e democracia**, 296

**e hedonismo**, 82

**e Luzes**, 14

**e matéria**, 114, 115, 118

**e política**, 22, 28, 35, 85, 203, 204

**e tradição**, 261

**esperança**, 237

**Eucaristia**, 65, 67

**fideísmo**, 160, 161

**hedonista**, 152, 203

**Índex**, 27

**jejum**, 237

**Jesus**, 26, 46, 63, 64, 65, 67, 95, 96, 161, 176, 222, 226, 227, 228, 235

**milagres**, 21, 26, 61, 62, 63, 64, 92, 225, 229

**misticismo**
Cagliostro, 17
Emanuel Swedenborg, 16
Fabre d'Églantine, 16
Louis Claude de Saint-Martin, 16

**moral sexual**, 67, 68, 238

**morte**, 234

**panteísmo**, 56, 115, 161

**Paulo de Tarso**, 85, 222, 232, 233, 237, 268, 294

**pecado**, 35, 57, 60, 63, 67, 72, 80, 81, 115, 120, 122, 196, 228

**politeísmo**, 56

**profecias**, 53, 61, 63, 92, 228, 235

**punição**, 32, 35, 85

**ressurreição**, 26, 229

**sacramentos**, 67, 185, 201, 229, 234

**são Jerônimo**, 60

## OS ULTRAS DAS LUZES

teísmo, 21, 31, 34, 161

Tomás de Aquino, 66, 313

Trindade, 65, 67

**UTILITARISMO**
157, 162, 182, 185, 195, 199,
200, 203, 211, 212, 218, 223,
246, 252, 255, 280, 305

**VIDA FILOSÓFICA**
conversação, 27, 79, 109, 130,
135, 143, 144, 166, 168, 171,
172, 179, 219